経済学の哲学入門

選好、

価値、

Preference, Value, Choice, and Welfare

選択、

および 厚生

ダニエル・ハウスマン
Daniel M. Hausman

監訳
橋本 努

訳
ニキ リンコ

Keiso Shobo

PREFERENCE, VALUE, CHOICE, AND WELFARE   By Daniel Hausman

はじめに

　息子のジョシュアが3歳のころ、大きくなったら何になろうかとあれこれ考えていたことがある。「てちゅがくのしぇんしぇえ」もいいかな、砂利トラの運転手さんになるかも、「おうまさんにのって、どうぶつを撃つ」のもいいかも、と言っていた。知っているかぎりの大人の職業のなかから、自分はどれを選好するか知ろうとしていたわけである。彼はのちに、ほかの選択肢も考慮に加えていった。いまは哲学者でもなければ、トラック運転手でも動物を殺すカウボーイでもない。

　本書は、選好についての本である。主として選好が経済学においてどのように理解されており、また、されるべきなのかについて論じている。そのほか、日常の言葉と行為で用いられる選好、心理学で理解される選好、行為や道徳についての哲学的反省にかかわる選好なども扱っている。本書では、さまざまな場面で用いられる選好を、一つの概念として明確にし、分析的に評価した。またそれがとりわけ経済学において行為や状況を説明し、予測し、価値評価するうえで果たす役割についても明確にし、分析的に評価する。本書は、経済学者たちが実際に行なっていること――つまり、行為、制度、結果などを説明し、予測し、評価するのに選好を引き合いに出すやり方――に対して、だいたいにおいて肯定的な評価を下している。しかし本書は、自分たちのしていることはこうだと説明する経済学者たちの言い方に対しては、それほど好意的ではない。本書はまた、経済学者たちがその実践について述べる解釈をゆがめるような、いくつかの誤った考えについても批判している。そのように批判するなかで、経済学者たちが合理的選択理論を用いる際の説明様式と、哲学者たちが人間の

行為を論じる際の説明様式の関係についても、いくぶんかはっきりさせている。さらに、選好形成とその修正についてのモデルを構築するための素材を収集することで、理性や情動がどのように選好を形づくるかについても論及している。

　本書は、人々が何を選好するか、何が選好の原因となるか、ある選好がどんな帰結を生むかなどについての実証的な研究ではない。人々が何をするか、またなぜそれをするのかについて研究するのではなく、そうした研究をする経済学者や心理学者の営みを、いわば後ろからのぞきこむことにする。研究をのぞき見する以上、どうしても研究対象も目に入ることにはなるが、私が焦点をあてるのは、かれらのものの見方であり、なかでも、選好という概念がかれらの視野にどのように入ってくるのか、また、どう入ってきてしかるべきなのかについてである。次の絵をごらんになれば、私の言わんとするところがよりはっきりするだろう（**図0.1**）。

　この絵は単純化しすぎているが、経済学者や心理学者といった社会科学者たちが研究するのは、行為者とその行為、そしてその行為の理由、原因、帰結である。社会科学では、行為者の研究をするにあたって、モデルを構築する。これらのモデルにおいては、とくに経済学の場合、選好が大きな役割を果たす。社会科学をめぐって哲学者たちは、社会科学者たちが行為者をどのように研究しているのかを探求する。本書は、社会科学を扱う哲学の試論であり、選好の

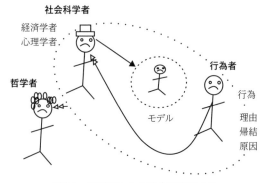

図0.1　哲学者たちと社会科学者たち

解釈について、また、行為を理解したり結果を評価したりする際に選好が果たす役割について、探究するものである。

　選好は欲求と同様に、人間の生活において大きな役割を果たしている。人はほとんどすべてのことについて選好と欲求をもち、それらを言葉と行為の双方でひっきりなしに表現している。子どもは、まだ言葉が話せないうちから、別のおもちゃではなく特定のおもちゃに手を伸ばすし、親が知らない人に抱っこさせると泣いてしまう。動物だって、選好や欲求を表す。私が外出の支度をしていると、愛犬のイツァークが怒ったように吠えるのもその一つである。

　選好と欲求は同じものではない。いちばん重要な違いは、選好は欲求とちがって**比較にかかわる**という点だ。あるものを選好するとは、つねに、それをほかの何かよりも好むことを意味する。かりに選択肢が二つしかないとして、その両方を欲求することはできても、両方を選好することはできない。選好は比較を含むから、欲求とはちがって二つの選択肢を天秤にかけないことには成り立たない。それゆえ、選好は欲求にくらべ認知的なものであり、判断との類似性もいっそう高い。本書が主題とするのは、欲求ではなく選好である。

　図0.2の選択と厚生に関する簡単な図式は、主流派経済学において優勢な考え方を示している。この絵のなかで、行為者は数ある選択肢（ここではさまざまな食べ物を例にした）を序列づけしている。行為者は可能な選択肢のなかから、価格や在庫といった制約の許す範囲内で、選好の順位がなるべく上位のものを選ぶ。どれだけ上位まで登れるかが行為者の幸せを決定する。実証経済学は選択とその帰結を説明し予測するが、そこではこの選好順位が人々の選択を左右するとされる。規範経済学ではどの結果が最善で、どんな政策を導入するのがよいかを検討するが、その目指すところは、人々にその選好順位を登らせることである。実証ミクロ経済学の諸原理は、主として選好とそれが選択に及ぼす影響について一般化したものである。そして規範経済学の課題は、選好を充足する最善の方法を特定することである。このように選好は、主流派の経済学理論の中核に位置している。

　心理学者たちも選好に関心を寄せるものの、「選好」という用語によって意

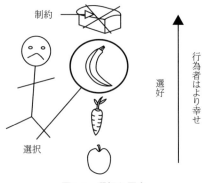

制約

選好

選択

行為者はより幸せ

図0.2　選好と厚生

味する内容は学派によってちがう。心理学者のなかでも、経済学者と共同で仕事をする人たちや、主流派経済学がかかげる選択についての諸理論を批判する人たちであれば、経済学者と同じ意味で用いている。その一方で、選好を欲求とひとまとめにし、選択について理論づけるにも、衝動、ニーズ、願望、希望、負い目、性格特性、情動、計画といった個々の動機づけ要因の観点から行なう人たちもいる。人々を動機づけるものを指す一般的な用語として、心理学者たちは「選好」よりも「欲求」を好んでいる。

　選好と欲求は、行為やプルーデンス（prudence 処世術的な配慮）や道徳に関する哲学の諸理論にも登場する。哲学では、行為を説明するにあたって、理性の果たす役割にとりわけ関心を寄せてきたので、その結果、一方の理性と、もう一方の信念、欲求、選好、意図などとの関係に、関心を抱いている。哲学でプルーデンスやウェルビーイングが語られる場合、ウェルビーイングは選好の充足と結びつけられることが多かった。ただし、哲学でウェルビーイングと同一視されがちなのは、人々の実際の選好の充足というよりも、理性を用い、かつ十分に情報を集めたうえでの選好の充足に傾きがちではあったのだが*[1]。

　この本では、日常生活、経済学、心理学、哲学のいずれにおいても、とても重要な役割を果たしている一つの概念［選好］について検討する。また、経済学における選好の考え方と、選好という用語のそれ以外の用法を区別するほか、

一つには、選好がどのように信念や欲求、情動、意図、理由、価値観などに依存するのかを、もう一つには、選好が選択に、また厚生にどのような影響を与えるのかをはっきりさせていく。

　ではなぜ、選好をめぐるこうした探求に、あるいはもっと広く言うなら、**図0.1**で哲学者が言わねばならないことに関心をもつ必要があるのだろうか。社会科学者なら、自分たちの仕事をなしとげるうえで哲学者が助けになると思えば興味をもつかもしれない。哲学者なら、人々がどうやって自分自身を知っていくのかを理解したいし、また、何がよい人生をもたらすのかについてさまざまな理論を探しているので関心をもつだろう。哲学者や社会科学者でなくても、人は（社会科学者と同様に）自分の選択の原因や帰結、あるいは自分がそのような選択をする理由を理解したくて関心を抱くかもしれない。社会科学の探求を哲学的に吟味することは、人々が自分自身をよりよく理解する助けにもなりうるだろう。

　本書の構成は次のとおりである。第1章は導入部で、本書で扱う選好の概念を、同じ選好という語のそれ以外の意味と区別する。ここでは、合理的選択理論が実際の選択に関する理論にどのように影響しているかを理解するための一つの方法を素描するとともに、のちの章で批判する予定の、選好についてよくある誤解のあれこれを指摘する。

　第2章以降は、三つの部分に分かれる。第Ⅰ部（第2章〜第4章）は主流派経済学において選好が予測や説明に果たす役割に焦点をあてる。第2章では、経済学における選択の形式理論を手短かに紹介してから、選好をめぐる二つの誤解を批判する。その誤解とは、選好は嗜好の問題であるという考え方と、選好は自己利益の観点から定義可能だという考え方である。第3章で批判するのは三つ目の誤解、すなわち、選好は選択によって定義できるという考え方である。

＊1　プルーデンスから（本書ではほとんど触れない）道徳の領域にすすむと、哲学的には欲求や選好が果たす役割について意見が分かれている。カントの一解釈によれば、道徳とは、人が自らの選好や欲求に**抗して**、正しいと判断したことを行なう力を身につけてはじめて生じるものである。対照的に、ヒューム的な考え方では、欲求が行為を決定するとされ、自発的行為が欲求に逆らうことはありえない。

　第4章では、これまでよりも積極的な主張を行なう。すなわち、経済学における選好とは、**総主観的序列づけ**であり、またそうでなければならないと論じる。言い換えれば、経済学における選好は、考慮すべき点をすべて考慮したうえで、諸々の選択肢を主観的に比較、評価することであるし、そうあるべきだと主張する。ここでは、経済学者たちがものごとを説明したり予測したりするにあたって、選好についてのこの考え方をどのように用いているかを示し、それを通じて私が「選択の標準モデル」と呼ぶものを示す。続く第5章では、選択の標準モデルがゲーム理論のなかでどのような形をとるのかを示す。第4章と第5章は、選好に関する四つ目の誤解とは反対に、経済学者たちは選好の形成にも修正にも関心をもっているし、もたねばならないと示すことになる。第6章では第Ⅰ部の締めくくりとして、標準的なモデルに対してアマルティア・センから寄せられた反論に答える。

　第Ⅱ部（第7章と第8章）は、規範経済学およびウェルビーイングに関する哲学的な諸見解において選好が果たす役割を論じる。ここでは、ウェルビーイングに関する選好充足理論に反論することになる。この批判は、人がどれくらい幸福であるかは選好の充足度に依存するとの見解に明白にコミットメントしている規範経済学にとって、不都合にみえるかもしれない。しかし第8章では、人々の便益にかかわる証拠としての選好に依拠して、規範経済学を擁護する。

　第Ⅲ部では、選択の標準的なモデルについて評価を行ない、経済学者は選好の形成や修正に関するモデル構築にもっと力を注ぐべきだと主張する。第9章は、心理学者や行動経済学者が見出した、選択の標準的なモデルの経験的な足らなさを説明したうえで、その意味するところを考察する。選好の文脈依存性が、ここでの議論をつらぬく糸となる。つまり、諸々の評価に依存する選択は、しばしば、複数の次元を横断しつつさまざまな基準を考慮して、「臨機応変に」なされる。第9章と第10章ではさらに、さまざまな理由がどのように選好に影響を与えるのか、その道すじを論じる。第10章は主として、選好はいかに合理的に形成され、修正されるべきかにかかわる哲学的問題に焦点をあてる。合理的な選好といえども、そこには情動の要素が抜きがたく存在すると

指摘する。第11章では、私なりの結論を述べる。

　この本が対象にしているのは4種類の読者層、すなわち、経済学者、心理学者をはじめとする社会科学者、哲学者、そして興味をもった一般の方々である。どの読者が読んでも、それぞれの関心事とは無関係だと感じられる部分がすぐ終わるよう、薄い本にした*2。

　本書で扱った論点は、私が学術の道に入った当初からずっと取り組んできたものだけあって、これまでに賜り、助けられた批判や助言を残らず思い出すことはかなわない。ご助力いただいておきながら謝意を示すことのできなかった方々にはお詫び申し上げる。ここ10年の間に、リチャード・ブラッドリー、ハリー・ブリグハウス、ポール・ドラン、フィリップ・エーリック、マーク・フローベイ、キャスリン・ハウスマン、デイヴィッド・ハウスマン、ジョシュア・ハウスマン、ロバート・ヘイヴマン、ダニエル・カーネマン、チャールズ・ケイリッシュ、キャスリン・カウツキー、シンティア・レッツ・ルッチ、フィリップ・モンジン、マイケル・マクファーソン、フィリップ・ペティット、ヘンリー・リチャードソン、マイケル・ロスチャイルド、ラス・シェイファー＝ランダウ、アンドルー・ショッター、アーミン・シュルツ、アマルティア・セン、エリオット・ソーバー、ポール・サガード、マイケル・ティテルバウム、デイヴィッド・ヴァイマー、ダン・ウィクラー、ジェイムズ・ウッドワード、エリック・ライトのみなさんにはことのほかお世話になった。また、2011年2月に米国哲学会で行なったロマネル記念講演は本書の内容の一部をもとにしたものであり、このときに最後の仕上げとなるコメントを数多く寄せてくれた聴衆のみなさんにも恩義がある。ミカエル・コジーク、マーク・フローベイ、デイヴィッド・ハウスマン、ジョシュア・ハウスマン、アンドルー・レヴァイン、ジュリアン・リース、マーガレット・シャバス、ポール・サガードは完成一歩手前の原稿に目を通してくださり、その批判は言い尽くせぬほど貴重なものであった。それでもなお残った誤りはひとえに私の責任である。

＊2　その他、選好に関する一般的な議論で役に立つものとして、Egonsson 2007, Fehige and Wessels 1998, Grüne-Yanoff 2009, Lichtenstein and Slovic 2006a を参照。

　本書の内容には一部、過去の論稿で公表済みの箇所がある。第1章から第4章には *Philosophy of the Social Science* 41(2011):3-25 に掲載の論文 "Mistakes about Preferences in Social Sciences" の題材が使われている。第2章と第6章は、*Economics and Philosophy* 21(2005):33-50 に掲載された論文 "Sympathy, Commitment, and Preference"、第3章は同誌 16(2000):99-115 に掲載された論文 "Revealed Preference" ならびに Andrew Caplin and Andrew Schotter 編 *Handbook of Economic Methodology* (Oxford University Press, 2008), pp.125-51 に収められた論文 "Mindless or Mindful Economics: A Methodological Evaluation" をもとにしている。第5章は論文 "Consequentialism, and Preference Formation in Economics and Game Theory," *Philosophy* 59, Supplement (2006): 111-29, 第7章と第8章は論文 "Preference Satisfaction and Welfare Economics," *Economics and Philosophy* 25(2009):1-25 ならびに著作 *Economic Analysis, Moral Philosophy, and Public Policy* (Cambridge University Press, 2006) (ともにマイケル・マクファーソンとの共著) をもとにしている。

経済学
の哲学
入　門

選好、価値、選択、および厚生

目　次

はじめに

凡例

・原著イタリック体の強調はゴシック体にした。

・訳者による補足は［］を用いた。

・原語を付記する場合は（）を用いた。

図表一覧

第1章
選好、比較評価、理由

1.1 選好とは何だろうか

英語を話す人々が選好について語るとき、必ずしも「選好」や「選好する」という単語を使うとはかぎらない。飲食店の店員はジャックに「どちらを選好されますか」と言わずに「どちらがいいですか」と言うかもしれない。私たちも人に選好をたずねるのに、どの選択肢を選ぶか、どちらが好きか、どちらがよいと思うかときくことが多い。

選好の概念は主として四つあるように思われる。

1. **歓楽（enjoyment）の比較**　愛犬のイツァークはドライフードよりも牛ミンチを選好するとか、母は黄色のバラを赤いバラより選好すると私が言う場合、私はイツァークや母により多くの歓楽を与えるものについて語っている。この場合、行為者（例えばジル）が x を y よりも選好するのは、その人（ジル）が y よりも x のほうが歓楽であると感じるときであり、かつそのときにかぎられる。これを**歓楽の比較**と呼ぶことにしたい。これは総括的な歓楽を比較する場合も指すし、なにか特定の観点から歓楽を比較する場合もある。

2. **比較評価**　ある政治家、例えばマーガレット・サッチャー［元英国首相］がある政策をほかの政策よりも選好すると表明するとき、彼女は自分の歓楽を表明しているわけではない。どちらの政策がすぐれていると判断するかを語っているのだ。この意味で、サッチャーなどの行

為者がyよりもxを選好するといえるのは、なんらかの観点からxはyよりもよいと判断しているときであり、かつそのときにかぎられる。これを**比較評価**と呼ぶことにしたい。比較評価といっても、**部分的**な比較評価——なにか特定の基準にのっとった序列づけを意味する——もあれば、**総**比較評価——関連のある検討事項をもれなく考慮した序列づけを意味する——のこともある。サッチャーは、イデオロギー的な見地からは政府による健康保険の提供に反対であるが、しかし政治的な見地からは、国民健康保険制度の強化を望むかもしれない。この例のように、部分的な比較評価どうしが衝突した場合、総合的な序列を決めたければ、行為者はさまざまな考慮のあいだで裁定を下さなければならない。総合的な比較評価を行なうことは、［個々の］歓楽比較を行なうよりも認知への負担が大きく、誤りの余地も大きい。総合的な比較評価［＝総比較評価］では、行為者が関連ありと判断した**あらゆる**検討事項を考慮する。その実行の過程で不備がないかぎり、選択は総序列づけによって決定される。私はこれから、経済学でいう選好とはその大半が総比較評価であり、またそうあってしかるべきだと主張していくつもりだ。

3. **優遇**　アファーマティブアクションのためには、人種を理由とした優遇が必要だという場合、そこで言いたいのは、アファーマティブアクションでは人種的マイノリティの人たちを優遇するということであり、つまり、マイノリティの人たちには、企業に採用されたり大学に合格したりする確率を高くしますよ、ということである。そこには、こうした選好を抱く人たちが、マイノリティの人たちをより好んでいるとか、能力がより高いと判断しているなどの含みはない。優遇は、歓楽の比較でもなければ、比較評価でもない。

4. **選択肢の序列づけ**　最後に、ウェイターがジルにスープとサラダのどちらを選好するかと尋ねるとき、ウェイターはたんに、ジルがどちらを選択するかを知りたいだけである。この場合、ジルがyよりもxを

選好するといえるのは、自分が x と y のあいだで選択を迫られている
のだとわかっていれば x を選ぶときであり、かつそのときにかぎられ
る。このような選好を**選択肢の序列づけ**と呼ぶことにしよう。

　以上の「選好」の四つの意味は、しばしば一致しない。ある定義で選好に相当
するものも、別の定義だと選好にならない。例をあげると、最近コレステロー
ルの検査結果を見たジルが、あれこれ考慮した末、より楽しめるチョコファッ
ジアイスクリームよりも無脂肪フローズンヨーグルトの方がよい選択肢だと判
断することもあるだろう。これに対してジャックは、怠惰のため、いつもの癖
のため、あるいはうっかりして、一方の選択肢をよいと信じていながら、他方
の選択肢を選ぶこともあるだろう。また、それぞれの選好の関係は、かなり種
類が異なるかもしれない。歓楽の比較と比較評価は心的な態度であるのに対し
て、優遇と選択は行為である。

　「選好」や「選好する」という言葉をほかの言語に翻訳した場合、その訳語
に、四つの意味がすべて含まれているとはかぎらない。例えばドイツ語話者の
友人たちが言うには、ドイツ語で選好に相当する単語は選択を表すのには使わ
れないそうである。また中国語話者の友人たちによれば、「選好」にぴったり
くる訳語がそもそも存在しないという。当然ながら、言語をめぐるこうした主
張は、ドイツ語話者には自分が何を選ぶのかを語れないという意味ではない。
かれらはただ、選択を表明するのに、比較評価の表明とは別の単語を使うだけ
のことである。中国の人たちも、歓楽の比較ができないとか、比較評価ができ
ないとか、優遇や選択を人に伝えられない、というわけではない。ほかの言語
で「選好」や「選好する」に相当する単語が先の四つすべてを意味しないこと
からわかるのは、ここで見ているのが4個の概念であって1個ではないという
事実である。私の推測だが、英語だとこれら四つの概念のすべてについて同じ
単語を使うことができるのは、これらの四つがいずれも、感情、判断、行為の
いずれにおいてであれ、なんらかの形で優遇の要素を含むからではなかろうか。

　使われる単語が「選好」であるにせよ、ほかの言語でおおまかに選好に対応

する単語であるにせよ、人々は休むことなく自分の選好について語り、自分の選好はどうあるべきかを考え、互いの選好を探りあっている。一口に選好といっても、ほとんど思考を必要としないものもある。歓楽の比較においては、判断以上に、人がどのように感じるかについての感受性が求められる。歓楽の比較は、判断というよりは内観の報告に近い。判断においては、ときに広い範囲にわたって熟考しなくてはならない。例えば国会議員が複数の社会政策のあいだでまじめに選好を考えようと思えば、何か月もの調査を要するかもしれない。私の息子の幼いころの選好にしたって、彼なりに考えぬいたものだった。人の選好を知るのも、ときには骨が折れるものである。

1.2 総括的比較評価と総比較評価

本書では**比較評価**としての選好をおもに扱うが、比較評価が成り立つには、行為なり、その結果なり、状況なり、比較する複数の選択肢がなくてはならない。私は、対象や物にかかわる選好であっても、それは状況についての選好の迂遠な形であると解釈している。つまり、例えば［2000年の米国大統領選で］ゴアをブッシュよりも選好するとは、ゴアが当選した場合とブッシュが当選した場合の状況を比較評価することなのだ。

選択肢の評価にも、特定の観点から行なうものもあれば（例：裕福な納税者の立場から見ればブッシュ政権の方が好ましい）、**総括的**評価、あるいは**総評価**の場合もある。日常用語では、選好は、典型的には「総括的」比較評価として用いられる。総括的評価は、なにか特定の点について比較するのでもなければ、関連する論点を残らず考慮するのでもなく、重要な点の**大半**に関して比較をする。総括的な比較評価においては、総比較評価とは対照的に、人々は自分の評価に影響する要因の一部を、選好に影響を及ぼすと考えるのではなく、選好と**競合するもの**と解釈する（Reynolds and Paris 1979, p. 356）。例として、ジルに関する次の二つの言明を考えてみよう。

1. ジルは夕食のとき、本当は水よりワインを選好するにもかかわらず水を飲んだ。しらふでいると夫に約束していたからである。

2. ジルは夕食のとき、水を飲むことを選好したので水を飲んだ。かりに、しらふでいると夫に約束していなかったなら、水よりもワインを選好していただろう。

　両者の違いを**図1.1**に示した。**図1.1a**では、ジルの約束は、選好の序列になんら影響を与えていない。ここで約束は、制約と同じように、選好されていた選択肢を除外しつつ、選好とともに行為を決定する。対照的に**図1.1b**では、ジルの約束は水とワインのあいだでの選好の順位を逆転させている。ここで約束は、完全に選好を変容させて、行為に影響を与えている。文(1)も文(2)も、記述している状況は同じといえるかもしれない。日常の用語法としては、私の耳には(1)の方が(2)よりもやや自然に聞こえる。しかしどちらも間違いではない。一般的な用法では、感情や嗜好（フィーリング）が選好に影響を与えるとみなされがちであり、これに対して認知的に洗練された評価の要素、とくに道徳上の考慮などは、選好と競合するとみなされがちである。しかし確固たるルールがあるわけではない。文(1)を優先する間違った理由としては、例えば、道徳上の義務をなにか自己の外部にあるとする考え方、すなわち、人々の人となりや価値観を決定づけ

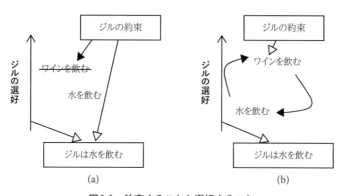

図1.1　約束することと選好すること

るものの一部としてではなく、人々が真にやりたいことを妨げる足かせとする考え方がある。(1)を採るいくらかましな理由は、人は思考の過程で、とかく道徳上の要検討事項を、他の因子とバランスをとるべき因子としてではなく、制約として受け止めがちだから、というものである。いずれにせよ、日常の用語法としては、道徳的要請が(1)のように選好と競合するという言い方も、(2)のように選好に影響を与えるとする言い方も、両方とも許容される。

　日常会話においては、選好のことを序列づけそのものとして語るよりも、複数の選択肢を序列づけする主観的な意向のこととして語る方が自然ではある。しかしここで話を単純化して、選好を選好が定める序列と同一視したところでさほどの問題は生じない。

　まとめると、本書が関心を寄せるのは、比較評価としての選好である。比較評価には部分的比較評価、総括的比較評価、総比較評価がある。人が自分の選好を口にする場合、言わんとしているのは通常、**総括的**比較評価——その人が関連を認める検討項目の大半を考慮した比較評価である。それとは対照的に、経済学で扱う比較評価は総比較評価である。またすでに述べたように、人々はしばしば、「選好」や「選好する」を別の用法で使うこともある。

1.3 選好、理由、日常心理学

　人は自分がどうしようかを考えるにも、他人があれをするのはなぜだろうかと考えるにも、**理由**の観点から思考する。ジルがなぜ図書館に行ったのかを説明するのに、ジャックは「ジルは『戦争と平和』を借りたかったからだ」と言うかもしれない。また、ジャックは自分が図書館へ行くかどうか決める際に、「ジルがいる。ジルといっしょだと楽しい」と考えるかもしれない。ジャックはジルの図書館行きを説明するにあたって、『戦争と平和』を借りたいという彼女の欲求に、さらに間接的には、図書館がその本を所蔵しているはずだという彼女の信念に関連づけている。ジャックはここで、自分にはなにか行なう理由があるかを考えるにあたって、自分が事実だと信じることと、自分が価値あ

ると解釈するものとを引き合いに出している。彼がジルの行為を説明するとき
に用いたのは「日常心理学」であり、これは人々が信念や欲求などによって人
間の行為を説明したり、予測したり、合理化したりするために用いる暗黙の理
論である。経済学者たちの行なう予測や説明も、日常心理学を洗練させたもの
である。心理学の分野では、人が幼いうちから始める意思決定を日常心理学に
一致するものとみなす人がほとんどである。哲学者もその大半が、説明や予想
に役立つ信念・欲求心理学の便利さを支持している。むろんどちらの分野でも
異論は出ている。哲学者のなかには、信念や欲求の実在すら疑う人もいるくら
いだ＊1。

　信念や欲求は行為を説明する手助けになると認める哲学者であっても、その
大半が、行為をたんに信念や欲求、制約などの因果的帰結にすぎないと解釈し
たのでは理性による熟考の性質を見誤らせるというだろう。何をすべきか今ま
さに考えている当人の立場から見れば、**理由**こそ最も重要である。行為者が自
分自身に投げかける問いは「私の信念と欲求をもとに考えると、私は自分がど
うすると予測するか」ではなく、「私は何をす**べき**だろうか」や「やる**理由**が
いちばん大きいのはどれか」である。これらの問いは道徳上の問いのようにも
聞こえるかもしれないが、道徳の話は脇に置くとしよう。それでも何をすべき
かという問題は残る。私なら何をするか決めるにあたって、事実がどうである
のかと、何に価値があるかとをよりどころにするよう努めるだろう。ただし私
は、自分の信念が誤っているかもしれないことも、自分の欲求が常軌を逸して
いるかもしれないことも承知している。私がたまたま P を信じ、X を欲してい
るだけでは決め手にはならない。私には一歩ひいて、自分の信念や欲求に疑問
をもつこともできるのだから。X をしたいという欲求を感知したからといって、
それがそのまま意図的に X をするという方向へ導くわけではない。けれども X
をするなんらかの**理由**を見出したなら、話は別である (Quinn 1995; Scanlon

＊1　「心理現象に関する私たちの日常的な理解は、きわめて誤った理論に基づいている。その理
論には根本的な欠陥があるので、その諸原理も存在論も、もし神経科学が完成したら、穏やかに縮
退していくのではなく、完全に放逐されてしまうだろう」(Churchland 1981, p.67)。その他、
Stich (1983) も参照。

1998; Schapiro 2009)。かりに X をする理由がまったく見出せなかったなら、私はそうしたいという欲求を抑圧するよう試みるだろう。ねずみの糞を食べたいという焼けつくような欲求を覚えたなら、人が走るのはふつう、ねずみのいる地下室の戸棚ではなく、医者のもとである。価値をどのように理解すべきかを脇に置くとしても、じっくり考えた人はいやでも、価値とは心理学者の思いつきではなく、事実と同様、行為が折り合いをつけるべき現実とみなさざるをえなくなるものである*2。ジャックの視点からみた図書館に行く理由は、ジルがいるという**事実**と、彼にとってジルと過ごせることがもつ**価値**であって、彼の心理状態ではない。なるほど行為者も一歩さがって「それにしても、なんであんなことやっちゃったかなあ」といった、説明のための問いを抱くこともあるだろうが、一人称の視点からみた根本的な問いは「自分にとって、いちばんやるべき理由があるのはどれか」という、正当化のための問いだろう。

　社会科学では通常、一人称の問いを扱わない。社会科学者が行動を観察するのは第三者の視点からであり、そこでは説明や予測のための問いが最も優先される。しかし、理由が熟慮を導くのなら、三人称の記述は理由を無視できない。それどころか、当人が行為を正当化するのに用いる理由と、他者がその行為を予測したり説明したりするのに用いる信念や欲求とのあいだには、密接なつながりがあるはずである。つながりがあるはずだといっても、それは信念や欲求が理由**であるべき**という意味ではない。信念と欲求は、それら自体が理由の一部を成さなくとも、事実や価値がなぜ行為の理由を構成するのかを説明することができる（Schroeder 2007, ch.2）。

　信念が理由と関連しているのは、信念は行為者に事実を提供してくれるようにみえるからであり、事実は理由になりうるからである。他方、欲求と価値の関連はそこまで明快ではない。どんなにたちの悪い、愚かな欲求についてであろうと、必ずといっていいほど行動に移す理由を（説得力のあるものばかりではないにせよ）見つけることができる。火災報知機を鳴らしてみたいとか、帰り

---

*2　第6章で論じるが、行為者はある程度確立した諸々の計画や意図をもっており、熟考の過程がそこから導かれる場合もある。とりわけ Bratman (1987 = 1994年, 1999, 2007a) を参照。

ぎわにもう一杯だけお代わりしたいといった欲求でさえも、理由はつけられる（さすがにねずみの糞を食べたいという欲求に理由を見出すのは難しいが）。人が欲求どおりになにかをするときには理由がつくのが常だが、なぜそうあらねばならないのだろうか。ありそうな答えの一つは、欲求はその対象を、なんらかの意味で価値があるように、あるいは「なすべきこと」のように見せるからというものである（Stampe 1987; Scanlon 1998; Schapiro 2009）。この考え方だと、欲求は行為を動機づけるし、その対象を得ようとする理由があることを示す一応の証拠となる。

　欲求をこのように捉える見方には、欲求と選好を分かつ重要な区別がもう一つある。欲求は、その対象を求めて動くことには理由があるという一応の証拠を提供する（気まぐれをかなえたいという理由さえも、その行為が気まぐれであることを除けば愚かなことでないのなら、十分な理由になりうる）。そのような理由が見当たらないとなると、人は自らのゆがんだ欲求を捨て去るべく対策を講じさえする。ところが選好ではそうはならない。総括的評価であろうと総評価であろうと、選好はすでに、行なうべき理由がある行動はどれだろうかという反省によって与えられている。それらは比較をともなう判断の結果であり、欲求のようにこれから熟考にかける材料ではない。

　本人の一人称の視点からいえば、理由として感じられるのは、事実や価値であって信念や欲求ではない。ジルが図書館にいないのなら、ジャックにはそこへ行く理由はない。それでもジャックがジルは図書館にいるという信念を抱いている場合、本人としては理由があるつもりでいても、それは間違っている。三人称視点でみると、これとは対照的に、（行為者にとっての）「事実」はそのまま行為者の信念に、そして（行為者にとっての）「価値」はそのまま行為者の欲求になる。つまり第三者から見れば、行為者の考える理由は信念と欲求である。さらにこの視点からすると、行動の原因についての問いは、何が行動を正当化してくれるかという問いと、少なくとも同じ程度に重要となる。それゆえ社会科学者たちは、行動の原因および行動の理由という二つの観点から、信念と欲求（あるいは信念と選好）に関心をもっている。

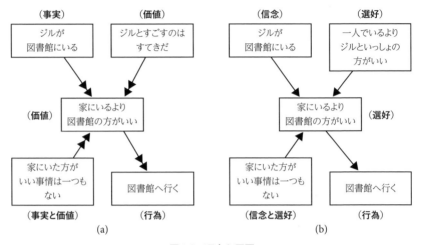

図1.2　理由と原因

　図1.2では、ジャックの図書館行きについて、一人称視点での証言と三人称視点での証言を対比させている。左はジャックが図書館へ行こうと決めつつあった時点で、彼に見えていた状況を表している。事実と価値が行為の理由であり、両者の役割は熟考のための前提である。右側では、第三者が見た同じ状況を示している。信念と選好は、行為の理由と原因の両方を兼ねる（そのほかに、ほかの信念や選好の原因にもなる）。本書は社会科学（なかんずく経済学）についての手引き書なので、おもに第三者の視点を採用し、理由に言及するときは通常、それを選好と信念からなるものとして扱う。

　行為の理由がいつでも行為を説明するとはかぎらない。ジルが図書館にいることと、ジルと同席することがジャックにとって魅力的であることは、ジャックが図書館へ行く理由であるが、しかしこれらの理由が、ジャックの行為に実際に影響を与えるのかどうかはわからない。もしかしたらジャックの図書館行きを説明するのは、自宅の暖房が故障しており、図書館は快適で暖かいことであるかもしれない。ジルの存在がジャックの行為に影響していないとき、それはジャックの行為を説明しない。ドナルド・デイヴィドソンは、行為を説明する理由としない理由の違いは因果的なものだと主張しており、これには説得力

がある（Donald Davidson 1963 = 2010 年）。行為を説明する理由は同時に、自らが説明する行為の原因でもある。行為を説明しない理由であっても、それは行為を**正当化**したり**合理化**したりするために役立つかもしれず、何が行為を合理的なものにするかを示すことはできる。ジルが図書館にいるというジャックの信念は、それが実際に図書館行きを引き起こすかどうかにかかわらず、彼が図書館に行く一応の理由らしきものを与えている。

　選好が（あるいは、選好に根拠を与える事実や価値が）行為の理由として機能するのであれば、選択の諸理論はそれが機能するしくみを示してしかるべきである。**選択の理由を特定できると称する選択の諸理論は、合理的選択の理論でなくてはならない。**またそれらは経験的理論として、選択行動とその原因も記述できなくてはならない。行為に関するある理論が規範的に妥当かどうかは、その理論が経験的に妥当かどうかとは別個の問題ではあるが、諸々の規範的な検討は、経験的理論をつくる際にも影響を与える。

1.4 選好をめぐる誤解

　本書で主張するのは、経済学における選好とは**総**主観的比較評価であること、そして、経済学者たちが選好についてこの考え方を採用するのは適切であるということである。行動を選好と信念という観点からモデル化するのは、それ以外の社会科学でも魅力的な方針である。私が異議を唱える対象は、経済学における選好の概念の使われ方よりもむしろ、経済学者たちが自分たちの営みをどう記述してきたかである。だからといって、これまでの経済学者たちの実践が完璧だったとは言わない。完璧どころか、経済学の実践の特性を記述する際の誤りが、ときとして実践そのものまで汚染してきたこともある。それゆえ私もそれ相応に、経済学者たちの仕事の一部を批判し、実証経済学と規範経済学のどちらも改善する道を提案していくつもりだ。

　私がとくに関心を寄せるのは、選好をめぐる五つの問題ぶくみの主張である。

1. **恣意性**　選好は嗜好の問題であって、合理的に批判することも論じることもできない。

2. **自己利益**　人々の選好の序列づけは、期待された自己利益という観点からみた選択肢の序列づけと一致するし、またそれによって決定される。

3. **顕示選好**　経済学における選好は、顕示選好理論でいわれるように、選択という観点から定義することができる。

4. **理論的な研究作業の分業**　経済学は選好がどのように形成され、修正されるかについて何も言うことはないし、関心をもつ必要もない。

5. **選好充足としての厚生**　厚生とは選好の充足である。Aという行為者にとってxがyよりよいのは、Aがxをyより選好するからである。

　これらのテーゼは、[理論上の] 賢明な近似やモデル化のための戦略という水準を越えて、重要かつ擁護しうる諸々の洞察をゆがめてしまっている。そのなかには(2)や(3)のように、一部の経済学者たちが系統立てて練り上げ、精力的に擁護しているものもある。また、(1)、(4)、(5)は明白だと考えている経済学者も多い*3。だがこれら五つの主張には、弁護できるものは一つもない。ひいき目に言っても、その一部（例えば(2)や(4)など）が、いくつかの特定の文脈において妥当な近似であるにすぎない。むろん多くの場合、たとえこれらの誤解

---

*3　そうはいっても(1)と(2)は両立しないことに注意されたい。私にとって何が最善であるかは、合理的な議論の対象になる。(2)、(3)、(5)については、のちの章で、このような考え方がいかにして成立してきたかを論じる。(1)（恣意的だとする意見）の一例をあげれば、マスコレルらの権威ある学部生向け教科書（Mas-Colell *et al.* 1995）に、「第一（の方針で）は意思決定者の嗜好を、本人の**選好関係**として要約されるように、個人の素朴な特性として扱っている」（p. 5、強調は原文）とある。ライオネル・ロビンズは分業テーゼ(4)を「ヒトという動物がなぜ、この意味での特定の価値を特定の対象に付与するのかというのは、われわれの論じない疑問である。それは心理学者に、ことによると生理学者にこそふさわしいものだ」と表明している（Robbins 1984, p. 86）。より新しい例では、ベッカーとスティグラーもどこか見下すような調子で役割分担的な見解を述べている。「伝統的な考え方に立てば、経済的現象を説明しているうちに個人差や時代による差に行きついてしまうようでは、議論は行き止まりである。その時点で問いは放棄し、だれだか知らないが嗜好を研究し、説明する者の手に委ねるしかない（心理学者だろうか？　人類学者？　骨相学者？　社会生物学者？）（Stigler and Becker 1977, p. 76）。

を正したとしても、それは経済学者たちに対して、かれらがすでにきちんと行なっている仕事をよりよく理解するお手伝いにしかならない。しかしそれ以外の場合には、誤解を正すことで経済学を改善できるにちがいない。

1.5 結論

　選好は、厚生や選択との結びつきゆえに、主流派経済学の中核に位置している。人間は理性的で、自己利益を求め、十分な知識もあると仮定すると、その選好は、本人の選択を説明できるし、かれらにとって何が便益になるかを反映するだろう。選好についてもっとよく理解すれば、経済学の成果と課題を理解する助けにもなる。

　選好についてのよりよい理解は、経済学以外の社会科学に携わる人たちにも有用なはずである。人間の行為をモデル化するのに、行為は選好と信念に支配されていると考えるべきか、あるいは諸々の動機づけ因子に突き動かされていると考えるべきか、という選択に直面している人は、他の研究分野にも少なくない。この本はまた、行為理論における抽象的な研究と、人間行為に関する経験的な理論化のあいだの関係のいくつかを明らかにするつもりである。選好をめぐるこの探求は、人間の行為、情動、欲求、信念、そしてウェルビーイングのもつれあった領域に、一つの道を照らすことを目指している。

I
実証経済学における選好

　選好は主流派経済学の中核をなす概念である以上、経済学者たち
は選好についてはっきりと語ってくれると思われるだろう。教科書
では「選好」とはなにかが定義され、その言葉がもつさまざまな意
味をていねいに区別していると思われるだろう。ところが実際には、
経済学者たちは選好とは何なのかをほとんど語らない。見つかるの
は選好を司る諸公理であったり、それらと選択とのかかわりのこと
ばかりで、選好をめぐる解釈については、ほとんどなにも説明され
ていない。

　第Ⅰ部を構成する五つの章では、この選好の解釈について述べる。
ここでは主流派経済学がコミットする選択の形式理論について、選
好とはなにかについてこの理論が何を含意するかについて、そして
経済学者たちが選択を予測したり説明したりするのにこの理論をど
のように用いているかについて、それぞれ探究していく。第2章で
は、序数的効用理論の諸公理と、それらが選好について何を含意す
るかを示すとともに、選好を自己利益と同一視する考え方を批判す
る。第3章では、顕示選好理論を、それが選好を選択という観点か
ら定義しようとする点について批判する。このようにして誤った解
釈を退けたのち、第4章では、経済学において選択の説明や予測に
用いる概念と一致するような選好の解釈を擁護する。第5章では、
ゲーム理論における選好の概念の使われ方を探究し、第6章では、
この解釈に対するセンからの批判に応える。第Ⅰ部の以上の五つの
章では、もっぱら、行動の説明や予測に対して選好が果たす役割を
扱う。選好については、それが厚生の理論に果たす役割も同じくら
い重要であるが、そちらは第Ⅱ部で論じることにする。

第2章
選好の諸公理とその含意

　経済学は選好や選択に関するいくつかの標準公理に依存している。2.1 では、そのなかでもとりわけ重要なものを提示する。2.2 では、それらが選好の解釈に含意するところを探究する。2.1 で提示する選好に課せられた諸条件は「序数的効用理論」の諸公理であり、同節で説明するとおり、それらは人々の選好が効用関数で表現できることを保証する。2.3 では、人々の実際の選好や選択を扱う諸理論と、合理的な選好や選択についての諸理論の関係について論じる。2.4 では、選好は、自己利益に関する期待値によっては確定できないと主張する。

▌2.1 序数的効用理論の諸公理

　序数的効用理論の諸公理は実証経済学の核心であり、合理性に関する断片的な理論の一つを構成している。経済学者たちはときとして選好にそれ以外の制約も課すことがあり、それについては第4章でひとこと言わせてもらう予定だが、序数的効用理論の公理こそが中核をなす。なかでも標準的な公理は次のようなものである*1。

（**完備性**）　Xに属するどんなxとyについても、$x \succeq y$か、$y \succeq x$か、その両方が成り立つ。

（**推移性**）　Xに属するどんなx、y、zについても、$x \succeq y$かつ$y \succeq z$ならば、$x \succeq z$が成り立つ。

　ここで「X」とは、行為者が選好をもつ選択肢——消費者選択理論において
は商品の束——の集合であり、x、y、zはXの要素である選択肢をいう。マス
コレルらによれば、「私たちは$x \geq y$を『xは少なくともyと同じくらいよい』
と読む」という（Mas-Colell *et al.* 1995, p. 6. このほかVarian 1984, p.111 = 1986
年も参照）。「$x \geq y$」をこのように定義するとは驚かされる。というのもこれら
の公理は、よさの判断を司るのではなく、選好を司るものだからである。「$x
\geq y$」は、「行為者は$x$を$y$よりも選好するか、$x$と$y$に対して無差別であるかの
いずれかである」と読んだ方がよい。「$x \geq y$」は「行為者はxをyよりも選好
する」ことを意味し、「$x \sim y$」は「行為者はxとyについて無差別である」こと
を意味している。

　ヴァリアンはこれらの公理を人々の実際の選好についての主張として提示し
ているが、これとは対照的に、マスコレルらは完備性と推移性が合理性の公理
だと主張している（Mas-Colell *et al.* 1995）。人々の選好は、完備かつ推移的で
あるなら**合理的**であるという。しかし人々の実際の選好についての理論を提示
するからには、マスコレルらは同時に、人々の選好がこの意味においてある程
度は合理的であること、そしてこれらの公理が（ある程度の近似で）実際の選
好にあてはまることを主張しなくてはならない。

　序数表現の定理が証明するのは、人々の選好が、完備性と推移性に加えて、
さらにテクニカルな条件[*2]を満たしているときに、正の順序を保ったまま一
意的に変換しうるような、連続的な効用関数で表現できるということである

＊1　これらはマスコレルら（Mas-Colell *et al.* 1995）の6頁から引用した。学部生のためのミク
ロ経済学の主要な教科書は2冊あるが、これはそのうちの1冊である。もう1冊はハル・ヴァリア
ンの手になるもので、上の二つの公理についてはマスコレルらとまったく同じ記述をしているもの
の、序数的効用理論の説明がたいていそうであるように、このほかにあと二つの公理が含まれてい
る。
　（反射性）　Xに属するどんなxについても、$x \geq x$が成り立つ。
　（連続性）　Xに属するどんなyについても、$\{x : x \geq y\}$ も $\{x : x \leq y\}$ も閉じた集合である
　　　　　　（Varian 1984, pp. 111-112 = 1986年）。
反射性は自明でもあるし、完備性の結果であると論証できる。一方で連続性は、どんな選択肢の有
限集合についても自動的に満たされるが、選好が連続な効用関数で表現可能であることを証明する
ときに必要になる。反射性も連続性も、本書で取り組む論点には関連がない。

(Debreu 1959, pp. 56f＝1977年)。ある選択肢の「効用」は、その選択肢が行為者の選好の序列に占める位置を示すにすぎない。それは人々が追い求めたり蓄積したりするものではない。

　ここで、効用関数がどのように選好を「表す」のか、また、正の順序を保存する変換にいたるまで一意であるとはどういうことなのかについて、簡単に示してみよう。ある行為者、例えばジルは有限個の一連の選択肢について選好をもっているが、人々がよくやるように、罫線のある用紙に選択肢を書き出していくとしよう。より選好する選択肢ほど上の行に書き、無差別な選択肢は同じ行に並べて書いていく。ジルの選好は完備なので、どの選択肢もリストのどこかには書かれる。また、ジルの選好は推移的なので、どの選択肢も1か所にしか書かれない。このようなリストがあれば、それぞれの列に任意の数値を振っていくことができる。上にある列ほど大きい数にする。どんな数を割り当てようと、数値の大小さえ順序どおりであれば、それは一つの序数的効用関数になる。振った数値——効用——はたんに、それぞれの選択肢がジルの選好の序列のなかでどこに位置するかを示すにすぎない。効用は楽しさや有用さのようになんらかの意味のあるものではなく、1個の指標でしかない。

　図2.1で説明しよう。ここでは、並べられた選択肢のリストを食べ物の絵で表している。上の列の選択肢ほど大きな数値を、同じ列の選択肢には同じ数値を割り当てる効用関数は無数に考えられるが、UとU'はそのうちの二つである。数字はなんでもよく、順序さえ合っていればよい。

　経済学で使う選択理論は、これ以外にあと二つの公理に依拠しているものの、その二つが明示的に公理として述べられることはめったにない。例えば経済学者たちは、もし選好が合理的であるなら、選択は一貫しているはずだと主張する——そしてマスコレルらはこれを証明したと称している[*3](Mas-Colell *et al.* 1995, p. 2)。この主張を擁護するためには、選好と選択をつなぐなんらかの公

---

　*2　ドブルー（Debreu 1959, pp. 56f＝1977年）が証明したこの定理のある説明によれば、追加のテクニカルな条件とは、反射性、連続性、それにkという商品の束の集合がR^k（実数のk次元空間）の連結された部分集合であることだという。R^kのある部分集合が「連結である」のは、それがR^kの二つの非空の分離した閉じた部分集合の結合ではない場合である。

理が必要となる。それを言葉にすれば例えばこうなろうか。

（**選択の決定**）　行為者は入手可能だと信じている選択肢のなかから、自らの選好順位の一番上にあるものを選択するだろう*4。

　図2.1でいえば、ジルはりんごよりもバナナを選好するので、りんごではなくバナナを選択する。ジルはバナナよりもパンを選好するにもかかわらず、これを選択しない。それはパンが入手できないか、高すぎるからである。バナナとパイナップルは無差別なので、ジルがパイナップルを選択した可能性も同じくらいある。

　合理的な選好というからには、さまざまな文脈を通じて一貫した選択が含意

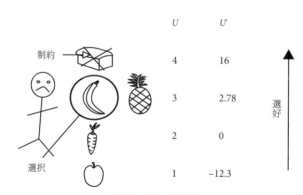

図2.1　序数的効用

＊3　一貫性は次の第3章の3.1で扱う顕示選好の弱い公理によって定義される。その基本的な考え方は、かりにある行為者がyも入手可能なときにxを選んだなら、その行為者はxが含まれる選択肢の集合からyを選ぶことはないはずだ、というものである。

＊4　マスコレルとその同僚たちは、このような公理をはっきりと述べてはいない。ヴァリアンは、「われわれの基本的な仮説は、合理的な消費者であれば、実行可能な選択肢の集合からつねに最も選好する束を選ぶだろうというものだ」と非公式に表明している（Varian 1984, p. 125 ＝ 1986年）。信念については、暗黙に想定されることが多いけれども、明確に言及することが必要である。なぜなら、yよりもxを選好する行為者でも、xが入手可能だと知らないときには、xが入手可能なのにyを選ぶことがあるからだ。

されるとの結論に達するためには、選好をめぐる公理がさらに一つ必要になる
（McClennen 1990）。シドニー・モーゲンベッサーのエピソードとして伝えら
れている話をみれば、この問題の一つの側面がよくわかるだろう。ウィキペデ
ィアによれば、それは次のような話だ。

> シドニー・モーゲンベッサーは夕食を終え、デザートを注文することにし
> た。ウエイトレスに選択肢はりんごパイとブルーベリーパイの二つだと言
> われ、シドニーはりんごパイを注文した。数分後、ウエイトレスがふたた
> びやってきてさくらんぼパイもありましたと言うと、モーゲンベッサーは
> 「それならブルーベリーパイにします」と言った。（http:// en.wikipedia.
> org/wiki/Sidney_Morgenbesser）

　推測されるモーゲンベッサーの選好は明らかに不完備ではないし、非推移的
でもない。推移性とは、ある一つの選択肢集合に関する選好について云々する
ものだからである。ある一つの選択肢集合 ｛りんごパイ，ブルーベリーパイ｝
についての選好が別のある選択肢集合 ｛りんごパイ、ブルーベリーパイ、さく
らんぼパイ｝についての選好とどのような関係にあってしかるべきかについて、
推移性は何も言わない。かりに合理的な選好が一貫した選択を含意するのであ
れば、それはなんらかのさらなる条件も満たさなければならない。「それはす
なわち、選択肢 $\{x, y\}$ に直面したときに x を選択することは、y ではなく x を選
択する傾向を明らかにし、そしてその傾向は、選択肢 $\{x, y, z\}$ に直面したとき
の個人の行動にも反映されていると期待すべきである、という考え方である」
（Mas-Colell *et al.* 1995, p. 10）。
　選択肢の入手可能性以外にも、文脈が選好に影響を与えることがある。例え
ば、冬には熱いココアをビールよりも、夏にはビールを熱いココアよりも選好
する人は多い。このような選好はモーゲンベッサーの場合とはちがって筋が通
っているように思えるが、これが成り立つなら選択肢の安定的な序列は存在し
ないことになる。さらに、第9章で説明するが、心理学でも行動経済学でも、

人々の選好の序列は文脈のさらに別の要素に大きく依存することがわかっている。参照点がちがえば、同じ選択肢が損に見えたり得に思えたりするのだ。かりに、選択肢の集合や環境、参照点などが変わったときにその人が行なう選択を予測できるような、選択肢の安定した選好序列というものを、その人がもっているとしよう。しかしそのような場合には、あらゆる形の文脈独立性が除外されてしまうだろう。というわけでさらにもう一つ、「安定性」あるいは文脈からの独立性を求める公理も必要となる。

　　（**文脈からの独立性**）　ある行為者がxをyよりも選好するかどうかは、ど
　　　　　　　　　　　　　んな文脈でも安定的である。

　この公理は（完備性や推移性と同様に）行為者の心変わりや選好の手直しを排除するためのものではない。目的は、モーゲンベッサーのパイ選好やビールとココアの選好の天候依存性、参照点依存性を排除することにある。文脈からの独立性とはやっかいな公理だ。ある種の文脈依存性はありふれているし、種類によっては理にかなっているように見えるからだ。ビールとココアのように文脈依存的に思える選好が存在することと文脈からの独立性の公理とを両立させる一つの方法は、「行為者にとって重要なことは残らず」（Arrow 1970, p. 45）選択肢の記述に含めることである。ココア≻ビールになるかどうかは天候に依存するが、ここで問題になる選択肢の重要な特徴はココアとビールだけではない。より複雑な選択肢、例えば {暑い日，ビール} と {寒い日，ココア} についての選好なら天候に依存しなくなる。そうはいっても、人々がそこまで詳細に指定された選択肢のなかから選好をもつと想定するのは無理がある。そのうえ、選好の対象が、選択肢について関連するすべてを完全に記述していると解釈したのでは、文脈からの独立性の公理は骨抜きになってしまう。もしもモーゲンベッサーが、さくらんぼパイの有無はりんごパイとブルーベリーパイから選択するうえで重要だと考えていたなら、彼の選好も文脈からの独立性の公理に違反しないことになる。さくらんぼパイの有無はりんごかブルーベリーかの

選択に関連がないと主張することは、一貫性の形式的な要件ではなく実質的な要件、すなわち「無差別であることについての一つの合理的な要件」（Broome 1991b, p. 103f）であるように思われるし、私はブルームが言うように、「結果を違うものとして区別するのは、両者のあいだで選好をもつことが合理的になるような違いがあるときであり、かつそのときに限るべきである」（*ibid., p. 103*）という考え方に同感である。幸いなことに、ある一つの選択肢集合に関する選好を考えるときには、文脈からの独立性は必要ない。

　そこで、これから重視するのは次の四つの公理、(1)完備性、(2)推移性、(3)文脈からの独立性、(4)選択の決定、となる。最初の二つは一つの選択肢集合についての選好にかかわるもので、三つ目は異なる選択肢集合についての、あるいは同じ選択肢集合の記述を変えたときの選好どうしを比較するときにのみ必要になる。第4の公理である選択の決定は、選好と選択を結びつけるものだ。これらのすべてに反例が存在すると思われ、そのうちのいくつかについては第9章で論じる。人はつねに選択肢を比較できるわけではないし、序列が完璧に推移的であることはめったにない。文脈はしょっちゅう序列づけに影響してくるし、人はもっといい選択肢があると承知のうえでなお「ほどほど」で手を打つこともある。それでもやはり、これらの公理は、特定の適用場面においては、妥当な近似ではないかと思われる。

2.2　選好を理解するうえで諸公理の含意するところ

　選択の決定は、選好を解釈するうえで、二つの重要な含意をもっている。それはまず、選好とはたんなる判断ではないということを含意している。選好は、行為の動機づけになる。もしもジルが x は実行可能だと知っており、しかも x をほかの実行可能な選択肢すべてよりも選好するなら、ジルは x を選択する[*5]。第二に、選好は、選択を**決定する**のだから、選択に関連することは**一つ残らず**勘定に入れているはずだ。もしも、日常の用語法ではそうであるように、ジルの選好が選択に影響する要因のどれかを、例えば道徳上のコミットメントを省

くなら、その選好は彼女の選択を決定しない。選択の決定が意味しているのは、選好の順位づけは部分的な順位づけではないということである。選好は総比較評価の表現であり、それは本来的に動機を与えるものである。

　これらの公理には、ほかにも三つの重要な含意がある。第一に、選好は、欲望や願望とは違って、つねに比較を含むことを意味している。ジルは x を欲しがり、y も欲しがっていますと言ったところで、ジルが x を y よりも選好するのか、y を x より選好するのか、x と y に関して無差別なのかについては何も言っていない。反対に、ジルが x を y よりも選好するという事実があっても、彼女が x を欲しがっているかどうかはわからない。ジルは x など大嫌いで、それでも y よりはましだと思っているかもしれない。第二に、これらの公理は、行為者に認知面で大変な負担を与える。並はずれて鋭敏な直観の持ち主ならば、勘だけでこれらの公理を満たせるかもしれないが、完備で推移的で文脈から独立した選択肢の序列（あるいはその妥当な近似）を得るために、現実的にできそうな唯一の方法は、競合するさまざまな考慮のあいだで裁定を下すことである。そんなわけで、マスコレルらは、選好関係は意思決定者の嗜好の結晶だと言いながら（Mas-Colell *et al.* 1995, p. 5）、一方では「自分の選好を明らかにするには労力が必要だし、真剣な内省も求められる。完備性の公理は、そのような作業が（すでに）行なわれたことを示している」（*ibid.* p. 6）とも主張している。人々が直面する複雑な選択肢について、完備かつ推移的な順位づけをすることができたら、それは大変な知的達成である。それはモデルなしに比較評価を行なうという骨の折れるプロセスの成果であるにちがいない。これらの公理があることで、選好をめぐる第一の誤解——選好とは気まぐれ任せの嗜好の問題であり、冷静に検討するに値しないという誤解——ははなはだ説得力を失うだろ

＊5　もしも x と y が商品の束であるなら、この主張は誤りと思えるかもしれない。ジルはパンを選好しながらも、バナナの方が安いからという理由でバナナを選択してしまうかもしれないからである。しかしこれは反例にはならない。なぜなら経済学では、価格を選好に影響する要因としてではなく、消費選択に課せられる入手可能性や実行可能性を決定するものと解釈するからである。これは経済学における消費者の選好についての考え方とは異なるが、価格とは選好を決定づける選択肢の性質の一つであると捉えることもできよう。

う。

　三つ目に（前にも触れたとおり）、人々が選好をもつような「選択肢」は、アイスクリームを1個食べようか2個食べようかといった単純なものではすまない。ジャックがアイスクリームを2個食べることを1個よりも選好するかどうかだって、ちょうど夕食をお腹いっぱい食べた直後かどうかや、減量中であるかどうかなどに依存する。これでは、ジャックは1個より2個という安定な選好をもっていると言うことはできない。これらの公理を満たす選好をもつためには、選好を表明される選択肢に、行為者にとって重要なことがもれなく指定されていなくてはならない。それはとてもではないが、いまアイスクリームが1個あるか2個あるか、どころではない。

　経済学では、選好を商品の束をめぐって確定されるとするために、消費者たちは x と y という世界の二つの状態を比較するにあたって、たんに x では商品の束 x^*、y では商品の束 y^* を消費するというだけにとどまらず、関連するあらゆる事柄について比較しているものと仮定している。かりに、x と y のあいだでの選好に、x^* と y^* の構成をのぞいてなんの関連もないのであれば、経済学者たちは選好をあたかもこれらの商品の束のあいだで定められたかのように扱うことができる。注意してほしいのだが、この場合、価格は商品の束どうしのあいだの選好になんら影響していない。消費者選択理論では、価格と所得とがあいまって、選択に課される制約を決定すると捉える。選好が商品の束をめぐって確定できるという仮定は、個人にとっての商品の束の価値が、商品の束の構成以外の何物にも依存しないという前提に基づいている。しかし、夏のビールと冬のココアという選好の例からもわかるとおり、この前提は誤っている。選好はもっぱら商品の束だけで決まると考える場合、このような依存性を無視するか、さもなければ、商品の束以外に選好に関連する要素はなにも変化しないと仮定するほかないだろう。

　選好によって序列づけられると私が捉える選択肢とは、選好に**関連のある**要素をもれなく指定してくれるものである。前にもふれたとおり、どれが関連する要素であるかを指定するには、無差別であることが合理的に求められるのは

どんなときであるかに関して、相当なコミットメントが必要とされることもある。選好の対象についてのこのような見方は、人々の認知にさらなる負担を強いる。行為者が x を y よりも選好するかどうかは、たんに x と y の内容、例えば x は貧しい人々を助ける慈善事業に 300 ドルを寄付すること、y は 300 ドルのテレビを買うことといった「局所的な」ことだけでは決まらないからである。この選好は x と y の内容以外にも、ほかの人たちが同じ慈善事業にいくら寄付しているか、ほかの慈善事業がどんな業績を上げているか、テレビではどんな番組をやっているか、その行為者がほかにどんなテレビや電子機器を持っているかなどにも依存する。これほどこみいった選択肢に関して完備かつ推移的な選好をもつためには、どんな人にもおよそもちえないほどの知識が必要となる。不確定な要素でもあろうものなら（そして、それは必ずある）、人々が選好をもつ選択肢をこと細かに記述しようとすればさらに複雑な問題が発生する。これについては第 4 章で、選好の形成に信念が果たす役割を論じる際に改めて扱うことにする。

　序数的効用理論の諸公理は、人々が**何を**選好するかについては触れない。自己利益を追求する人々も、痛みや苦しみを求めてやまない人々も、これらの公理を満たす際の難易度の点では変わらない。実証経済学では、序数的効用理論の公理のほかに選好の内容にかかわる公理、例えば人はたくさんの商品を少ない商品よりも選好するといった主張などが追加されることもある。しかしこれらは選好という概念そのものについてはほとんど語っていないため、本書では扱わない。

　選好を司る公理は、選択に関連するすべての点で、選好が世界の完全な状態の序列づけであることを示唆している。それは認知に負担をかけるものであり、行為を方向づけるものでもある。

2.3 合理性と選好

　第 1 章で説いたとおり、人々の選択をその理由によって説明したり予測した

りする選択の理論は、理由を構成するのに必要な諸要因がどのように選択を正当化するのかを示さねばならない。そのため選好を司る公理は、（マスコレルとその同僚たちもそう読んだように）合理的選択に条件を課していると読むこともできる。合理性と四つの公理とのあいだには、どのようなつながりがあるのだろうか。

1. 完備性は、合理的選択に課せられる制約条件の一つである。たとえ選択肢の比較ができなくても、それ自体は合理性の失敗にはならないが、人々が選択肢を比較できないとき、理由を根拠とする選択はできない。

2. もしも選好が総評価であるとすれば（私はこれからそう主張していくが）、選好は暗黙のうちに何がよりよいか、何がより選ぶにふさわしいかの判断を意味する。またその場合、ジョン・ブルームが主張したように、推移性は「～よりもよい」「～よりも選ぶにふさわしい」といった比較級の形容詞によって意味されるものとなる（Broome 1991a）。かりに選好が、「よりよいもの」とか「より選ぶにふさわしいもの」を測るある種のものさしに沿って諸々の選択肢を並べていくものだとすれば、非推移的な選好は論理的に一貫性を欠き、それゆえ非合理的となる*6。

3. ジャックが序列づけをする選択肢が、もし選好に「関連する」すべてを指定しているなら、zが入手可能かどうかは、xとyの長所や短所になんの関連もないことになる。かりにジャックが文脈からの独立性に違反し、xとyのあいだでの選好がzの有無に依存する場合、ジャックの選好は、本来無関係であるはずの要因に（非合理的に）依存していることになる。

4. 選択が選好によって決定されることは、合理性によって求められる**のではない**。それどころか、選択の決定に固執しようとすれば、非合理

＊6　他方、かりに選好が総評価ではなく部分的な2項間の評価であるなら、それが推移的であると期待する理由はまったくない。Temkin (1987) および Tversky (1969) を参照。

的になることさえある。ハーバート・サイモンがいうように、意思決定の知的負担を軽減する戦略を採用することや、手持ちの情報や自らの情報処理能力の限界を考慮に入れることは、合理的である（Simon 1982）。こうした戦略を採用すれば、人はときに実現可能な別の選択肢よりも劣る選択肢を選ぶこともある。さらに、途中で路線を変更した方がメリットが大きくてもなお、当初の目的や計画をつらぬくほうが合理的なこともある。選択の決定の合理性を擁護するために言えるのはせいぜい、y も選べることを知っており、すべてを検討した結果 y の方がすぐれた選択だという自信があるときに、行為者は x を選ぶべきではないということである。

以上の注解からわかるのは、経済学者たちは序数的効用理論を、選択を説明したり予測したりする実証的理論の一部とみなすとともに、選好が選択を正当化するために満たさねばならない条件を特定する合理的選択理論の一部でもあるともみなしている、ということである。ここで合理的選択理論は、純粋に**形式的な**ものであり、何を選好すれば合理的なのかには触れないものとされる。

　ただ多くの経済学者たちは、これは効用理論の範囲ではないものの、自らをより幸せにしてくれるであろうものを選好することは合理的だと考えている。人はより大きな商品の束を小さい束より選好するという考え方は、自己利益というものを暗に想定している。自己利益的であることは合理的であるという考え方は、しかし、たんなる合理性の形式理論ではなく、合理性の実質的理論にかかわるものであろう。

2.4 選好と自己利益

　経済学で選好がどう理解されているのかを検討していくにあたり、まずはアマルティア・センの影響力ある見解から話を始めよう。センはノーベル経済学賞の受賞者でもあり、現代哲学界のすぐれた発言者でもある。センはいくつも

ある「選好」の定義のうち、どれか一つを擁護することはせず、経済学者たちがそれぞれ異なる意味を指すのにこの言葉を用いてきたことを強調する。さまざまな選好概念のなかで、センは次の二つ［の捉え方の違い］を最も重要と考えている。

　　確かに、個人の選択を説明するための基本的な関係として選好を確定することに、大きな困難はない。（中略）こうした数学的な操作においては、選好は人の選択の2項的な表現にすぎない。困難が生じるのは、このように確定した選好を、通常の意味での選好、つまり、もしある人が x を y よりも選好するならば、その人は x がある方が y をもつよりも幸せになると考えているはずだ、という性質の意味に解釈した場合である。(Sen 1973, p. 67)

　「個人の選択の2項的な**表現**」は、ある一対の選択肢から、どちらが選ばれるかを特定する。だが、ある人が何を選ぶかのリストと同様に、選択の2項的な表現も、選択を**説明する**ことはできない。選択の序列づけとしての選好というこの考え方は、経済学でいう「顕示選好」と符合するものであり、第3章の主題となる。第二に、センが名づけるところの選好の「通常の意味」、つまり、ある人が x を y よりも選好するのは、その人が x をもてば y をもつよりも幸せになると信じているときで、かつそのときにかぎられるとする考え方がある。同様の考え方として、ダニエル・カーネマンとリチャード・セイラーが言うように、経済学者はとかく、人々が最も楽しいと予測するものと人々が選択するものを同一視することがある (Kahneman and Thaler 2006)。センは観察に基づく一般化として、人々が選好するものは、その人が自身にとって最良と信じるものと一致すると述べているにすぎず、選好に関するある定義を提案しているわけではない、とみることもできるかもしれない。しかしほかの諸解釈が示すように、センは期待された便益（advantage）を、選好の**意味**の一つとみなしている。例えば彼は、「選好は選択との一致を保存するように定義すること

も、あるいは、当事者の考える厚生から外れないように定義することもできる」と記している（Sen 1973, p. 73; Sen 1980, p. 442 も参照）。選好のこのような意味を「期待された便益の順序づけ」と呼ぶことにしよう。期待された便益の順序づけは、選択肢について、期待された便益という観点からの部分的比較評価を表現するものである。しかしセンは、選択肢の序列づけと、期待された便益の順序づけを混同することに、くり返し警告を発している。

> 「選好」という語の通常の使われ方によれば、選好はより望ましい状態にあることという概念と同一視されうるが、同時に「選好された」ということを「選択行動が為された」ということによって定義しても、さほど不自然ではない。どちらが「選好」という語の「正しい」用法であるかということについては、私もさして強力な見解をもっているわけではないし、少なくともこの二つの用法が**同時に**使用されて二つの定義の力で経験的主張を試みるなどということがなされないかぎり、私は［二つの用法の並存に］満足しよう。（Sen 1977, p. 329 ／ 1982 = 1989 年）

　センは言葉の意味を規則で定めるようなことを避けている（例えば Sen 1991a, p. 588; 1991b を参照）。「選好」という言葉の解釈のうち、一つを擁護するのではなく、経済学者たちはこの用語にたくさんの意味があることを認識すべしと主張する。彼は、多義性を意識しておくようにと忠告はするが、解決策は提案していない。規格化することにより、経済学者たちに評価や選択について過度に単純な見方をすすめてしまうことを恐れるからである。
　しかし私は第6章でセンに反論し、経済学者たちは選好について、総比較評価という唯一の概念を採用すべきだと主張する。私のこの考えが正しかろうと誤っていようと、センが「選好はより望ましい状態にあることという概念と同一視されうる」と提唱するのは誤っている。期待された便益は、人々が選好という言葉で**意味する**ものであるはずがない。人々の選好は、その人が自らのウェルビーイングに影響するとは予想していない多くのものに依存していると主

張しても、なんの矛盾もないからである。人は被災地救援に寄付する額を配分するのに、この寄付金が自分のウェルビーイングにどれくらい寄与するか計算したりはしない。知らない人に道順をきかれて、どの答えが自分にとっていちばん得になるか考えて本当のことを言うかどうか決めたりもしない。ほかの車に割りこまれたジャックが逆上してわざと車をぶつけるとき、彼が考えているのは他者を害することであって、自分を利することではない。日常生活で休みなくつづく、退屈だが有益な決断を考えてみてほしい。人は目の前の選択肢が自分の利益にどう影響するかまったく知らず、決断にあたっても自分の都合など計算していないことがしょっちゅうだ。例えば、学生のレポートを採点するときの私は、欄外に何を書くかについて無数の意思決定を迫られる。なるほど良心に恥じないはたらきをするぞという決意こそ期待される個人的な利益によって動機づけられているかもしれないが、ある文のとなりに「文がおかしい」ではなく「文法ミス」と書くといった個別の選択は、何が自分の得になるかという予測によって導かれてはいない。

　人が眼前の選択肢が自身の利益にどう影響するか考えもせずに選好をもつことや、ときにはより大切に思う何かをなしとげようと自分の利益を犠牲にすることは、その**可能性**があるというだけで、選好がウェルビーイングの観点から定義できないことを十分に示している。そしてこれらはたんなる可能性でなく、人々はしばしば、yよりもxのほうが自分にとってよいと信じていないにもかかわらず、yよりもxを選好することがある。

　経済学のモデルの多くが、人は自己利益を求めると想定しており，特定の目的に用いるかぎりでは、これらのモデルも役に立つ場合が多い。しかし自己利益は、選好の意味の一部に組み込まれるべきではない。選好を総比較評価であると捉える（選好が選択を決定する以上は、そうでなくてはならない）ならば、経済学者たちは、行為者が選択に関連ありとみなすどんな要因も——それがどんな種類の倫理的・美的な配慮であれ、理想や気まぐれであれ、幻想であれ、情念であれ——、選好に影響を与えるとみなす。数ある選択肢を、期待された利己的な便益のみに基づいて順序づけできるのは、情念にも幻想にも、気まぐれ

や理想や正しさや格好よさにも決して動かされない人、しかも、個々の選択肢が自分の利益に及ぼす影響をいつでも判断できると言い張れる人にかぎられる。

　人々の選好の対象は、当人が自分にとって最善と判断するものと必ずしも一致しない以上、期待された便益（advantage）は、とてもではないが「選好」の意味として批判に耐えることはできない。そうなると、センの発言で検討すべき選択肢としてはあと一つ、選択の序列づけを残すのみとなった。これは顕示選好理論ともいい、それだけのために 1 章を費すに値する。

第3章
顕示選好理論

　第2章でみたように、アマルティア・センは選好の序列づけについて二つの主要な解釈を提示している。一つは期待された自己利益の便益（advantage）という観点からの選択肢の序列づけであり、もう一つは選択を表現する序列づけである。第2章では、選好を期待された利益できちんと定義するのは無理だと論じた。残るは本章の主題、選好とは人々の選択の背後にある選択肢の序列づけなのだという見解である。ガルとペセンドルファーの表現を借りるなら、「標準的なアプローチでは、『効用の最大化』と『選択』という二つの用語は同義である」(Gul and Pesendorfer 2008, p. 7)。多くの経済学者たちは「顕示選好理論」という名のもとに、この考え方を支持してきた。

　私は以下に顕示選好理論を批判していくなかで、ガルとペセンドルファーは経済学の慣例的な実践について誤った描写をしたのであり、誤った実践を正しく描写したのではないと論じるつもりである。経済学者たちは、選好という概念を選択によって定義する考え方を採用していないし、することもできない。問題は、経済学者たちの仕事の内容にあるのではなく、ガルやペセンドルファーのような一流の人までも含む一部の経済学者が、自分たちの仕事をどのように捉えているかにある。経済学者たちが現に採用している理解は、選好とは信念とともにあるときにのみ、選択を決定する主観的状態だと解釈するものである。かれらには、この主観的という理解を捨てて、選好の概念を選択の観点から定義する理解に乗り換えることはできない。この章では、顕示選好理論の擁護者たちが引き起こした混乱を払い、経済学者のみなさんに、ご自身の仕事をよりはっきり理解していただくための手助けをしたい。

　私の議論の多くは、経済学者たちからみれば要点から逸れていると思えるかもしれない。かれらはとかく、「顕示選好」とは選好を選択や信念から、あるいは市場データから推測するだけの話だと考えているからである（「本章で論じる間接的な市場の方法は、**観察された行動**に基づくものであり、それは**顕示選好である**」（Boardman *et al.* 2010, p. 341））。ハル・ヴァリアンは顕示選好理論を、次のような問いに取り組むものと捉えている。

　　価格と選び出された商品の束 (p^t, x^t) for $t = 1, \cdots, T$ に関する一式の観察が与えられた場合、四つの基本的な問いが生じる。

　　一貫性　観察された行動が効用の最大化と首尾一貫するのはどんなときか？

　　形式　観察された行動が特定の形式の効用関数の最大化と首尾一貫するのはどんなときか？

　　復元可能性　ある選択の集合と首尾一貫した効用関数の集合はどのように復元できるか？

　　予測　なんらかの新しい予算が決まったとき、需要はどのように予測できるか？（Varian 2006b, pp. 102-103）

私はこれらの問いを批判しているわけではない。私の論点は、これらの問いは、信念を介してのみ選択と結びついている総主観的比較評価とまったく矛盾しないということである。私が批判しているのは、選好が選択によって**確定**できるという考え方に基づく主張である。

　大半の経済学者たちは、こうした問いを経験的に探究するときにも、「顕示選好」について語るときも、概念上の細かい点には気をつけてこなかった。選好は選択からわかると主張する人たちは、選好をどう確定すべきかということよりも、選択についてのデータから選好を推測することにいっそう関心がある。だからいきおい、同じ「顕示選好」という言葉でまちまちな内容を意味することにもなったし、いくつもの意味を区別せずに使うこともしばしばだった。ポ

ール・サミュエルソンやイアン・リトルなど初期に顕示選好理論を擁護した人たちは、経済学者は実際に行なわれた選択によって選好を確定できると主張していた（Samuelson 1938; Little 1949）。かれらの動機は、部分的には哲学的なものでもあった。選好は「頭のなかの出来事」であって直接は観察できないため、サミュエルソンやリトルには、そんなものに頼るのは科学的ではないと感じられたのだ（これと対照的なサミュエルソンのねらいについてはMongin (2000) を参照されたい）。こうした経験主義的な考え方は、当時影響力のあった科学哲学における実証主義の考え方と軌を一にしていた。選択であれば観察も可能なので、選択についての主張には選好についての主張が必然的に含まれることを示せれば、経験主義ゆえの後ろめたさを和らげることができる。この場合の顕示選好理論を「現実的な（actual）顕示選好理論」と呼ぶことにしよう。

　第二の顕示選好理論は、私が「仮想的な顕示選好理論」と呼ぶものであり、これはケン・ビンモアなどの経済学者が擁護しているが（Binmore 1994）、しばしばサミュエルソンやリトルのそれと明確に区別されていない。ビンモアの見解では、ある行為者がxをyよりも選好するかどうかは、その人がxが含まれる選択肢ならんな集合でもいいから、一度でもyを選ぶことがあるかどうかによって確定しうるという。当の行為者が現実にxかyかという選択を迫られるかどうかは問わない。選好とはそうではなくて、行為者が何を選ぶ**つもり**かについての言明によって確定できることになる。

　最後に、選択とは選好の証拠である——**人々の信念についての情報があれば**、その人の選択から選好を推論できる——という論争的ではない考え方がある。例えば、**もしも**ある人が、ジルは自分も国債を買えることを知っていると考えるなら、その人はジルの株式購入をみて、ジルは国債を株式より選好しないことを推論できる。しかし、国債が売りに出ていることをジルが知らないときは、株式と国債に対する彼女の選好について、人はいかなる結論も導くことはできない。このように、選好と選択のあいだに信念に依存したつながりを想定するものを「信念に依存する顕示選好理論」と呼ぶことにする。現実的な顕示選好理論や仮想的顕示選好理論と違って、信念に依存する顕示選好理論は、選好が

選択によって確定できることを**否定する**。この理論において、選好が選択によって「顕示」されたと解釈する唯一の意味は、選好は選択と信念から推測可能だというものだ。選択行動から効用関数を復元する経験的研究は、信念についての前提に依存しているのであって、選好を選択によって確定するわけではない。

▎3.1 現実的な顕示選好理論と顕示定理

　現実的な顕示選好理論とは、ポール・サミュエルソンが探究をはじめ、そのほか多くの人々（とりわけハウタッカー（Houtthakker 1950））によって展開され、またアローやリクターやセンによって洗練したしかたで整理された研究の公式的成果に関する一つの解釈である（Samuelson 1938, 1947＝2004年; Arrow 1959; Richter 1966; Sen 1971）。現実的な顕示選好理論は、選好を行為と同一視する。多くの経済学者たちは誤って、顕示選好についての諸研究は顕示選好理論の中心的な主張を**証明**できているとの結論に至った。つまり、$x \succ_A y$（A は x を y よりも選好する）のは A が x を含むいかなる集合からも、たとえ $\{x, y\}$ からであっても決して y を選ばないときであり、かつそのときにかぎられると考えた。例えばヘンダーソンとクヴァントは、「彼女（ある行為者）の効用関数の存在もその性質も、商品の束からの観察された選択をもとに導き出せる」ことは証明ずみだと捉えたし（Henderson and Quandt 1980, p. 45）、グラヴェルとリーズも、「消費者の効用最大化理論と顕示選好理論は同じものである」ことは、すでに示されていると考えた（Gravelle and Rees 1981, p. 115）。

　［この理論の］基本的なテクニカルな帰結についての説明は、以下のとおりである。まずいくつかの定義がある。

- ・X は選択肢の空でない有限集合である。
- ・S は X の空でない部分集合である。
- ・K は X のすべての空でない部分集合の集合である。

・$C(\beta)$は、Kの各SからSの空でない部分集合$C(S)$への集合値関数である。$C(S)$は「選択集合」、つまり、その行為者がSから選択する選択肢の集合である。

・Rは、xがyを含む選択肢集合からなる選択集合に入っている場合にかぎりxRyとなるような、二つの選択肢のあいだの関係である。「R」は「弱い選好」と解釈され、xがyを含む選択肢集合のなかにある場合にかぎり、xRyとなる。

・$C^R(S)$は、Sのすべての要素（メンバー）に関係Rをもつ、Sのすべての要素（メンバー）の集合である。

Rについての意図されたとおりの解釈によれば、$C^R(S)$は「選択肢の最上位」の集合である。——すなわち、$C^R(S)$に属さないSのすべての要素（メンバー）よりも選好される選択肢である。

　これらの定義に加えてもう一つの公理、「顕示選好の弱い公理」（WARP: weak axiom of revealed preference）が必要である。

　　　$x \in C(S)$および$y \in S$だが、yが$\notin C(S)$になるような$S \in K$が存在するならば、x and $y \in S'$および$y \in C(S')$になるような$S' \in K$は存在しない。

言い換えれば、xとyがともに集合Sの選択肢であるが、xのみがSの選択集合$C(S)$に入っている場合、xとyを含む他の集合S'で、yがS'の選択集合に入っているものはない。

　Rの定義を所与とすると、WARPは次のように言い換えることができる。

　　　$x \in C(S)$および$y \in S$であるが、yが$\notin C(S)$であるような$S \in K$が存在するなら、yRxであるとはいえない。

言い換えれば、xとyがともにある集合Sの選択肢であり、xがSの選択集合に

入っていて、yが入っていない場合、yRxということにはならない。意図されたRの解釈を前提とすると、これはすなわち、「xとyがともにSにあり、xだけが$C(S)$にある場合、$x \succ y$」ということになる。

顕示の定理：WARPは、(a) Rが完全であり、(b) Rが推移的であり、(c) $C^R(S) = C(S)$であることを意味する。*1

　言い換えれば、行為者の選択が一貫しているなら（つまりWARPを満たしているなら）、完備かつ推移的で、当人の選択を意味する「選好」関係Rを行為者に帰することができる。

　意図どおりの解釈では、$C(S)$は、行為者がSから選ぶ種々の選択肢から成り、xRyは$x \succeq y$——つまりxはyよりも選好されるか、行為者はxとyについて無差別であることを意味する。このような解釈を仮定すれば、選択行動がWARPを満たすとき、選好は選択を元に確定しうることが顕示原理で立証できる。しかし経済学者たちは、$C(S)$やxRyをこのように解釈する権能があるのだろうか。この原理は、その関数や関係をどう解釈すべきかについてなにも証明してはいないし、Rが経済学者たちの採用する選好の概念と一致しているとも、代替可能であるとも立証してはいない。

---

*1　この証明は以下のように簡単にスケッチすることができる。

(a) すべてのx, yについて、$C(\{x, y\})$は空ではないので、Rは完全である。xが$C(\{x, y\})$にあり、yがそうでないならば、xRyであってyRxではない。yが$C(\{x, y\})$にあり、xがそうでない場合は、yRxであり、xRyではない。xとyの両方が$C(\{x, y\})$に入っているとき、xRyとyRxの両方が成り立つ。

(b) ここでxRyかつyRzであると仮定しよう。RとWARPの定義を考えると、xRyは、選択集合にyが含まれxが含まれないような選択肢のセットが存在しないことを意味し、yRzは、選択集合にzが含まれyが含まれないような選択肢のセットがないことを意味する。xRyかつyRzである場合は、$C(\{x, y, z\}$（定義上空ではない）が、$\{x\}$、$\{x, y\}$、$\{x, y, z\}$のいずれかで構成されていることを含意し、これら三つの可能性はすべてxRzを含意する。それゆえRは、推移的でなければならない。

(c) $x \in C(S)$とすると、Rの定義により、すべての$y \in S$に対してxRyとなるので、$x \in C^R(S)$となる。逆に言えば、任意のSに対して、$x \notin C(S)$であれば、選択集合は空ではないので、他のある選択肢yについて、$y \in C(S)$となる。つまり、yRxであり、xRyではないので、$x \notin C^R(S)$となる。したがって、$C^R(S) = C(S)$となる。

　経済学者のなかには、顕示定理によって、選好という発想そのものを放棄できることが示されたと解釈する人たちもいる。この考え方に立つと、顕示定理は、人々の行動についておよそ経済学者たちが云々する必要のあることがらは、どんなものでも選択という言語で語りうることを示している（Mas-Colell *et al.* 1995, p. 5）。サミュエルソンやリトルのように、厳密に経験主義的な良心をもった経済学者たちは、このようにして経済学の科学性を証明できると擁護している。かと思えば、選択と選好に対応関係があることをもって、主観的状態を語ることも正当化できるとみなす向きもある。センの言葉を借りれば、「顕示選好アプローチの根拠は、顕示化を仮定するところにあるのであって、選好が背後にあるという考え方を捨て去るところにはない」というわけだ（Sen 1973, p. 244）。顕示定理については、しかしこのどちらの解釈も弁護できない。選好に関する議論を排除すれば、経済学の本質たる部分を抜き去ることになるし、$C(S)$ と xRy の論理的関係は「背後にある諸選好」を顕在化させるわけではない。

3.2 現実的な顕示選好理論批判

　現実的な顕示選好理論はいくつもの異論に直面している[*2]が、ここでは最も重要な2点だけを論じることにする。第一に、もしも選好が選択によって確定されるのであれば、選択のないところには選好もないことになる。つまり現実的な顕示選好理論によって選好は、行為者が実際に選択を行なうような選択肢に関するもののみに限定されることになる（Reynolds and Paris 1979, p. 356）。このように限定してしまえば、経済学者たちは経済的行動を説明したり予測したりするにあたって、行為者には選択しえないことがら、例えばインフレ率が

[*2]　数ある重要な批判について、Sen（1971, 1973）を参照。例をあげれば、$\{x, y\}$ からはわずかな回数しか選択したことがない場合に、選好と無差別はどう区別できるのか？　無差別とWARP違反はどう区別すればよいのか？　現実的な顕示選好理論では、人は選択した選択肢を、選びえたかもしれないいずれの選択肢よりも選好していることを意味しているが、それをなぜ信じるべきなのか？　などがある。

下がるのがいいか社長がくれる給与が上がるのがいいかなどに対する選好について、その推定を利用できないことになる。選好を「最終的選好」と私が呼ぶもの——すなわち、直接の選択の対象だけについての選好——に限定したのでは、経済学の力を削ぐことになるだろう。そのようにすると、選択の帰結についての予測や選好が選択にどう影響するかについてはなにも言えなくなってしまう。言えるのはただ、人は実行可能な行為のなかから、どれであれ最も選好する行為を選択したということである。また、選好は選択によって確定されるというのであれば、人は実行可能な行為のなかから、どれであれ最も選好する行為を選択すると言ったところで、人は首尾一貫した選択をするのだという以上の意味はそこにはない。

　現実的な顕示選好理論の第二の問題は、選好が信念を介してしか選択に影響を与えられない点である。選好は、選択によって確定できない。というのは、同じ選択であっても信念がちがえば、それはちがう選好を反映しているからである。例えば『ロミオとジュリエット』の終盤で、ロミオはキャピュレット家の墓に入り、一見して死んでいると思しきジュリエットを発見する。実はジュリエットは生きているのだが、彼女が死を偽装する薬を飲んでいたことをロミオは知らない。ジュリエットを失ったまま生き続けるのは不本意だったので、彼は毒をあおって死ぬ。ロミオに突きつけられた本当の選択肢は、死もしくはジュリエットとの駆け落ちであった——だが悲しいかな、彼はこの本当の選択肢を知らない。本当なら選択可能だった選択肢の集合 {死、ジュリエットとの駆け落ち} のなかから、彼は死を選択する。しかし言うまでもなく、彼は死をジュリエットとの暮らしよりも選好しているわけではない。ロミオの選択は当人の選好を顕示しない。彼は自分が選択しようとしている選択肢を誤認しているからである。このロミオと同様に、人は x を y よりも選好しながらも、y と x 以外のなにかとのあいだで選択するのだと誤って信じせいで $\{x, y\}$ という集合から y を選択することが十分に起こりうる。

　むろん、ロミオが選択せんとする選択肢の集合は、彼の信念によって確定されるはずだと反論する人もあるかもしれない。ロミオは、死とジュリエットと

の駆け落ちのあいだから選択しているのではなく、死とジュリエットなしの人生のあいだから選択していると考えるべきであり、彼の選択は、ジュリエットなしに生きることよりも死をという選好を正しく顕示しているというわけである。しかし、信念は行為者がそこから選ぶ選択肢の集合を決定するということを認めたところで、選好を信念と関係なく選択のみによって確定することはできないという結論を弱めることには役立たない。

　経済学者たちはこれまで、この重大な問題——顕示選好理論では誤って、選択と選好の関係に信念が無関係であるかのようにほのめかしているという問題——にほとんど関心を払ってこなかった。それはかれらが自分たちのモデルを、人々が信じている内容と現実とが一致するような状況にしか適用しないことがとても多いからである。信念と現実が合致しているのなら、選択を予測するには、人々の最終的な選好と実際の状況を知るだけでこと足りる。しかし、すべての信念が事実どおりだと仮定しているときは信念に言及する必要がないのは確かだとはいえ、そのことは信念が重要ではないことを意味しない。選好は、選択の直接の対象に限定されるわけではないし、また、選択から推測できるのは、信念についての前提が与えられている場合にかぎられるのであるから、選好を選択によって確定することはできない。

3.3 選好を選択の観点から再規定しないのはなぜか

　顕示理論では選択集合が R を最大にする実行可能な選択肢の集合と一致することを示しているのだから、なぜあっさり $x \geq y$ を xRy と定義してしまわないのであろうか。この定義を仮定するなら、顕示選好理論を唱道する人々は、ロミオは本当に死をジュリエットとの暮らしより選好するのだと主張しなくてはならなくなる。文芸批評としてどれほどできが悪かろうと、日常用語の使い方にどれほど違反していようと、ロミオは実際、ジュリエットと暮らせたかもしれないのに死を選んだのだから。WARPに違反しないかぎり——そして、この選択の内容からいって、未来の選択が一貫性を失う心配はいらない——その

選択は彼の選好を「顕示」している。顕示選好の理論家たちは、選好という用語の日常語としての意味を捉えようとしているわけではなく、選択という観点から確定されたテクニカルな概念を使用している。このような言葉遣いが部外者の混乱を招くのであれば、経済学者たちには選好について語るのをやめ、もっぱら選択という観点から語ることもできるだろう。

　経済学者には、自分たちに独自のテクニカルな概念を定義して、日常的な概念を管轄の外に置く権利がある。しかしそれならば管轄の外に置いた［日常的な］概念を使うのをやめて、自ら定義した概念を使うべきだろう。ところが実際には、主観的選好という概念をなしですませることはできない。これは選択によって確定しえない概念である。例えば、投資家は高リターンと低リスクを好むという潜在的選好をもつと仮定すると、証券化されたモーゲージ市場の急なブームとその崩壊は、なにか新しい情報が入ったときに予測可能であろう。しかし高リターンと低リスクに対する［投資家たちの］「潜在的な」選好は、顕示された選好ではなく主観的評価であり、信念とあいまって選択の結果を生む。モーゲージ担保証券の真のリスクについての情報がもたらす帰結がどんなものになるか、顕示選好の理論家たちは予測できないだろう。

　経済学では、選択の予測や説明づけよりも選択の帰結により強い関心を寄せているため、顕示選好理論の信奉者なら、このような欠陥もささいなこととして流すかもしれない。しかしこの欠陥は絶望的なものである。ふたたび文学作品から例をとろう。［ジェイン・オースティン著］『高慢と偏見』の中盤で、ダーシーはエリザベスへの愛に抗えず、低俗な母親や愚かな妹たちなどの好ましからぬ条件にもかかわらず結婚を申し込む。エリザベスはダーシーを傲慢で冷淡だと考えており、手ひどく拒絶する。2 人の相互作用をモデル化すれば、**図3.1** で示したゲームのようになる。

　図のなかの数字は、（序数的）効用——つまり、選好の指標である。数字が大きいほど、より選好される選択肢となる。数字はいずれも二つ一組になっているが、その一つ目がダーシーの効用、二つ目がエリザベスの効用を示している。ここではダーシーが先手であり、求婚する可能性としない可能性がある。

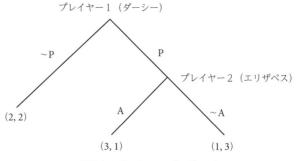

図3.1　ダーシーのプロポーズ

求婚しない場合、双方のプレイヤーにとって次善の結果となる[3]。ダーシーが求婚したら、次にエリザベスがそれを受諾するか拒絶するかを選ぶ番になる。求婚を断ることがエリザベスにとっては最善であり、ダーシーにとっては最悪であり、受け入れればダーシーにとって最善であり、エリザベスにとって最悪となる。ダーシーは、もしもエリザベスの選好を知っていたなら、求婚しなかっただろう。

　図3.1のなかには、選択によって顕示される選好もある。エリザベスの拒絶によって、彼女が拒絶を受諾よりも選好することが顕示される。それ以外の選好もゲームを決定するのに必要であるが、それは行為者が選択しない選択肢どうしを序列づけている。エリザベスは(1)ダーシーが求婚しない、と(2)ダーシーに求婚され自分が断る、の両者からは選択しないし、することもできない。それでもこのゲームが決定されるには、エリザベスがこの二つについて選好をもっていなくてはならない。ダーシーはエリザベスが受諾するかどうかを選択できないが、それでも彼女の受諾を選好する。かりにダーシーが求婚しなければ、エリザベスにはいかなる選好も顕示する機会がめぐってこないが、それでもそれらの選好が存在しなければゲームは成立しない。**図3.1**の選好は顕示された

　＊3　エリザベスは、ダーシーに求婚されてから断ることを、最初から求婚されないことよりも選好するだろうか。この点は議論の余地がある。しかしこのエリザベスの選好についての私の考えが正しいかどうかは、この例が示す内容に影響を与えない。

選好ではない（Rubinstein and Salant 2008, p. 119）。経済学の範囲を選択によって確定される選好だけに限定していたら、ゲーム理論を扱うことはできなかっただろう。

　信念は、選択と、経済学で扱う選好とのあいだを媒介する。経済学者たちが選択から選好、あるいは選好から選択を推測できるのは、行為者の信念に関する前提が与えられた場合にかぎられる。行為者が何を信じているかによって、ちがった選好から同じ行為が導かれることもある。信念も選好も、選択データをもとに特定するには、もう一方についての前提がなくてはならない。選択は選好の証拠にはなりうるが、選好を確定するわけではない。

　これが実践の場でどう効いてくるのかについて、簡単な実例が役に立つかもしれない。クレーマー、ミゲル、レイノ、ズウェインの最近の論文では、ケニアの田園地帯の人々が清潔な水と子どもたちの死の回避にどの程度の価値を置いているかの測定を試みている。著者たちによると、

> 各世帯が水質と水源までの歩行距離をトレードオフするという離散選択モデルは、その世帯がよりよい水質をいくらと評価するかについて、顕示選好の推定値をもたらしてくれる。水を汲むための歩行時間を、金銭と交換するならいくらに値するかという世帯からの申告をもとに試算したところ、[質のよい水の] 水源を保護することの価値の平均は、米ドルで1世帯あたり年間2.96ドルに相当した。また、いくぶん強引な前提を用いて計算すると、子どもの下痢を1回回避するために1家族が支払う意思がある金額の上限は、平均で年間0.89ドルであり、統計的な観点から子どもが1人死亡するのを回避することの価値は、平均769ドルとなった（略）。（Kremer *et al.* 2011, pp. 147-148）

金銭を支払ってもいいという意思は、選好の強さを測る尺度になる。クレーマーらが主張しているのは、質のよい水源で水を汲むために長距離を歩くことと、もっと近所で水を汲むことのあいだでなされる選択を調べれば、平均的なケニ

アの住民が、子ども1人を死ぬにまかせることと769ドルを超える出費をしないことについて無差別だと推測できるということである。かれらは、自分たちの調査によって、子どもの健康の価値に関して顕示された選好の見積もりができると解釈している。しかしながら本人たちも認めるように、価値や選好をめぐるかれらの結論は、信念についての前提がなければ選択行動から導かれることはない。著者たち自身、「現実には、各家族にとって、水源の保護と子どもの死亡——頻度が比較的低いうえ、考えられる死因も多岐にわたる——の関連を見定めるのはかなり困難なことかもしれない」と指摘している（*ibid.*, p. 148）。もしケニアの人々が、汚染された水が子どもの下痢や死亡を引き起こすことを知らないとすれば、かれらがその回避をどれくらい強く選好するかについて、なんの結論も導くことはできないだろう。

3.4 仮想的顕示選好

　仮想的な顕示選好理論では、行為者が実際に行なった選択ではなく、かりに選択が可能だったら行為者がどれを**選びそう**であるかによって選好を確定する。このように現実の選択から仮定の選択に乗り換えるとき、観察不可能なものごとには言及しないという経験主義の理想を放棄することになる。ジョン・マケイン［米国の政治家、2008年大統領選挙における共和党の大統領候補］なら、最低賃金を自分で決められるという仮想状況の下で、どのように最低賃金を設定するだろうか。それは彼が実際に下しているさまざまな選択から読み取ることはできない。何を選好するか質問せずに、仮定の選択についてこのような奇妙な問いを投げかけることに、いかなる利点があるのかは明白ではない。

　仮想的な顕示選好理論を用いれば、選好というものを、現実に行なう選択の直接的な対象のみに限定することは避けられる。しかし、それでもまだ制約が強すぎる。**図3.1**で示した求婚のゲームをもう一度考えてみよう。このゲームが定義の明確な完全情報ゲームになるためには、プレイヤーが双方とも、三つある末端の選択肢を序列づけできなくてはならない。しかし、どんな仮定の選

択を設定すれば、ダーシーは求婚が受諾される方を選好すると顕示されるのだろうか。結婚の申し込みについてなによりも重要なのは、決定するのは相手だということではないか。仮想上の選択よりも選好の方が、よほど振れ幅が大きい。

そのうえ、行為者が何を選びそうかという問いも、その人の信念についての前提なしには答えが出せない。**仮想上の選択は選択ではない**。それはある特定の、認識論の観点から設定された状況のもとで、その人が何を選ぶかについての予測である。問題の行為者が何を信じているかを特定しないかぎり、その行為者が選択を行なう条件も特定されていないわけであり、予測は成り立たない。ロミオがどうするかの予測は、彼が何を信じているかについての前提に依存しているのだ。

仮想上の選択についてまともに考えたければ、信念に関する前提が必要であることは、簡単なゲームではっきりとわかるだろう。**図3.2**に示した標準型ゲームを例に考えてみてほしい。

プレイヤーたちは、同時にプレイする——どちらのプレイヤーも、相手がどう出たのかを自分が動く前に知ることができない。そしてゲームは共有された知識として存在する。数字は選好を表す序数的効用であり、一つ目がジャックの選好を、二つ目がジルの選好をそれぞれ表す。数字が大きいほどより選好される結果であることを意味している。ゲーム理論を知る人なら、縦方向のプレイヤーであるジルにとっては**左**が有力な戦略であることに気づくはずだ。ジャックが**上**へ行くか**下**へ行くかにかかわらず、ジルは**左**を選んだときの結果を選

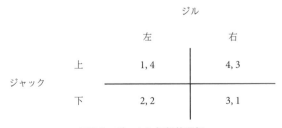

図3.2 ゲームと仮想的選択

好するので、左を選ぶことになる。ジャックはジルがとりうる戦略を知っているし、結果についてのジルの選好も知っているから、ジルが**左**を選ぶだろうとわかる。ジャックは｛**下、左**｝という結果を｛**上、左**｝よりも選好するので**下**を選ぶ。結果は｛**下、左**｝となり、これは唯一の純粋戦略ナッシュ均衡である。かりにジルが、自分は**右**を選ぶつもりだとジャックに信じこませることができたなら、ジャックが**上**を選んで双方ともよりよい結果が得られる（とはいえおわかりのとおり、ジルはその裏をかいてやはり**左**を選ぶと、さらによい結果になるのだが）。ところが、ジルがジャックに自分は**右**へ行くと信じこませる方法はない。

　仮想的な顕示選好理論を提唱する人々によれば、選好は、信念を介してのみ選択に影響を与えるものではなく、仮想上の選択を通じて特定できるものであるという。しかし、かりに経済学者にそのようなことができたとして、その場合、もしも**図3.2**の標準型が共通知識であるなら、ジルには、自分が**右**を選べばジャックが**上**を選ぶことがわかるはずだ。なぜなら仮想的な顕示選好理論によれば、それこそが、ジャックが｛**上、右**｝を｛**下、右**｝よりも選好することの意味するところだからである。そんなことがわかるなら、ジルは**右**を選ぶだろう。このような理屈は荒唐無稽である。これでは、ジャックの選択は本人の信念にかかわらず、ジルの行動に魔法のごとく依存すると主張していることになる。ジャックが**上**を選ぶか**下**を選ぶかは、ジルがどう出るかについての彼の信念しだいであり、ジルが現実にどう出るかでは決まらない。ジャックが｛**上、右**｝を｛**下、右**｝よりも選好するということが含意しているのはたんに、彼はもしもジルが**右**を選ぶと**信じていたら上**にするということでしかない。分析には必ず、信念が含まれていなくてはならない*4。仮想的な顕示選好理論を唱道する人々とて、さすがにこれには異論がなかろう。おそらくかれらは、人が何を選びそうかをもって選好を確定すると称するなかで、どのような選択肢があるかを当人が知っていることを当然視していたのではなかろうか。そう考えれば妥当な見解となるが、そのかわり選好が選択に関与するのは信念を介してのみであること、選好は選択からは確定できないのだということを認めてしま

う。

　経済学では、選択を選好と信念から導き出すことで、選択を予測したりその説明を与えたりしている。主観的な選好も、信念と合わさることで行為を引き起こす。これに対して顕示された選好は行為を引き起こさない。現実的であろうと仮想的であろうと、顕示選好は経済学において選好が果たす役割を果たさない。選択行動から選好についての推測を引き出そうとする経験的な研究（それは「顕示選好理論」とよばれることが多い）は、選好が選択によって確定されうるという見解を想定してもいないし、裏書きしてもいない。

3.5 信念に依存する顕示選好

　顕示選好理論の名のもとになされた妥当な研究成果が前提として仮定しているのは、選好についての推論は、信念についての前提があれば選択から引き出すことができるということでしかない。例をあげれば、グリーンとオズバードやボーダーも、顕示選好理論とは、信念についての前提があれば選択から選好を推論できるとの主張であると解釈している（Green and Osbard 1991; Border 1992）。唯一の問題は、このような意味での「顕示選好」の研究では、実際にはそんなことはないのに、選好を選択によって確定することへのコミットメントがあるかのようにみえてしまうことである。経済学者たちは信念に依存する顕示選好理論を、仮想的な顕示選好理論や現実的な顕示選好理論と融合させるべきではない。信念さえ確定できたら、選好（それは総比較評価として理解され

　＊4　ここにジョージという行為者がいて、自分はxとyから選択を迫られているのだと正しく信じていたとしても、（今はまだ選択の対象ではない）xとyに関する彼の現実的な選好は、彼が行なうであろう選択とはちがっている可能性がある。xとyをジョージにとって選択可能にするような仮想の状況の変化が、彼の選好を変えるかもしれないからである。例えばジョージは、製造ラインで働く工具であり、2人いる監督のメアリーとジェーンのいずれかが昇進の候補になっているとしよう。ジェーンは苦労して働いてきたので、ジョージはジェーンが昇進してくれればいいなと思っているが、もちろん彼は選べる立場ではない。そんな彼に仮想の質問として、「もしもあなたに権限があったら、どちらを昇進させますか？」とたずねたら「メアリーですね」と答えるかもしれない。選べるような立場に立った彼は、いっしょに働く立場という観点から、昇進の人事を捉えることになるだろうからである。

る）は選択から推論できるし、選択も選好から推論できる。これらの推論は、制約について、また、行為者がそれぞれの選択肢をどう区別しているかについての、仮想上の条件に依存している（Jeffrey 1983, p. 219）。選好と信念が合わさって行為を引き起こすという考え方は現実的なものであり、日常的な説明や予測の実践に根をおろしている。信念に依存する顕示選好理論は、選好は主観的な状態であって、選択を確定するのではなく引き起こすものだという従来どおりの見方とも両立する。

3.6 結論

選好を選択によって確定することはできない。選好と選択のつながりは、信念しだいという条件つきである。選好と選択のあいだには、1対1の対応はなく、選好を選択によって確定する可能性はまったくない。選好は主観的な状態であり、信念とあいまって行動を引き起こしたり正当化したりする。

第4章
選好、意思決定理論、および帰結主義

　前々章と前章では、経済学者たちは選好に関するセンの二つの定義を拒否すべきであることを論じた。選好は期待された便益（advantage）によっても選択によっても確定できない。では選好とは何だろうか。序数的効用の公理を満たし、信念とあいまって選択を決定するものとは、何だろうか。

▌4.1 総主観的比較評価

　序数的効用理論の諸公理を前提にすれば、選好は、信念ならびに制約と組み合わさって選択を決定するような、［選択肢の］完備かつ推移的な序列づけをともなう。この序列づけは、選択を決定するのだから、総序列づけであり、すなわちそれは、行為者たちが各自の選択に影響する要因を残らず勘定に入れるものでなくてはならない。経済学でいう選好に関するかぎり、選択を決定するうえでこれ以上のものはない。信念と制約が与えられれば、あとは選好しだいである。

　第3章で述べたように、選好と行動の関係は単純なものではなく、たとえ最終的な選好といえども、選択によっては確定されえない。選好とはむしろ、主観的な態度であり、動機にかかわる（はたらきかけをうながす）態度であり、比較にかかわる態度である。電気の回路でいうと、電圧が抵抗とあわさらなくては電流を決定できないのと同様に、選好も信念とあわさることではじめて選択を決定する。

　以上のような条件を満たす選好の解釈となると、それはどうしても総主観的

比較評価ということになる。ジルは x を y よりも選好する、ということは、ジルが x と y をどれくらい重視するかについて、彼女が思うことがらを残らず考え終わったときに、ジルは x を y より上位に序列づける、ということである。総序列づけは、ほかの序列づけと同様に完備かもしれないし、序列づけの一種であるという範囲では推移的であるだろう。ジルの総主観的比較評価は、彼女が自分の選択肢の評価に関連ありとみなしたことがらを一つも省いていないので、信念と組み合わさって選択を決定する。それゆえそれは文脈から独立しているかもしれないし、必ず選択を決定づけるものでなければならない。

　総序列づけと対照をなすのは部分的序列づけであり、検討がおそまつだった序列づけではない。部分的序列づけとは、例えば、ジルが自身の歓楽のみをもとにした序列づけや、叔父さんに与えられると期待された便益だけを考えた場合の序列づけなどである。これらの序列づけは、ジルにとって大切なのが自分の歓楽だけであるとか、叔父さんにとって期待される便益だけだということでもないかぎり、総序列づけと一致することはない。ジルの総主観的序列づけは、念入りに考え抜かれたものかもしれないし、部分的にはたんなる気まぐれが含まれているかもしれないし、もう少しよく考えれば崩れるような序列づけかもしれない。彼女が重要な検討事項に気づいていない可能性もあるし、関連する諸要因の検討がうかつなこともある。安定した、合理的に擁護可能な総比較評価もあるにはあるが、総比較評価であるためにそうである必要はない。

　総主観的比較評価とはおおむね、経済学や意思決定論で用いられる選好の考え方**そのもの**である[*1]。それは「それによって個々の選択を説明できる潜在的な関係」である（Sen 1973, p. 67）。選好についてこのような考え方を主張することで、私は経済学の慣例的な実践を批判しているわけではない。私のねら

---

　*1　この考え方は哲学や意思決定論でも採用されてきた。「しかし私は終始、**すべての事柄を考慮に入れたうえでの**選好に関心がある。速さによってポルシェを選好するにもかかわらず、ポルシェを買うより日産ダットサンを買う方を選好する（例えば、安さでは日産ダットサンを選好し、諸々の状況の下ではその要量がスピードをしのぐと解釈したので）ことも可能なようにである。この場合、選好とは、実際の選好そのもの（preference tout court）であり、すべてを考慮した場合の選好である」（Jeffrey 1983, p. 225）。

いは批判ではなく、経済学者たちに、自身が現に行なっている仕事の理解を手助けすることにある。経済学では言葉の使い方を統制すべきだし、「選好」という用語は一つの用法に限定すべきである。私はセンとは対照的に、そしてジョン・ブルームと同様に、経済学において「選好」という用語がどう使われてしかるべきかを指定することに賛成している（Broome 1991a）。私の指定する用法は現行の実践の大半と一致しているのだから、従うのも難しいことではない。

　「選好」をこのように捉える見方は、日常の用語法とは一致しない。日常語では、選択に影響するいくつかの要因、とりわけ道徳上のコミットメントなどが、選好への影響を介して選択に影響を与えるのではなく、選好と競合するとの考え方を許容している。経済学では対照的に、選択に影響を与えるものは信念と制約を除いて、すべて選好への影響を介して影響を与える。経済学では、日常用語の捉え方である総括的比較評価を総比較評価という概念に置き換えることで、より選択との結びつきが強く、より正確な概念を練り上げてきた。

　状況によっては、人々による選択肢の総主観的序列づけは、期待された便益（advantage）に基づく選択肢の序列づけと一致すると述べるのも、穏当な近似ではある。その場合、経済学者たちは選好から期待された便益を、期待された便益から選好を推測することができる。だからといってセンのように、期待された便益が選好の「ふつうの意味」であると解釈してはならないし、ふつうばかりかどんな**意味**とも解釈してはならない。同様に、ジャックの総序列づけが現に彼が選ぼうとしている対象のみに限定されており、しかもどんな選択肢があるのかを当人が承知しているときは、ジャックの総主観的序列づけは彼の選択に内在する序列づけと一致するだろう。ジャックの選択と最終的選好とがこのように符合することは、彼が自分はどんな選択肢に直面しているのかを知っていることに依存しているのだから、選好は選択によって確定することはできない。

4.2 選択の予測や説明に選好を用いること：標準モデル

　経済学者たちは選好を、選択肢の序列づけというよりも、総主観的序列づけとして捉えている。というのも経済学者たちは、選択を信念と結びつけたり、選択の対象ではないものについての評価と結びつけたりする必要があるからである。例えば、ガソリンの値段はまだまだ下がりそうにないことを知ると、人々の買う車は変わる。もし消費者選択理論が、ある行為者が別の商品をさしおいてある商品を買った理由について、その消費者がそれを買うことを選好したからですとしか言えなかったとしたら、経済学はノーベル賞の対象になっていなかっただろう。もしゲーム理論で、人がある戦略を選び別の戦略を選ばなかった理由について、その人がその手を選好したからですとしか言えないなら、ゲーム理論の教科書はずいぶん薄い本になるだろう。

　諸々の選択肢の帰結や属性についての選好は、信念とどのように結びつき、最終的な選好を決定するのだろうか。最終的な選好は、信念とどのように結びつき、選択を決定するのだろうか。人の選好は、原始的な衝動とはちがって、自らの選好の対象の性質や帰結に関する当人の信念に依存している。センが価値を論じるなかで導入したある有用な術語を用いるなら、信念に依存しない基礎的な選好と信念に依存する非基礎的な選好を区別することができる（Sen 1970, ch. 5）。ほぼすべての選好は、非基礎的なものである。例えばアイスクリームのフレーバーのような嗜好がらみの問題でさえも、各フレーバーの健康に対する影響についての信念や、その生産がもたらす環境への影響についての信念などに影響を受けている。

　私が僭越ながら経済学における選択の「標準モデル」と呼んでいるモデルを**図4.1**に示したが、そこで選択は、次の三つに直接に依存する。すなわち、選択の対象のあいだでの選好、そのうちのどれとどれが選択可能であるかという信念、そして選択されうる対象についての諸事実である。図中の矢印は、いずれも因果関係を表す。制約が行為に影響を与えることは明らかである。どれほど空を飛びたくて、自分なら飛べるとどれほど強く信じていようと、腕を激し

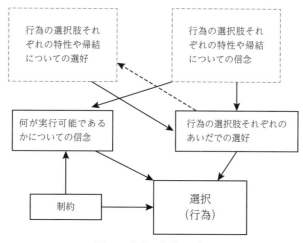

図4.1　選択の標準モデル

くばたつかせて浮き上がることはない。制約はそのほかに、行為者が制約を認識することを介しても、行為に影響を与える（だから制約から信念への矢印を描いてある）。たいがいの人が飛ぼうと試みないのは、無理だと知っているからだ。信念と選好は、選択の原因になるばかりでなく、ほかの選好にも影響を与える。例えば、私は頭痛を避けたいと思っているとしよう。そしてこの思いがアスピリンの服用の性質と帰結に関する私の信念といっしょになると、私はアスピリンを飲むことを選好するようになる。また、これは経済学では論じないことではあるが、最終的な選好（その人が今まさに選択しようとしている対象についての選好）も、それぞれの選択肢の帰結のあいだの選好に影響を与えることがある。例えばジャックは、フランス料理のレストランで出されるフォアグラを母親が鶏レバーで作るユダヤ風パテよりも強く選好するがゆえに、家禽類^{かきん}[家畜として飼育される鳥類]を人道的に扱う方がよいという自らの選好を一時的にねじ伏せるだけではすまず、そうした選好そのものを弱めてしまうかもしれない。図中では、行為についての選好から行為の性質や帰結についての選好に向かって点線の矢印を引いた。

　図4.1で示した選択についての考え方は、主流派の経済学者たちが抱いてい

る考えだというのが私の主張である。

　経済学者たちのなかには意見を異にする人もいる。実証経済学では、選好を**所与のもの**として扱うのであって、選好の形成についての問いなどは、心理学その他の社会科学、あるいはいっそ生物学の研究者たちに任せておけばいい、というのだ。この捉え方は、第1章で挙げた五つの誤認の4番目にあたる。なにが最終的な選好を形づくるのかについて、経済学が本当になにも言うことがないのであれば——図4.1でいえば上段の二つの枠を経済学者たちの語りから省くのであれば——選択についての予測も説明づけも自明な内容ばかりになってしまうだろう。経済学でも、選択肢の性質、結果、状態に関する信念や選好がいかにして最終的な選好を導くのかについて言い分がないようではかなりまずいし、現に言及はなされている。第5章で扱うゲーム理論においても、また期待効用理論においても、信念と選好が最終的な選好をいかに形成するかについて正式に説明もなされているし、その他の著作や論文においても、非公式の例は豊富にある。

4.3 期待効用理論

　期待効用理論は、標準モデルの一つの公式版とみなすことができる。それは、複数の行為のあいだの選好が、信念と、それぞれの行為で起こりうる帰結についての評価とから、文字どおり計算できると考える。期待効用理論では、序数的効用理論の諸公理のほかに、さらにいくつかの公理を追加する。例えば、選択の対象となるものを、宝くじとして読み替えたり、あるいは諸々の不確実な状況からさまざまな結果にいたる際の関数として読み替えたりする。追加される公理のうち、最も重要なのは独立性の公理といって、おおまかにいうと、たった一つの賞金に対する2種類の宝くじについての行為者の選好は、二つの賞金についての行為者の選好と一致する、というものである。ここでは、確率 p で x がもらえ（これだけでも宝くじは成立するところだが）、確率 $1-p$ で y がもらえるような宝くじを $[(x, p), (y, 1-p)]$ と表記することにしよう。独立性

の公理が言っているのは、くじ x、y、z、w、w' のすべてについて、$w=[(x, p)$, $(y, 1-p)]$ で $w'=[(z, p), (y, 1-p)]$ であるときに $w \geq w'$ となるのは、$x \geq z$ であるときであり、かつそのときにかぎられるということである。期待効用理論で新たに追加された公理はほかにもあるが、これ以外は選好を解釈するうえで重要な含意をもたないので、ここでは扱わない。期待効用理論の公式的な表現については、ハーサニとサヴェッジをご参照いただきたい（Harsanyi 1977, ch. 3; Savage 1972）。

　その最も重要な成果は、基数的表現定理といって、ある行為者の選好が期待効用理論の諸公理を満たしているなら、それらの選好は効用指数で表現できる、というものである。効用指数には、選好の序列づけを示す以外に、いま二つの特性がある。第一に、諸公理を満たす選好は「期待効用」——**期待効用特性**をもつ指数——で表現できる。ここでそれぞれのくじに割り当てられる効用は、確率に応じて重みをつけた賞金の合計額である。かりに $w=[(x, p), (y, 1-p)]$ なら、$U(w)=pU(x)+(1-p)U(y)$ となる。諸々の効用は、ある行為者の諸々の選好を表している。確率は、客観的なこともあれば、行為者の主観的な信念の度合いを表すこともある。

　例えば、$U_j(.)$（ジルの選好を表す期待効用特性についてのある効用関数）は、ジルが受けとる報酬の増加線形関数である。報酬の金額を横軸、ジルの効用を縦軸にとったグラフは、**図 4.2** のように右上りの直線となる。

　ここでジルがある賭博（くじ）に誘われたとしよう。さいころを転がし、出た目の数一つにつき 1 ドルをもらえるというくじである。ジルが最も選好する目は 6、次が 5、という順になる。さいころがいかさまでなければ、この賭博の賞金の期待値は 3.5 ドルである（計算式は $(1/6) \times [\$1 + \$2 + \$3 + \$4 + \$5 + \$6]$）。ジルの期待効用は金額の増加線形関数（になるはず）だから、$U_j(\$x)$ は最も単純な関数ということで、たんに x ということにしよう。その場合、さいころの目の期待効用は $(1/6) \times 1 + (1/6) \times 2 + (1/6) \times 3 + (1/6) \times 4 + (1/6) \times 5 + (1/6) \times 6$、つまり $21/6 = 3.5$「ユティル［効用］」となる。ということは、ジルはこの賭博と別の賭博、例えば偏りのないコインを投げて表が出たら 4 ドル、裏が出たら 3 ドルもらえる賭博とのあいだで、無差別であることを意味す

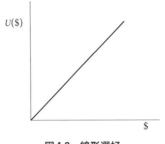

図4.2　線形選好

る。ジルはさいころを転がす賭博そのものを、さいころの目が1、2、3だった
ときの結果よりも選好するが、目が4、5、6だったときの結果はこの賭博全体
よりも選好する。このように、賭博そのものとその賞金についての選好も計算
が可能になる。

　期待効用についての第二の重要な特性は、もしもU_jがジルの選好を表す期
待効用関数であるなら、U'_jもまたジルの選好を表す期待効用関数になるのは、
aとbがともに実数かつ$a>0$で$U'_j=aU_j+b$となるときで、かつそのときに
かぎられる（$a>0$のときのaU_j+bを、U_jの正のアフィン変換という）。そういう
わけで、$U_j(\$x)=x$のいかなる正のアフィン変換も、例えば$U_j(\$x)=2x+1$も、
やはりジルの選好を表現することになる。どのようなくじでも、その効用が賞
金の額をそれぞれの確率で重みづけしたものの合計値であることは変わらない。
$U_j(\$x)=2x+1$の場合だと先の賭博の効用は8となり、やはり3ドルを確実に
もらえることの効用である7と確実に4ドルもらえることの効用である9の、
ちょうど真ん中となる。これに対し、例えばx^3のように期待効用関数の正の
単調変換ではあっても正のアフィン変換ではない関数では、くじの序列が保存
されない[*2]。

　UとU'が期待効用関数であるなら、$U'=aU+b$（$a>0$）であるという場合、
期待効用の和や差の比較は、行為者の選好を表すためにどの期待効用関数を選
択するかには依存しないものとなる。ちょっと簡単な計算をするだけでわかる
ことだが[*3]、もし$U'(x)=aU(x)+b$で$a>0$なら、$U(x)-U(y)>U(w)-$

$U(z)$ になるのは、$U'(x) - U'(y) > U'(w) - U'(z)$ になるときで、かつそのときにかぎられる。だから、行為の選択肢それぞれの期待効用を比較するには、行為の帰結ごとの効用をその帰結にいたる確率で重みづけして、合計してやればよい[*4]。

期待効用は足したり引いたりすることができるが、だからといって効用が人々の求めるなんらかの「物（stuff）」、例えばジェレミー・ベンサムがすべての選択の目的だと考えた快楽のような物であるわけではない。諸々の期待効用は、序列づけのほかに強さも示すとはいえ、それでもやはり、行為者の選好の特性を表現するさまざまな指標にすぎない。

期待効用理論の諸公理は、このほか、行為者の確信の度合いが、確率論の諸公理を満たすことや、どのくじを好むかという行為者の選好が、当人の確信の度合いに応じて影響を受けることをも含意している。例えば、ジャックの確信の度合いを確率とし、$L = [(x, p_k), (y, 1 - p_k)]$ となるようなくじ L を考えてみよう。ここに賞金が同額の別のくじ L^* があり、賞金 x がもらえるとジャックが信じる確率 q_k は、$q_k > p_k$ とする。ジャックが x を y よりも選好するとき、L^* の期待効用は L の期待効用より大きくなり、したがってジャックは L^* を L よ

[*2] リスクや不確実性のない結果がよいというジルの選好は $U_1(\$x) = x^3$ でも表現できるが、これには期待効用特性がなく、複数のくじのあいだでの選好を表現することはできない。この効用関数だと、前述のくじの効用は $(1 + 8 + 27 + 64 + 125 + 216) \div 6$ で73.5となり、さいころで4の目が出て4ドルの賞金をもらう効用関数の64よりも大きい。$U_1(\$x) = x^3$ がジルの期待効用関数だと考えると、ジルはこのくじを、確実に4ドルもらえることよりも選好するという誤った結論になってしまう。

[*3] もし $U'(x) - U'(y) > U'(w) - U'(z)$ でかつ $U'(x) = aU(x) + b$ なら、$aU(x) + b - aU(y) - b > aU(w) + b - aU(z) - b$ となるので、$a[U(x) - U(y)] > a[U(w) - U(z)]$ である。ここで $a > 0$ なら $U(x) - U(y) > U(w) - U(z)$ となる。この逆も同様の手順で示すことができる。

[*4] くじの期待効用は、限界効用逓減とリスク回避の両方を反映している。金銭の限界効用が減っていくなら——つまり、ジャックがすでにもっている金額が増え、新たにもらった金額が選好充足に寄与する力が減るなら——10万ドルの効用は5万ドルの効用の2倍より小さい可能性があるし、ジャックは確実に5万ドルもらうことの方を、賞金10万ドルと空くじの確率が半々のくじよりも選好するだろう。また、くじはリスクをともなうともいえるので、ジャックはたとえ10万ドルの効用が5万ドルの効用の2倍であっても、リスク回避を理由として、必ずもらえる5万ドルの方を10万ドルと空くじ半々のくじよりも選好するのかもしれない。これはやっかいな問題だが、ここでは言及するのみで、これ以上つけ加えない。

りも選好するだろう。

4.4 期待効用理論で何ができるか

　学生たちが期待効用理論を習いたてのころによくある解釈は、これは複数の行為のあいだでの選好を、信念とそれぞれの行為から起こりうる結果についての選好とから導き出す理論である——つまり、標準モデルと手段目的論法の詳細な説明である、というものだ。期待効用理論をこのように捉えると、**図4.3**に示されるように、互いに関連する二つの因果関係の主張が含まれることになる。

　期待効用理論を手段目的論法と解釈すれば、行為の結果を、行為と世界の状態によって引き起こされた帰結とみなすことになる。言い換えれば、複数の行為のあいだの選好を、それぞれの行為の結果についての選好と、その結果を決定する世界の状態それぞれの確率とに由来するものと解釈することになる。**図4.3**で、左向きの矢印の矢を二重にしてあるのは、行為についての選好が、結果についての選好と世界の状態の確率によって引き起こされ、由来し、正当化されるからである。例をあげると、偏りのないコインを投げて表が出れば100ドルもらえ、裏が出ればなにももらえないという賭博に参加するために、ジャ

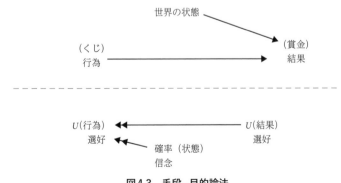

図4.3　手段－目的論法

ックは45ドルを支払う意思があるとしよう。経済学者は、ジャックが100ド
ルを得たときの効用も、ジャックがまったく稼げなかったときの効用もわかっ
ているので、この賭博の期待効用を $(U_k(\$100)/2 + U_k(\$0)/2)$ と計算すること
ができるが、ジャックが話に乗ったからには、これは $U_k(\$45)$ より大きいは
ずだ。ジャックが実際に計算をしたかどうかにかかわりなく、この賭博の効用
を計算することで、ジャックが45ドルの参加料を払う気になった因果関係の
説明が得られる。

　図4.3に描かれた因果の矢には、異論が出るかもしれない。**期待効用理論は、
因果関係についてなにも語っていない**からである。期待効用理論は、明示的に
は、手段目的論法を記述するものではない。例えばかりに、オイディプスがイ
オカステと結婚するか否かを決断するときに、期待効用理論を採用したとしよ
う。彼には母親と結婚したくないという強い忌避感情があったものの、そのよ
うな確率は非常に低いと誤った判断をしたため、イオカステと結婚することを
結婚しないことよりも選好した。近親婚をしてはならないという道徳律は、イ
オカステとの結婚が因果的にもたらすであろう帰結についての期待効用計算と
同じ役割を果たすが、母との結婚は、イオカステとの結婚を原因とする帰結で
はない（同一の事象なのだから）。期待効用理論は、それぞれのくじの「結果」
についての選好と確信の度合いを、複数のくじのあいだでの選好と結びつける
にすぎない。くじとその賞金の関係は、因果的な関係であるのが普通だが、因
果関係であるとの解釈が期待効用理論それ自体のなかに組み込まれているわけ
ではない（Savage 1972, pp. 13-14）[5]。

---

[5]　期待効用理論が因果関係の問題を捨象していることは、これまで批判の対象になってきた。
例えばフィッシャーが言うように、喫煙と肺がんは、因果の関係ではなく、ある共通の原因の影響
として関係しているとしよう（Fisher 1959）。この場合、喫煙すると肺がんになりやすいという悪
いニュースが伝えられるとしても、喫煙と肺がんの確率論的な関連性は、人が喫煙すべきではない
という理由を与えない。もし意思決定の理論家たちが、喫煙の統計的な関連性をスクリーニングす
るための共通の原因の存在について、これを示唆するものをなにももたないのであれば、ほとんど
の人にとって、喫煙しないことの期待効用は、喫煙することの期待効用よりも低いであろう。しか
しこの場合、意思決定理論は、誤って喫煙しないことを勧めてしまうことになるだろう。Gibbard
and Harper (1978), Lewis (1981), Skyrms (1982), Eells (1982), Hitchcock (1996), Joyce (1999)
を参照。

　経済学者たちのなかには、期待効用は選好を**表現する**だけだと主張する人も多いだろう。その考え方によると、期待効用理論は、選好を**決定する**要因についてはなにも語らず、私が選択の標準モデルと呼ぶものを形式的にサポートしなくなる。この解釈の裏づけとしては、第一に、もしも選好が公理のとおり完備なのであれば、行為者たちは複数のくじのあいだでの自らの選好をすでに知っているはずだという指摘が考えられる。自分の選好を把握するのに期待効用理論を必要とするなら、その選好は完備ではないだろうというわけだ。第二に、一筋縄ではいかない状況で、自らの選好の道案内のために期待効用理論を利用することは可能かもしれないが*6、行為者が少なくとも一部のくじについては事前に選好をもっていないかぎり、そもそも期待効用で結果を出そうとはしないはずだ。第三に、w が $[(x, p), (y, 1 − p)]$ というくじであっても、ジルの選好には、例えば $U_j(w) = pU_j(x) + (1 − p_j)U_j(y)$ といった期待効用の表現は存在しないとの指摘も考えうる。このような可能性について期待効用理論が言えるのは、ジルの選好が一つ以上の公理に違反しているということだけである。ジルの効用を公理に合致させるためには、彼女は選好か信念のいくつかを変更しなくてはならない。しかし期待効用理論は、ジルに、賞金のいずれかに対する期待効用を変更するとかその主観的確率を修正することを求めるのではなく、また当該のくじに付与する期待効用を変更するための理由を与えもしない。けれども他方で、期待効用理論が選好形成の理論であるとしたら、それは w というくじに対する選好を変更するよう教えてくれるだろう。

　そんなわけで、私がほどなく批判することになる因習的な考え方では、経済学は選択の標準モデルにコミットしない。なぜなら経済学は、選好がどこからくるのかについて、また、自らの選好が期待効用の諸公理に違反していたら行

　＊6　問題が複雑なときには、計算することでミスを防げることがある。有名な話だが、モーリス・アレはレナード・サヴェッジと会ったとき、2組の選択肢から選好を述べるよう求めた。サヴェッジの答えた選好は、多くの人が同じ問題を出されたらそうであるのと同じく、独立性の公理に違反していた。サヴェッジの答えは、独立性の公理に対する異議と解釈することもできるし、あるいは、選好の道案内として、期待効用理論による計算を活用することの推奨（サヴェッジはそうした）とも解釈できる。

為者はそれをどのように修正すればよいのかについて、なにも言うことはないからである。因習的な考え方では、世の中には分業というものがあり、経済学は完備かつ最初から諸公理に合致する選好をもつ行為者のことだけ考えていればよいとされる。行為者がいかにしてその選好をもつに至ったのか、諸公理に違反する選好をどのように修正するのかといった疑問は、ほかの人たちが取り組む課題であるというわけだ。

4.5 帰結主義と標準選択理論

　期待効用理論は選好形成には触れないのだと主張する人々は、最終的な選好の形成について期待効用理論がなにも含意する**必要はない**と指摘するところまでは正しいが、実際の適用が選好形成についてなにも言わないと示唆する点では誤っている。例えば、企業理論の簡略化された説明においては、企業が高い純利益を低い純利益より選好することを所与とみなしているが、インプットの構成比や生産水準などについての最終的選好についてはそうみなしていない。それどころか企業理論は、インプットの構成比や生産水準をめぐる企業の選好が、価格や技術的可能性や、より高い純利益に対する当該企業の選好などにどのように**依存する**のかを説明している。最低賃金が引き上げられた場合、これに対応するために、各企業は非熟練労働者たちの雇用を絞るだろうと経済学者たちが予測を行なうとき、そこにはインプットの構成比に関する企業の選好がいかにして形成されるかについての主張が暗に含まれている。

　経済学者たちのなかには、最終的な選好——インプットの構成比や生産水準といった選択の直接的対象をめぐる選好——について語るのは正当ではない、と反論する人もいるかもしれない。企業が選好するのは、より高い純利益やより大きな市場シェアであって、そうした総合的な選好を実現するための個々の行為ではない、というわけである。企業が純益や市場シェアをより大きくするために個別の選択を重ねていることは確かであり、それは、ゲームのプレイヤーがほかの結果よりも選好する結果を出さんがために戦略を選択するのと変わ

らない。それでも一部の経済学者は、そうした細かい選択肢についての選好を云々すると、経済学理論を誤用することになると主張するかもしれない。

　顕示選好理論の擁護者たちと同様に、この種の反論にこだわる人たちは、最終的選好が信念やほかの選好に由来することを認めない。しかし顕示選好理論の唱道者たちが選好を最終的選好に限定せよと説くのとはちがって、かれらの場合、経済学者たちは最終的選好［の存在］を認めるべきではないという。どちらにしても、とりうる行為それぞれが生む結果についての信念と選好とが最終的選好にどのように影響するかについて、言うべきことなどないかのように偽っているわけで、いずれも擁護できない。プレイヤーたちはさまざまな戦略のあいだで選好をもっている。企業家たちは生産手法についてさまざまな選好をもっている。こうしたことを否定するのにどんな根拠があるというのか。言えるのはせいぜい、最終的選好はあまりにも選択に近すぎるがゆえに、それ自体はほとんど興味をもたれないということくらいだ。けれども最終的選好が興味をひかないからといって——顕示選好理論の研究者たちのふれこみに劣らず、最終的選好と選択が密接につながっているからといって——それらが存在しないとする根拠にはならない。

　企業理論の応用、例えば最低賃金が上がれば非熟練労働者の雇用が減るだろうといった議論は、説明的かつ予測的な手法の実例であり、これを私は「帰結主義」と呼んでいる。「帰結主義」という言葉で私が指しているのはなにも、諸々の行為や政策は、その帰結を全体的なよさの観点から公平無私に評価すべきであるという倫理的な考え方のことではない。そうではなく、標準モデルが含意する選好形成についての主張のことを指している。より具体的にいえば、ある選択モデルが帰結主義的だといえるのは、以下の場合にかぎられる。

1.　ある行為者の最終的選好が

　a.　選択肢それぞれの特性と帰結に関する当人の信念と

　b.　これらの特性と帰結に関する当人の選好とに由来し、

2.　ある行為者の選択が、当人の信念と、制約が課せられてもなお選択可

　能な選択肢に関する当人の最終的選好とに因果的に依存する場合である。

　経済学者たちは、信念と末端の選好とを所与としたうえで、最終的選好を導き出す。さまざまな態度が熟考を介して展開され、そのそれぞれの帰結と特性を、諸々の行為に関連づける。経済学における選択の標準モデルは帰結主義的なものである。

　経済学で理論を立てるとき、選好形成の理論がいつも必要というわけではない。消費者選択理論では、価格や所得は、選好に影響を与えるものとしてではなく、選択可能な選択肢を識別するための制約とみなされる。このように扱うことで、商品の束についての選好は、市場の諸力によって修正を受けることのない既定の選好とみなされる。ただしこのようなケースは典型的なものではない。

　帰結主義が要求するのは、所与とみなされる選好と、説明や予測を試みるべき選好とを区別することである。企業理論では、インプットの構成比や生産水準をめぐる選好がいかに形成されるかについては、帰結主義的な記述が含まれるものの、純利益や市場シェアについての選好が何によって決まるかについてはなにも言及しない。選好がいかに形成され、また修正されるかという問題については、これを経済学それ自体から切り離すという分業の痕跡をいくぶん引き継いで、帰結主義的な考え方は、生産技術の選択といった行為に関する（最終的）選好と、さまざまな行為の帰結と特性のあいだの選好とを区別する。後者は所与であり、研究の分業を重んじる人たちは、こうした選好の形成と修正は経済学の範囲ではないと主張することも可能だろう。けれども前者は所与ではない。さまざまな信念と、複数ある行為それぞれの特性や帰結のあいだでの選好とに由来する。帰結主義は、最終的選好を説明し予測するための一つの仕組みとして機能する。帰結主義は、実践的な推論のすべてにあてはまる見方とまでは言えないが、経済学の応用場面の一部においては、妥当な1次接近になる*7。

　従来の企業理論にみられる帰結主義的な考え方は、感覚的に理解できる接近方法である。そのなかには、選好形成の説明が織りこまれている。しかし帰結主義者からは、経済学が取り組むのは最終的選好の形成だけであって、（信念とあいまって）最終的選好を決定する帰結についての選好は扱わないという主張も可能である。それでも一つ、理論上の重要な論点が残る。**もし経済学者たちが、ある選択肢の集合からなされる選択について、人間は自分が選好するものを選択するという以上のことを言いたいなら、人々が何を選好するかを決めるのは何なのかについて、なにかしら中身のあることを言わねばならない**。選好を総比較評価として扱うことによって、経済学では必然的に最終的選好と選択の結びつきを自明のものとしてきた。行為者が自分にはどのような選択肢があるのかを知っているという条件のもとでは、選択と選好は一致する。経済学者たちは、選好についてなにかしら自明でないことを言いたいのでないかぎり、選択について自明なことしか言えない。そのうえ、さまざまな行動のあいだでの選好の由来を行為それぞれの特性と帰結とに求める帰結主義に傾倒しているとなれば、期待効用理論の教訓とは行為についての選好をその結果についての選好に遡れることだと思っている素朴な初学者に太刀打ちできない。

　最終的選好の決定において、信念は末端の選好に劣らず重要である。例をあげれば、バイオックスという抗炎症剤が脳卒中と心臓発作のリスクを上げるとの発表によって、バイオックスを飲むかアスピリンを飲むかについて多くの人々の選好が変わったが、それはこれらの薬を飲むことの帰結に関する人々の信念を変えることによってであった。控えめな考え方をとるなら、効用も主観的確率も、行為者の選好を**表現する**にすぎないことになるが、ほとんどの人が——経済学者も大半は——抗炎症剤についての人々の選好は、その根本にある選好（胃のむかつき、心臓発作、脳卒中、関節の痛みやこわばりについての選好）と、それぞれの薬の服用の帰結に関する人々の信念によって**決定される**と考え

＊7　この意味での帰結主義は、ピーター・ハモンドによる概念と密接なかかわりがあるものの、ハモンドが帰結主義に関心を寄せたのはおもに合理性の一条件としてであって、選択を予測し説明する理論の枠組みとしてではなかった。

るだろう。

　こうして私たちは、標準モデルの話に戻ってきた。あるいはまた、期待効用理論を適用すれば、不確実な見通しのあいだの選好が、それぞれの見通しの帰結と特徴についての主観的確率や選好にいかに依存するかを示すことができる、という素朴な考え方に戻ってきた。一方には、期待効用理論はジルの選好を表現するにすぎないという主張がある。他方には、複数の行為のあいだでのジルの選好は、それぞれの特性とそれらの帰結がどうなりそうかという彼女の信念に依存するという帰結主義的な見解がある。私たちはしかし、これら二つを同時に主張すると、つじつまが合わなくなる。

4.6 属性と選好

　「帰結主義」は、誤解されやすい名称かもしれない。というのもこれは、最終的選好がもっぱら選択の原因となる信念および帰結にのみ依存することを示しているからである。しかしすでにオイディプスの破滅的な選択で例証したように、選択する際に人々が気にかけるのは、因果的な帰結にとどまらない。ケルヴィン・ランカスターによれば、「人は財それ自体に関心をもつのではなく、財がもつ特色ゆえに惹かれるのであるから、財に対する需要は派生的かつ間接的なものであり、それは特色についての選好に、そしてさまざまな財にそれぞれの特色がいかに具体化されるかを決定する技術上の特性に依存する」という（Lancaster 1979, p. 17. Lancaster 1966 も参照）。ランカスターはさらに、消費者の選択が依拠するのは、当人の予算、商品の価格、特色についての選好、そして商品とその特色とのあいだの、消費行動によって媒介される関係であるという理論を概略的に描いている。商品とその特色との関係は、ふつうは因果的なものではない。家の大きさや立地はジャックがそれを買う理由の説明になるかもしれないが、それらは家という原因の結果ではない。しかし具体的な因果関係がないからといって、複数の商品のあいだの選好が、それぞれの商品の特色がもつ値から生じることがないわけではない[*8]。私の定義した帰結主義は十

分に幅広いので、最終的選好をそれぞれの選択肢の特色がもつ値から引き出すことも、帰結主義の説明に含まれる。

　そんなわけで、多属性効用理論と、その関心は選好ではなく価格にあるとはいえ「ヘドニック価格法」も、帰結主義に該当する（Keeney 1982, 1992; Keeney and Raiffa 1993; Nelson 1999; Rosen 1974; Malpezzi 2002）。多属性効用理論が最もよく使われるのは、「決定解析」という多分に規範的な、意思決定の支援のために考案された理論の一部としてではあるが、経済学やマーケティングにおいて実証的な問題に対処するのにも使われてきた（Keeney 1982; Nelson 1999）。多属性理論では、行為やその帰結を属性の束として捉える。これらの属性に関する行為者の信念や価値観が、行為者の最終的な選好と行為を決定するというわけである（Chapman 2003, p .1210）。ある行為から起こりうる帰結の一つである c には、考慮すべき特色あるいは属性が n 個（$c_1, c_2, ... , c_n$）あるとした場合、c がジルの選好のなかでどのランクに位置するかを表す $U_1(c)$ は、c の属性の値（$u_1(c_1), u_1(c_2), ... , u_1(c_n)$）に依存する（Keeney and Raiffa 1993, pp. 14, 31f, 48）。多属性効用理論は、属性には値を代入できること、そして、帰結についての選好はこれらの値から計算できることを前提にしている。

　ヘドニック価格法は、規範理論としても、あるいは個々の選好の明示的な記述としても意図されたものではないにせよ、類似の構造をもっている。それはとりわけ、住宅市場に応用されてきた。例えばある時点での[9]ある市場における家賃 R は、建物の造りの特性（S）、周辺環境の特性（N）、市場内での位置づけ（L）、そして契約条件（C）に依存するものと仮定することができ、R $= f (S, N, L, C)$ と表すことができる（Malpezzi 2002）。家賃がこれらの変数に

---

*8　ゲイリー・ベッカーがこれに関連する見解を擁護している。市場の財を、消費者の選好の対象を出力する「家計内生産関数」に対する入力とみなす考え方である（Stigler and Becker 1977）。市場に数ある財のあいだでの選好は、家計内生産関数の出力と、当該関数についての情報に由来することもある。家計内生産関数の特性は、市場行動から推論しうる。家計内生産関数の出力は、諸属性と同じとまではいかないまでも類似性はみられ、ベッカーは選好の形成と修正をモデル化するいま一つの方法を提供している。
*9　家賃を観測した時点は固定されていたであろうから、それゆえマルペッツィの示した例では時間の変数は省略されていると思う。

依存するのはおそらく、数あるアパートのあいだでの選好もこれらの変数に依存する——もちろん家賃は需要だけでなく、供給に影響する諸要因にも依存するとはいえ——からであろう。ヘドニック価格法には、選好形成についての見解が暗に含まれている。アパートについての選好と各アパートの属性とを結びつける暗黙の関数は、くじについての選好と考えられる結果とを結びつける関数とは違って、少なくとも第 1 近似としては確率に依存してはいない。各選択肢の属性は（イオカステがオイディプスの母親か否かという問題とはちがい）確実にわかっていると想定することが可能である。さらに、価格を属性の値と結びつける方程式は、一般に線形でもなければ加法的なものでもない。ある選択肢の値に一つの属性が与える影響は、一般に（近似としてさえ）ほかの属性の水準と独立ではないからである。かりにいくつもある変数の値がどれも連続であるなら、その関数形式の一般的な表記は、例えば $\ln(R) = \alpha + \beta \ln S + \delta \ln N + \gamma \ln L + \nu \ln C$ となり、これはある属性の「ヘドニック価格」が、その属性のレベルとともに低下し、それ以外の正の属性すべてのレベルとともに上昇することを含意している。

　ヘドニック価格法のモデルのいくつかを例外として、主流派経済学においては、選択肢の特性を評価する動きはほとんどない。このことは、フィリップ・ペティットのいう「抽象化テーゼ（abstraction thesis）」（Pettit 2002）の趣旨となっている。ペティットは、経済学が日常心理学の「願望の構造」を借用していると批判する。これでは複数の状況（および行為と帰結）のあいだでの選好は、それらの状況の特性に対する人々の態度によって説明もされ、正当化もされてしまうというのだ。この批判は、多属性効用理論やヘドニック価格法にはあてはまらない。両者は願望の構造を捉えんとするものだからである。

　主流派経済学に属性を評価する動きがほとんどない理由の一つは、願望の構造を形式的に把握することや、そこからテスト可能な含意を引き出すことが難しいからである。さまざまな状態のあいだの選好は、それらの特性に対する態度に依存していると主張することと、ある選択肢の効用をその諸属性のさまざまな値に結びつける多属性効用関数を特定することは、まったく別の事柄であ

る。特定の応用場面では、ある多属性効用関数になにか単純な関数形式をあてはめるのが合理的なときもあるだろうが、一般的にいえば、xとyについてのある行為者の選好の序列づけと、xとyの特性についてのその人の態度との関係は、複雑なものになるだろう。さらに、諸々の選択肢についてジャックの選好が定まるまでのあいだ、各選択肢の特性に対する彼の評価が揺らがないと推量できる理由はほとんどない。ところがペティットの意見はちがう。「私たちはつねに、そこに備わっていると思う諸特性への見通し［期待（prospects）］を欲している」（Pettit 2002, pp. 198-199）のであり、「合理的な行為者の究極的な参照点、すなわちその人の究極的な動機づけの方向性は、具体的な結果ではなく抽象的な特性によってもたらされなくてはならない」（*ibid.*, p. 207）と彼は主張する。なぜそうでなくてはならないのか、私には理由がわからない。［ジョナサン・スウィフト著］『ガリバー旅行記』を読む体験と［ジョン・バニヤン著］『天路歴程』を読む体験とについてのジャックの序列づけは、寓意やアイロニーに対する彼の全般的な嗜好の関数であるかもしれないが、しかしその一方で、『ガリバー旅行記』がおもしろかったからアイロニーを高く評価するようになったとか、『天路歴程』を評価するようになって寓意の魅力を知ったといった可能性もある。単純なモデルは、このような複雑な問題を避けて理論的抽象化を図っているのかもしれないが、そうすることで正確さを欠いている。

　多属性効用理論もヘドニック価格法も、**図4.1**に示した標準モデルと矛盾しない。標準モデルだと最終的選好は信念に加え、各選択肢の帰結と特性と両方の選好に依存する（Fishburn 1977）。期待効用理論は、たんに選好を表現するだけだと主張しない場合でも、経済学者たちは概して、選択が依拠する帰結を、因果的な帰結と解釈してきたし、また期待効用の理論を、手段と目的の論理を形式化したものとして扱ってきた。これとは対照的に、多属性効用理論やヘドニック価格法は、因果的結びつきではなく、諸々の属性と、状態・作用・帰結とのあいだの構成的な諸関係に依拠している。それでもなお、多属性効用理論が行為についての選好を説明するやり方は、期待効用理論が行為についての選好を説明するやり方に似ているし、選好がどのように選択肢の特性の値に依存

するかを調べるにあたって、経済学のツールやモデルが配備されることもあり
うる（し、これまで配備されてきた）。

4.7 結論

　本章では、選択を説明し予測するために経済学では選好や信念をどのように
使っているのかを洗いだしてきたが、それによって選択理論の核心にあるぎく
しゃくした部分が露呈することとなった。その一部は、経済学者たちが現に行
なっていることと、行なっていると自分で思っていることとの不一致である。
期待効用理論は選好を表現するだけだ、扱うのはすでに決まっている選好だ、
何が選好を決定するのかについて期待効用理論は口出ししない、などと言いた
がる経済学者は多い。経済学では選好形成を扱わないというより一般的な主張
に賛成する人もたくさんいる。そう言いながら経済学では、直接の選択対象に
ついての選好の由来を、それらの対象の帰結や特性についての選好や、その帰
結にいたる主観的確率に求めている。ここでは実践が口先よりもすぐれている
格好だ。もし選好形成についての説明がなかったら、経済学はほとんど無内容
になっていただろう。

　むろん、経済的行動を予測し説明する実践の内部にも、緊張関係がある。一
方で経済学は、選好を完備な総主観的序列づけと解釈し、すでに形成ずみとみ
なしている（もし行為者の選好が部分的に未定なら、その人の選好はまだ完備では
ない）。この場合、行為者の熟考は、自身のあらかじめ決まった序列づけを、
選択可能な選択肢の集合にそのままあてはめるという簡単な話になる。期待効
用理論や多属性効用理論などを用いれば、行為者の選好どうしの関係を探究す
ることも可能であるが、正統派の見解では、そのような探究でこれらの選好が
どのように形成されるのかは説明できないとされる。他方で、帰結主義的な説
明や予測は、複数の選択対象のあいだでの行為者の選好を、それぞれの帰結に
関する選好についての信念と情報から引き出したり、あるいは、さまざまな選
択対象の諸属性やその帰結の価値から引き出すことを求めている。このような

二つの行為者観を、どうすれば統合できるだろうか。選好はすでに決まっていて、選好が依存する対象について考察したところで行動の説明や予測には役立たないとみなすか、あるいは、何が選好を決定するかの考察は選択の説明や予測に役立つのであり、行為者がすべての選択肢について完成した序列をすでにもっているものとしてモデル化してはならないとみなすか。

　これらの対立する立場を両立させるには、説明（ないし予測）を求めるときの質問文で区別すればよいのでは、という考え方もあるかもしれない。問いが「行為者はなぜxを選んだのか？」（あるいは、「どんな選択が予想されるか？」）なら、選好は所与と解釈すべきだろう。これに対する応答として、行為者はそれ以外に実行可能な選択肢すべてよりもxを選好したのです、と説明しても、多少の情報は伝わる。対照的に、問いが「その行為者はなぜxをyよりも選好するのか？」（あるいは、「どんな選好が予測されるか？」）であれば、行為者の最終的選好を所与とみなすべきではないだろう。しかしこのように折り合いをつけたところで、完備性の問題は残る。経済学者たちが第二の問いに取り組むのなら——実際取り組むべきなのだが——この妥協案が意味するのは、行為者たちの選好がいつでも完備だと決めてかかるわけにはいかないということである。経済学者たちはそのように決めつけず、選好がいかにして形成され、修正されるのかを探究すべきなのである。

第 5 章
ゲーム理論と帰結主義

ゲーム理論も期待効用理論と同様に、選好、信念、それにどの選択肢が選択可能かを決定する制約という観点から、行動を予測し、説明する。期待効用理論とちがうのは、戦略的相互作用——結果が自分自身の選択だけでなく相手の選択にも依存するような状況——に着目する点である。複数の戦略のなかから行なわれる選択を説明したり予測したりする点で、ゲーム理論は必然的に、戦略に関する選好形成の理論だといえる。ゲーム理論は、諸々の戦略についての選好を話題にしないとはいえ、それらが存在しないという根拠はまったくないし、それらが何に依存するかを示してもいる。

5.1 ゲームと結果

図5.1に示した簡単な拡張されたゲームの形式を例に考えてみよう。二つ組になっている数字の一つ目はジルがもらえる金銭結果、二つ目はジャックがもらえる金銭結果をそれぞれ表している。

ジルが先手で、**下**か**斜め**のいずれかを選ぶ。**下**に進めば、自分が4ドル、ジャックが2ドル受け取れる。**斜め**に進めば、次はジャックの番になり、ジャックが**左**か**右**を選ぶことになる。ここでジャックが**左**に進めば、ジャックが5ドルでジルが2ドル、**右**に進めば、2人とも4ドルずつもらえるとする。2人とも、このルールを最初から知っている。**図5.1**では、ジャックとジルの選好が特定されていないため、ここで描かれているのはあるゲームを拡張した形ではなく「ある一つのゲーム形式」ということになる。ここでの戦略的相互作用に取り

組むためには、ゲーム理論家たちは、諸々の終端ノードについての2人の選好を知る必要がある。すなわちゲーム理論家たちは、たんなる**ゲーム形式**や**ゲームの「プロトコル」**（Weibulle 2004）だけでなく、**ゲームそのもの**を知っていなくてはならない。かりにジルもジャックもそろって利他主義者だったなら、2人が自分の金銭的結末にしか興味がない場合とはちがったゲームになるはずだ。ゲーム理論は、諸々の結果についての選好を与えてもらう必要がある。

　かりにジルもジャックも、諸々の結果についての選好は自分自身の金銭的な利益のみに依存しているとしよう。その場合、**図5.1**のゲーム形式をもとに、**図5.2**のような拡張された形の**ゲーム**ができる。

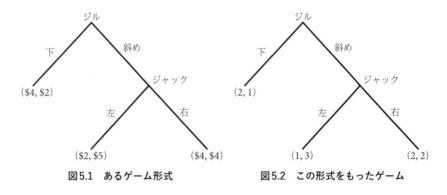

図5.1　あるゲーム形式　　　　**図5.2　この形式をもったゲーム**

　この図では、数字は（序数的）効用を表し、選択肢に添えられている数が大きいほど、その行為者はより選好している。これらの数字は、異なる行為者のあいだで比較することはできない——例えば、{斜め、右}のときの2人の選好が等しいと結論づけてはいけない。選択の原動力となるこれらの数字は所与とされ、経済学者はなにも述べないと仮定されている。ジャックの番がきたとき、彼は**右**よりも**左**に進むことを選好する。**左**の結果を**右**の結果よりも選好するからである。ジルにはそれがわかるので、それゆえジルは**斜め**よりも**下**の手を選好する。諸々の分岐点における手の選択肢や情報集合についての選好、またそれゆえ、選びうるさまざまな戦略（いずれかのプレイヤーの手番ごとに何が選択されるかをもれなく特定したもの）についての選好は、当のプレイヤーの信

念ならびに諸結果についての選好から説明したり予測したりすることができる。この説明は帰結主義的だといえる。

　諸々の結果についての選好がわかっていなくてはゲームを確定できないが、戦略についてのプレイヤーたちの選好があらかじめわかっていたのでは、ゲーム理論の出番はほとんどない。戦略についての選好が所与なら、プレイヤーたちがどんな手に出るかを予測するのは、当然すぎて意味のない作業になってしまう。**ゲーム理論に研究すべき対象と実行すべき作業がそろっているのは、諸結果をめぐるプレイヤーたちの選好は与えられているが戦略の選択（あるいは戦略をめぐる選好）は与えられていないときであり、かつそのときにかぎられる**。ゲーム理論は、あたかも、信念と諸々の結果についての既定の選好を基礎とした、戦略についての帰結主義的な選好形成の理論としてみることができる。

　諸々の結果のあいだの選好と諸々の戦略のあいだの選好の非対称性は、いつでも正当化できるとはかぎらない。理由の一つは、「帰結」という概念に複数の意味があることだ。終端ノードに記された数字は、センの用語でいえば「包括的帰結」——たんにその帰結に到達するだけでなく、ある特定の拡張形式において、ある特定の経路をたどったうえでいたる帰結——についてのプレイヤーたちの選好を表している。終端ノードに添えられた選好の指数は、センのいう「最終点帰結」——それぞれの終端ノードにおける状態について履歴を考慮せずにもつ選好——と必ずしも一致しない（Sen 1997b, p. 745）。ゲーム理論ではこの二つの選好が同一だと想定してしまうことが多いが、そうとはかぎらない。例えば、ある最後通牒ゲームで、ジャックが後手だったとしよう。先手のジルがある金額をどう分配するかを宣言し、後手のジャックは受諾か拒否かを選べる。ジャックはジルが10ドルを8対2に分けると聞いて拒否するかもしれないが、これが相手プレイヤーの裁量ではなく偶然で決まったものだったら、同額であっても受諾する可能性はある（Blount 1995）。最終点帰結（金銭的な帰結）は同じでも、包括的帰結は異なっている。最初のケースでは、ジャックはこんなずるい提案をしたジルをひどい目にあわせたくなるかもしれない。しかしいま一つのケースでは、仕返しする相手もおらず、なにももらえないより

は2ドルの方を選好するかもしれない。ゲームを確定するのは、包括的帰結を
めぐる選好であって、最終点帰結をめぐる選好ではない*1。**図5.2**の〔斜め、
左〕というルートの終端の (1, 3) は、2人のプレイヤーがジルは斜め、ジャ
ックは左を選ぶことにまつわる**すべて**をどう評価しているのかを表しており、
その評価対象は金銭的な帰結も含むが、それだけには限定されない。私が「帰
結 (outcomes)」という場合、意味しているのは「包括的帰結」である。セン
のいう「最終点帰結」について語るときは、「物質的な結果」とか「金銭的結
果」とか、あるいはたんに「結果 (results)」と呼ぶ。私は、報酬とは包括的
帰結についての選好だと解釈している。途中の選択の筋道も帰結の一部を**構成
している**ため、これらの選択についての選好を帰結についての選好から帰結主
義的に導き出すことはより複雑になる。

　同じ論点を別の観点から説明すると、**図5.1**に示された戦略的相互作用の結
果は、完全には特定されていない。ジルが**斜め**に進み、ジャックが**左**を選ぶこ
との結果は、1組の支払いではない。結果は、この相互作用のなかで、ジルが
斜めに進み、ジャックが**左**を選び、ジルが2ドルもらい、ジャックが5ドルも
らうという、いくつもの状態からなるものである。このゲームを確定するには、
このように完全に特定された諸結果についてのプレイヤーたちの選好を知って
いる必要がある。この場合、諸々の結果の特定化は、自身に与えられた選択肢
と、それぞれの結果についてのプレイヤーの理解と一致していなくてはならな
い。

＊1　包括的帰結を確定するのに必要な情報が、図3.2のようなゲームの標準的な形の表現で残ら
ず提供できるのかと心配になる人もいるかもしれない。包括的帰結はたんに結果と結果にいたる経
路にのみ依存するとはかぎらず、ほかのプレイヤーがなぜこんな選択をするのかについてのプレイ
ヤーの解釈にも依存しうることに注目してほしい。例をあげれば、最後通牒ゲームにおいて、過剰
に気前のよい（かつてインドネシアはラマレラ村の捕鯨民がそうだったと考えられている
（Alvard 2004））提案がなされたとして、それが優越感の表れと解釈された場合と、親切心による
ものと解釈された場合とでは、異なる反応を引き出すかもしれない。

5.2 ゲーム理論における帰結主義

　最終点帰結と包括的帰結——私の用語では、結果と帰結——を区別すること
は重要である。人々がゲームの木において、ある方針を、例えばある戦略を選
好する理由は、諸結果についての選好に起因するとはかぎらないからである。
例えば図5.1で示したようなゲーム形式で、ジルは自分の賞金が数ドル増えた
り減ったりすることよりも、ジャックに選んでもらうことの方をより希望する
かもしれない。これはセンが呼ぶところの「選択者依存性」の一例であり、セ
ンはここで、人々が互いに気を遣って、果物や居心地のよい椅子など、もし選
択を迫られていなかったら選好したはずなのに、その選択を避けるというよく
ある状況を記述している（Sen 1997b, pp. 747-751）。ジルも金銭的な帰結のた
めではなく、ジャックに選んでもらうために斜めを選ぶことは考えられる。

　ゲーム理論においては、ジルの戦略的な選択について、帰結主義的な説明も
予測もなされないが、このような例は容易に取り込むことができる。ゲーム理
論では、かりにジルにとってジャックに選んでもらうという欲求の方が優先さ
れるのであれば、2人は図5.2と同じゲームをプレイしているわけではない、
と分別をもって主張することも可能である。あるいはジャックが、ジルは自分
を信頼し慈悲を示してくれたのだろうと思い、返礼として右を選好する場合に
も同じことがいえる。ここでは、ジルの斜めという手にジャックがどんな説明
をつけるかが重要であることに注意してほしい。かりにジャックが、ジルが斜
めに進むのは好奇心ゆえだと思ったなら、ジルが信頼してくれているからだ、
気を遣ってくれているのだなどと信じている場合にくらべ、右に進む可能性は
低くなるかもしれない。むろん、このような検討を行なったからといって、戦
略の選択、例えばその選択の特色に関して、なにかしらそれ以外の帰結主義的
な説明ができなくなるわけではない。しかしゲーム理論を用いた戦略の導出は
もはや、帰結主義的な説明あるいは予測と呼べるものではなくなっている。

　もしもジルが横に進んだ理由が、ジャックに選択してもらいたいためだとす
れば、図5.2に記した効用は、包括的帰結をめぐるジルの選好に合致しないこ

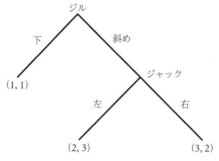

図5.3　同じ形式の別のゲーム

とになる。ジルが**斜め**を選好している以上、**斜め**に進んだときの包括的帰結では、ジルの効用を**下**に進んだ場合の結果よりも大きくしなくてはならない。ゲーム理論ではその結果、ジルとジャックは**図5.2**のようなゲームではなく、**図5.3**のようなゲームをプレイしているのだと主張することになる。

　図5.3では、ジャックが選択せざるをえなくなるように**斜め**に進むというジルの選好は、終端ノードに添えられた効用に組み込まれている。

5.3 デフォルト原則

　個人間の相互作用にゲーム理論をあてはめようと思えば、参加者たちの選好を読み解かねばならない。そのために経済学では、人々の選好が何に依存するかについての一般論を頼りにしている。これらの一般論は、選好形成に関する暗黙の理論となる。戦略的な状況における選好形成に関するモデルに関して、その唯一の一般原則を、私は「デフォルト［既定値］（報酬）原則」と呼んでいる。

　デフォルト原則　人が（包括的）**帰結**xを別の帰結yよりも選好する度合いは、xにかかわる**結果**（「最終点帰結」）x^*をyにかかわる結果y^*よりも選好する度合いと等しい。

　デフォルト原則は、解除可能な推定にすぎない。本章の最初の方で示した相互作用においては、結果はすべて金銭的なものであるとしたが、デフォルト原則はこの場合、次のように言い直すことができる。すなわち、さまざまな帰結をめぐるプレイヤーたちの選好は、もっぱら金銭的な事実のみに依存する、と。

　デフォルト原則は、あるプレイヤーの選好はすべてのプレイヤーの客観的な帰結に依存するということしか述べておらず、それは各自の**自分自身にとっての結果**だけで決まるとは言っていない。デフォルト原則は、互恵的利他主義や信頼性、あるいはセンの用語でいう「選択者依存性」や「メニュー依存性」などを除外しているものの、「純粋な」動機に基づく利他主義や、不平等忌避 の可能性を残している（Fehr and Schmidt 1999）。これらの動機には、ゲームの最終点結果だけでなく、もっと多くの情報が必要である。経済学者たちがとかく自己利益によらない選好を、義理がたいとか返礼を重視するなどと記述するよりも、利他的と記述する方を選好しがちなのも、一つにはそうすることでデフォルト原則を維持でき、説明や予測を行なう際に帰結主義的な戦略を保てるからであろう。

　ゲーム理論家たちは、デフォルト原則に惑わされて道をはずれてしまうことがある。結果以外のことがらも人々の行動に影響を与えうるからである。もしある戦略に信頼を裏切る要素が含まれていたら、プレイヤーによっては、それを理由にその戦略を拒絶するかもしれない。例えば**図5.1**のちょっとしたやりとりで、ジャックと同じ立場に立って、ジルが斜めに進んだのに応えて右を選ぶ人もいるかもしれない。人によっては、信頼を裏切ることも、（包括的）**帰結**の要素の一つに数えるに値すると考えるかもしれない。かりに効用を付与するのにこうした信頼の問題を反映できるよう手直しするなら、経済学者たちは引きつづき、戦略の選択を、包括的な諸帰結のあいだの選好と関連づけることができる。しかしそこから導出される諸々の事柄は、これらの選択を帰結主義的に説明したことにも予測したことにもならないだろう。

　いうまでもなくデフォルト原則は普遍の真理ではない。帰結をめぐる選好がいつでも結果をめぐる選好と一致するとはかぎらない。単純な選択であれば、

ジャックは自分が5ドル、相手が2ドルもらう方を、双方とも4ドルずつもら
うよりも選好する。しかしそのような選好をもちつつ、**図5.1**のやりとりで、
ジルが**斜め**を選んだらそれに応えて**右**を選好するのは、まったく不可能でもな
ければ不合理でもない。帰結をめぐる選好と結果をめぐる選好を区別しないか
ぎり、ゲーム理論の仮説からは、間違った予測とまずい助言が出てくることに
なる。だから経済学者は、デフォルト原則のせいで道に迷う可能性を認識して
おかねばならない。デフォルト原則が行き詰まったとき、帰結主義は、説明や
予測の戦略として役に立たないかもしれない——もっとも、報酬（包括的帰結
をめぐるプレイヤーたちの選好）を調整すれば、まだこの原則を確証できるよう
にみえるかもしれないが。

　デフォルト原則は、人々がプレイしているゲームを明確にするためにもゲー
ム理論を応用するためにも必要でありながら、まだ承認されていない、しかも
かなり未熟な、選好形成の理論のごく一部分にあたる。この未承認の理論は、
ゲーム理論の応用に不可欠だが、ゲーム理論そのものの一部とみなされてはい
ない。そこにはデフォルト原則以外にほかの一般原則はないが、結果以外に帰
結をめぐる選好に影響を与えるような要素を考慮に入れられるよう、デフォル
ト原則を手直しする方法が何度か提案されてはきた。返礼が効用に影響するこ
とを計算に入れようというマシュー・ラビンによる提案がその一例である
（Rabin 1993）。

　デフォルト原則もその改訂版も、現在のゲーム理論そのものの内容には含ま
れていない。ゲーム理論は、包括的帰結が特定された**後**の続きを引き受けるも
のだからだ。ゲーム理論は、戦略的な相互作用を扱う一理論の一部にすぎず、
複数の包括的帰結のあいだでの選好がすでに決定していることを前提にしてい
る。包括的帰結のあいだでの選好を決めるものについての記述も、経済学に含
まれてしかるべきなのだが、その部分はまだ正式にも明確にも概念化されては
いない。

　図5.3のように特定化を行なったのだから、どの戦略なら合理的に弁護可能
なのかはゲーム理論でも決定できる。ジルにとっては**斜め**が**下**より優位である

ことも、その場合のジャックは**左**を**右**よりも選好することも、指摘することが可能だ。そこには、（包括的な）帰結をめぐる選好から導かれるナッシュ均衡となる戦略の組が一つ存在しており、それは明らかに帰結主義と適合している。なるほどジルは、**結果**の組であれば ｛４ドル，２ドル｝ を ｛２ドル，５ドル｝ よりも選好するかもしれないが、**図5.1**のゲーム形式における**帰結**についての彼女の選好は、デフォルト原則が予測するとおりにはならない。というのもその選好は、ジャックに選択を委ねたいというジルの欲求を反映するからである。

　図5.3で示したようなゲームの分析は、どこからみても正統〔オーソドクス〕なものだが、ゲーム理論はまだほとんど研究を進めていない。**斜め**を選びたいというジルの選好を知れば、ゲーム理論家たちはゲーム理論を機能させるために、結果に割りふる効用の値を調整して、ジルが**斜め**に進むと含意するようにするだろう。**ゲーム**の分析にあたっては、結果をめぐる選好から戦略の選択を導き出すが、これでは現実が部分的に逆さまになっている。ジルの選択は、ジャックに選択を委ねたいという欲求によってあらかじめ決まっている。この事実は、包括的帰結をめぐる選好のなかに埋め込むことが可能であり、そうすれば合理性の原理としての帰結主義は守られる。しかしこの場合、帰結をめぐる選好は、戦略をめぐる選好に因果的に先行してはいない。これらの報酬は、それを割りふる過程やそれが何に依存するかについてゲーム理論がなにも語っていないという意味においてのみ、所与であったり先行したりするにすぎない。

　この例でみてきたように、報酬は、戦略をめぐる選好に因果的に依存しているのであって認識的に依存しているのではない。この例だと、報酬をめぐる選好が戦略をめぐる選好を説明しない理由は、前者が後者から独立して知ることができないからではない。たしかに、諸結果をめぐる選好からプレイヤーの諸選好を読みとるわけにはいかないため、プレイヤーたちの選好は知るのが大変だという認識上の困難はある。しかしこの認識的な困難は、因果関係の複雑さというもっと根源的な問題に由来している。人々の選好を知り、相互作用をゲームとしてモデル化するという課題は困難なこともあるが、これはそもそも、結果をめぐる選好はときとしてそのゲーム形式における結果以外の要素にも因

果的に依存しうるという、認識がどうあろうと変わらない事実に由来している。

　デフォルト原則が通用する場合には、ゲーム理論で得られる説明、予測、助言の構造は揺るがないし、ゲーム理論を適用する可能性にも問題はない。結果をめぐる選好は帰結をめぐる選好に因果的に先行し、ゲーム理論は戦略の選択について、形式においても実際においても、帰結主義的な説明を提供する。デフォルト原則が通用する領域は十分広いので、ゲーム理論は十分に有用である。これに対してデフォルト原則が通用しない場合には、諸々の帰結に対する選好は、ゲーム理論がそれを引き継いで外生的なものとして扱う前に、決定されなければならない。そうすることによって、戦略の選択について帰結主義的に決定するという体裁を整えることができるだろう。

5.4 結論：帰結主義の帰結

　現在受け入れられている考え方では、選好とは「所与の」出発点なのだから経済学者はなにも言えないし、言うべきでもないとされているが、これは、デフォルト原則が通用する（そして諸帰結についての選好が所与である）状況においても、デフォルト原則が誤っていて諸帰結についての選好を決定する必要がある状況においても、誤解をまねく考え方である。デフォルト原則が通用するとき、ゲーム理論は、期待効用理論であればなおさら、賭博についての選好を説明する理論として、あるいは結果をめぐる事前の選好という観点でいえば、戦略についての選好を説明する理論として、機能しうる。デフォルト原則が役に立たない場合、期待効用理論はたんに選好を表現するにすぎないという従来の考え方がより正当にみえるかもしれない。というのも、選択の直接的対象についての選好が、諸結果についての選好や主観的確率に起因するのだという因果を述べる単純な筋書きが存在しないからである。しかし同時に、包括的帰結をめぐる選好の由来を、人々が戦略や行為、結末などを選好するさまざまな理由に求めようという別の（明示的な理論をもたない）企てもある。

　どちらの場合にも、選択を予測する、選択を説明する、あるいは選択に対し

て助言を与える自明でないモデルを提供するためには、経済学者たちはこれら
の選択についての選好が何に依存するのかを示さなくてはならないし、それゆ
えその選好の形成についての仮説を提示しなくてはならない。帰結主義が提供
するのは、行為者の選好を経済学者たちが書き込んでいくための一つの枠組み
である。それは、標準モデルが採用している枠組みであり、デフォルト原則が
通用するかぎりにおいては、帰結主義による記述は単純明快である。デフォル
ト原則が通用しない場合、ゲーム理論も期待効用理論もなお、複数の行為の
あいだの選好と、各行為の特質や帰結のあいだの選好とを関連づけなくてはなら
ない。しかしデフォルト原則が与えてくれる経験的な決定性なしには、このよ
うに関連づけたところで、選択についての自明ではない予測や説明はかなわな
いかもしれない。

　選好形成について、ゲーム理論の内部で明示的に登場する説明といえば、さ
まざまな戦略についての選好が、諸々の帰結や相互作用の構造をめぐる選好に
いかに依存するかについての説明であるが、戦略的な相互作用に関心を寄せる
人であれば、包括的帰結が何によって形づくられるのかも理解しておく必要が
ある。これを理解するのは経済学者の責務である。ゲーム理論は、戦略的相互
作用の理論において重要な一部分であるが、やはり一部分でしかない。経済学
者は、選好の形成をめぐる課題にも取り組むほかはないのである。

第6章
制約と選好に反する選択

　第4章と第5章で私は、選好とは総主観的比較評価——評価にあたって検討すべき点はもれなく反映し、信念とあわさって選択を決定する順位づけ——であるとする考え方に依拠した、帰結主義的な説明や予測について、一つの見解を展開した。選好について、また選好が説明や予測に果たす役割についてのこの見方は、主流派経済学の慣例的な実践において優位を占めている。説明したり予測したりするにあたって、帰結主義は分別のある戦略である。

　説明や予測にこのアプローチをとる場合、人々の行為に影響する数々の要因——計画にかんしゃく、思いつきに願望、嗜好に誘惑——のすべては、行為者の選好と信念の**内部**に収まらねばならない。これまで私は、経済学者たちは選択をこのように理解しているし、それは妥当な手続きであると主張してきた。

　しかしアマルティア・センの意見はちがう。行為に関係のある要素を、なんでも信念と選好に押し込まない方がよい、というのがセンの主張だ。この批判に応じるにあたり、私は、経済学者たちが人間行動を研究するための唯一の分別ある方法にしがみついていると言うつもりはない。選択に影響を与える諸要因を説明する方法はほかにもあり、それぞれの説明に利点がある。経済学者たちは、行動を説明し予測するのに有効な方法を一つ練りあげてきたが、それは唯一の有効な方法ではない。さらに、経済学者たちが用いる全般的戦略に対するこの擁護は条件つきのものであり、これについては第Ⅲ部で再度論じる予定だ。とりわけ私が主張したいのは、選好がいかに形成され、修正されるかについて経済学者たちはもっと発言すべしということである。

6.1 共感とコミットメント

　センは「『選好』（あるいは用途の広い『効用関数』）を人間の感情^{フィーリング}、価値、優越性、選択やほかの多くの異なる目的すべてを含む保管場所のようなものにしてしまう共通の傾向」に対して批判的である（Sen 1991a, p. 589 ＝ 2014年、217頁）。この慣行は、異なる概念を融合させており、あるべき区別ができていない、とセンは考える。

> そこでは人間は**単一の**選好順序をもつと想定され、必要が生じたときにはその選好順序が、彼の利害関心を反映し、彼の厚生を表し、何をなすべきかについての彼の考えを要約的に示し、そして彼の実際の選択と行動とを描写するのだと考えられている。たった一つの選好順序だけをもってはたしてこれだけのことができるだろうか。確かに、そのようにして人間は、その選択行動において矛盾を顕示しないという限定的な意味で「合理的」と呼ばれるかもしれない。しかしもしその人が〔選好、選択、利益、厚生といった〕まったく異なる諸概念の区別を問題にしないのであれば、その人はいささか愚かであるに違いない。（Sen 1977, pp. 335-336 ／ 1982 ＝ 1989年、145-146頁）

　厚生についての疑問は第7章で扱うのでここではおくとして、1人の行為者にとっての複数の利害を反映する一つの序列づけを採用することで、何をなすべきかというその行為者の考えを集約し、その人がどうするかを説明し、予測することのなにがいけないのだろうか。

　センは選択に影響を与える要因の多彩さ、人々がなす選択の多彩さに感服する。同じ人物が仕事では冷血だが家では子ども思いで、投票行動はリベラルだがクラブでは人種差別をし、あるときは公共心にあふれ、別のときには信心深く、昼食前には道義を重んじ、夕食がすむと悪意に満ちている理由は、1組の検討項目によっては説明できない。人間の行動を一定程度まで説明したければ、

経済学者たちは最低限、彼がいうところの「共感」と「コミットメント」の存在を認めるくらいはすべし、というのがセンの主張である。共感とは「他者への関心が直接に己れの厚生に影響を及ぼす場合」に成立するものである（Sen 1977, p. 326 ／ 1982 ＝ 1989 年、133 頁）。したがって共感と期待便益とは両立可能である。（センの理解による）共感から行為を行なうのに、自己犠牲は必要とされない。コミットメントはこれとは対照的に、非－利己的なものであり（*ibid.*, pp. 326-327）、（少なくとも期待された便益（advantage）という意味においては）**選好に反する**ものである（*ibid.*, p. 327）。「もし他人の苦悩を知ったことによってあなた自身が具合悪くなるとすれば、それは共感の一ケースである。他方、もし他人の苦悩を知ったことによってあなたの個人的な境遇が悪化したとは感じられないけれども、しかしあなたは他人が苦しむのを不正なことと考え、それをやめさせるために何かをする用意があるとすれば、それはコミットメントの一ケースである」（*ibid.*, p. 326 ／ 1982 ＝ 1989 年、133 頁）。

　共感とは、他者にとっての便益や損害が自己利益からみた選好の内部に位置づけられる様式である。それは、期待された便益（advantage）の源の多くが、他者がからむ状態であるという事実から生じる。共感がなんでも前向きのものとはかぎらない。ジャックは仲良しのジルが野望を達成した方が愉快かもしれないが、その一方で、ライバルであるザカリーの羽振りがいいと落ち込むかもしれない。こうした愉快さや落ち込みの予想がジャックの選好に影響を与えるとき、彼の選好は、センが「共感」と呼ぶものに影響を受けている。センのいう意味での共感の存在を認めれば、他者を助けたり害したりを目的とする行動を、人はひたすら自分の便益（advantage）への関心によってのみ支配されるとするモデルに適合させることが可能になる。

　便益の期待に動機づけられていない行為、便益以外のなにか（他者を利したり害したりすることも含まれる）を目的とする行為は、共感ではなく、センがいうところの「コミットメント」に相当する。共感は、利他的なものではない。ジルが x を行なうのが共感に該当するのなら、ジルは x を行なえば便益を得るという期待によって動機づけられているはずである。場合によっては、ジルは

ある行為による便益を予測はしていても、それが動機になっていないこともありうる (*ibid.*, p. 327)。その場合は、ジルはコミットメントゆえに行為を行なっていることになる。この場合ジルは、自身の便益をまったく予測できなくとも、変わらず同じ行為を遂行していたはずだ。共感とコミットメントの違いは、行為を動機づけるのがなにかという点にある。コミットメントも共感と同様、どれもが前向きとはかぎらない。利他主義も意地の悪さも、どちらもコミットメントをともなう。

　これまで私が説いてきたとおり、選好とは総主観的比較評価であると解釈するなら、制約と信念以外でジルの選択に影響するものはなんであれ、彼女の選好を介して影響することになる。かりに経済学者が選好は総序列づけであり選択を決定するものであると解釈するなら、選択は選好に反することはできない。コミットメントを（総主観序列づけとしての）選好と調和すると解釈したところで、共感とコミットメントの区別が崩壊することはない。自身の選好に基づく行為といっても、そこでは選好の内容についてなにも含意されてはいない。例えば、ジルは、自分のために iPod を買うかわりに、150 ドルを慈善団体に寄付したとする。この行為が彼女の選好と調和しているなら、ジルは寄付することを選好していることになる。しかしジルの選好は、彼女が寄付行為から iPod が与えてくれるのを上回る便益を期待していることを含意しない。もちろん、ジルも期待便益に動機づけられている可能性がないわけではない。例えば、自分の寄付がなした貢献を思い浮かべれば、音楽を聴くより大きい満足を得られると予期していた場合などがそれにあたる。この場合、ジルの行為は共感の一例である。一方、ジルの動機は、本人の利害と関係がないかもしれない。その場合、彼女の寄付は——意図的な行為がすべてそうであるのと同様に、当人の選好と一致しているとはいえ——コミットメントの事例に該当する。実行された行為が、ほかのあらゆる行為と同様に（総序列づけとしての）選好と合致するからといって、それが行為者自らの便益を意図したものであることを含意するわけではない。

　センのあげた例から示唆されるのは、コミットメントは原則への忠実さを含

んでいるため、センによる共感とコミットメントの区別は、ともすれば誤って、他者への配慮に動機づけられた行為と原則への忠実さに動機づけられた行為との対比と同一化されやすいということである（ただし Anderson 2001, p. 22f を参照）。この同一化は、二つの理由で間違っている。第一に、センの主張では、共感は、選択者にとっての期待便益に動機づけられていなくてはならない［が、他者への配慮は必ずしもそうではない］。第二に、センは、自らが「コミットメント」と呼ぶものを、原則が選択を司るケースのみに明示的に限定したわけではない。コミットメントを原則ゆえの行為に限定するつもりがあろうとなかろうと、センはコミットメントを、自己利益に基づかない動機なら**どのようなものでも**含むと定義している。

6.2 コミットメントと選好に反する選択

　のちの研究において、センは選好に反する選択の可能性をより強く主張するようになった。彼は三つのテーゼを分類し、人々の選好を、もっぱら自身の便益（advantage）ばかりを考えることと同一視できるのは、これらが重なった場合であるとしている。

1. 「自己中心的厚生」（その人の厚生は、他者の便益にも危害にも依存しない）
2. 「自己厚生目標」（複数ある選択肢のあいだでのある人の選好が、各選択肢が当人の厚生に及ぼすと期待される結果のみに依存する）
3. 「自己目標選択」（ある人の選択は、当人の目標のみに依存する）

　　　　　　　　　　　　（Sen 1985a, pp. 213-214; 1987a, p. 80 ＝ 2016 年）

続けてセンは次のように述べ、そこでこの区別を用いている。

　　共感は、とくに、自己中心的厚生を侵害するが、コミットメントに関して

はこれだけが唯一の解釈であるわけではない。それは、当然ながら、自己厚生目標が侵害されていることを反映しうる。その人自身が影響をこうむることがないにもかかわらず他者の困窮を取り除く手助けをする人の事例をこのように解釈することは、きわめてまっとうなものだ。さらに、コミットメントは自己目標選択の侵害をともないうる。**なぜなら、自己厚生からの乖離が起こったのは（例えば、特定の行動ルールに従うことに賛成して）自分自身の目標の追求に自ら制約したためであるかもしれないからである。**
(Sen 1985a, p. 214 ／ 2002 = 2014年、219-220頁［強調は引用者］)

　ジャックのコミットメントが自己厚生目標としか衝突しないなら、彼の選択は依然として当人の選好によって決定されている。それはたんに、ジャックの選好がつねに自身の便益（advantage）に向けられているわけではないというだけのことだ。ところがコミットメントが「自己目標選択」と衝突するとなると、ジャック自身が「自分自身の目標の追求に自ら制約した」ことにより、彼の目標を最も満たすわけではない選択肢を選ぶことになる。選好に反する選択の理解としては、こちらの方がはるかに強力である。
　センは「選好」ではなく「目標」という用語を使っているが、目標は選好と同じものではない。例えば目標は選好とちがい、必ずしも比較を含まない。ということは、センの主張を、コミットメントのせいで総主観序列づけとしての選好と相容れない選択につながりうると解釈するのは誤りかもしれない。もしもセンのいう「目標」がたんに総序列づけを決定する諸要因の、ある部分集合を指しているのなら、「（例えば、特定の行動ルールに従うことに賛成して）自分自身の目標の追求に自ら制約した」ことも、選好に影響するほかの要素と解釈できないこともない。ところがセンの解釈する目標は、きわめて広範な検討項目を包含している。例をあげると、彼は目標について「道徳的なものがあればそれを含めた」と記している（Sen 1987a, p. 81 = 2016年、118頁）。ここでは探究の都合上、かりにセンの主張を、コミットメントは総比較評価としての選好と相容れない行為につながりうるという意味に解釈してみよう。これに続く議

論はこの解釈を支持するものである。

6.3 制約と選好に反する選択

ジャックの合理的選択が本人の総主観序列づけに反するなどということが、どのように起こりうるのだろうか。経済学者たちは説明や予測に用いるモデルを、選好に反する選択も取り込めるよう手直しすべきだろうか。第一の問いに答えてセンは、コミットメントは選択に制約を課すことがあり、それは物理的な事実が制約になるのと同様だと論じている。ジャックは x を y よりも選好しながらも、それを自分に選択可能な選択肢の集合から除外してしまったために選択しないかもしれないというのだ。

センはそのたとえとして、飛行機に乗って隣の席の乗客がくだらないコンピューターゲームで遊べるように窓の日よけを閉めるという例をあげている。

> あなたは自分の選択をどう説明するのか。あなたは隣の人が——あるいは、どんな人であれ——その人の**ウェルビーイング**を追求するのに協力したくないわけではないが、一方で、隣の人のウェルビーイング増進のための最善の道は、くだらないゲームに時間を浪費すること——言い換えれば自分がその浪費に協力すること——ではないと考えているという状況は、なんら理解しがたいものではない。(Sen 2007, pp. 348–349)
>
> しかし、ここでの自己目標選択への侵害が発生するのは、われわれがときとして、他者の探求や目標を認識したことから進んで自分自身に課す規範的制約によるものであって、なにもその人の探求や目標を自分の目標にしたわけではない。(*ibid.*, pp. 353–354)

センの考えでは、自己制約は、ジャックの選好とジャックの行為のあいだに裂け目をもたらしうる。彼は、経済学者たちは人が自らに課す制約をこのようにモデル化すべきであって、選好を決定する諸要因の一つとして位置づけるの

ではよくないと説く。なぜなら人が自らに課す制約が選択に影響する道すじは、欲求や嫌悪、気まぐれや願望の影響とはちがうからだという。コミットメントをそのまま制約としてモデル化すれば、人々が各自の選好ゆえにとる（あるいはとらない）行為と、自分の希望がどうであれ除外する行為を区別することができる。例として、人が犯罪に手を染めない理由を考えてみよう。場合によっては、それはたんに本人が実行しないことを選好したためである。平然と盗みをするベテランのスリでも、今は金がたくさんあるとか、ふとカモが気の毒になったとかで、簡単に盗めそうな獲物を見送ることもあるだろう。また別の場合には、その人にとって犯罪など考えるのもごめんだからということもある。ジャックがバスに乗っていたらほかの乗客のポケットから分厚い札束が落ちるのが見えたとして、今どれほど金に困っていようと、また人に見られる可能性をどれくらいと見積もろうと関係なく、くすねるなど思いもよらなかったとしよう。この場合、盗みは選択肢の一つではない。経済学者たちは暗黙のうちにこの区別を認識している。消費者選択理論における予算集合の定義をみても、ほとんどのモデルでは、人々が購入できる商品の束だけを含めており、盗めるものも含むようにはなっていない。物を盗むことも不可能ではないのだから、予算集合に対するこの制約は、いくぶんかは当人が自身に課したものといえる。制約は、ある選択肢を除外するのであって、その選択肢に賛成したり反対したりする意見の比重を増減するわけではない。本人が自分自身に課す制約を選好に影響を与える諸要因とは別ものとして扱うことには、このような優位性があるが、それは決め手になるほどではない。というのも、自分で課す制約なら違反することも不可能ではないのだから、どんな場合に違反するかを行為者がどのように決めているかについてもなにか言うべきことがあるはずである。

　自分で課した制約ゆえに行なわれた選好に反する選択を別枠にすべし、というセンの提案は、二つの重大な困難に直面する。第一に、ひとり意志のはたらきのみによって自らの選択に制約を課すという発想は逆説的にみえる。人はときに、ある特定の選択に物理的な障壁を設定することで自分の行為に制約を課すことがある。例えば嗜癖をコントロールすべく施設に入所するのがそれにあ

たる。しかしセンが想定するのは、純粋に心理的な制約であり、当人が特定の選択肢をひたすら除外するというものだ。一部の選択肢を除外したジャックは、それらを選択することを防ぐものは自分自身の意志以外なにもないことを承知している。こんなことでジャックは、除外した選択肢が選択**不可能**だなどとどうして信じることができようか。それよりも、自ら課した制約も選好の特徴としてモデル化する方が素直ではないだろうか。ブラットマンも示しているとおり（Bratman 1987, pp. 5f＝1994年）、この反対意見——それは、意図についての諸理論にも同様に向けることができる——に対抗することも可能ではあるが、しかし行動というものを、制約と信念と選好［の三つ］によって決定されるとモデル化する場合は、そのかぎりではない。

　第二に、そしてこちらの方が重大なのだが、コミットメントを自分自身に課した制約と解釈したところで、選好に反する選択が可能になるしくみを示すことはできない。この解釈でわかるのはたんに、選択がときとして、あたかも選好に反するかのように誤認されるということである。例えば、ジルはセンが飛行機の窓の日よけを下すところを見たとしよう。しかしジルは、センならば本来は日よけを開けておく方を選好すると知っており、この行為はセンの自己目標となる選択に反すると結論づけたとしよう。ところが実際には、どの選択肢を選択可能とするかについて、センは自分に制約を課したのであり、センは自分が最も選好するものを選択したことになる。この状況は、ジャックが本当は安閑とアパートにとどまることを選好するだろうに、窓から飛び降りたその理由が、火災ゆえにアパートで安全に過ごす可能性も階段を通って逃げる可能性も除外されたからだった場合に似ている。実行可能な選択肢——飛び降りるか、煙に巻かれて倒れるか——のなかからジャックが選ぶのは、最も選好する選択肢である。同様に、日よけを開けたままにする可能性が礼儀正しくあれという規範によって除外されるなら、日よけを閉める行為は自己目標選択に違反していない。ジルの目にはそれが違反に見えるのは、実行可能な選択肢の集合を彼女が誤認したせいである。

　選好に反する選択なるものが意味をなすためには、選好を総比較評価とする

解釈を退けなくてはならない。けれども選択の標準モデルの許す範囲では、コミットメントは、選好に影響を与えることを介して選択に影響を与えるものとして、あるいはセンが提唱するように制約を変更するものとして、モデルに組み入れることができる。私の考えでは、コミットメントも選好を決定する諸要因の一部をなすと解釈した方が全般的にすっきりしているし、素直なように思う。

6.4 選好の概念は複数あるのか、一つだけなのか

センの関心の根底にあるのは、経済学者たちに、合理的選択に関してより精緻な考察を促すことである（とりわけ Sen 1985b および Sen 2002 = 2014 年の序文を参照）。彼が批判しているのは、意思決定者たちのことを、実行可能な選択肢のなかから自身の考えた期待便益と合致する最終的選好の集合をどこへでも持ち歩き、ひたすら序列の一番上にある選択肢を選ぶだけの合理的な愚か者とみなす考え方である。アラン・ギバードも同様の主張をしている。

> 選好を心理学的な説明の概念として用いるなら、意思決定の理論家たちによる選好の記述のしかたでは、あまりうまくいかないかもしれない。動機にはさまざまな種類がある。情動に根ざすものもあれば、渇望や本能的欲求によるもの、自尊心を保つためのもの、置かれた環境における対人的プレッシャーによるもの、規範に合わせるためのものもあるだろう。人間の動機についてのすぐれた心理学は、おそらくこのリストを拡張したり修正したりするだろう。(Gibbard 1998, p. 250)

選択肢を評価する方法はたくさんあるのだから、選好の理解もたくさんあることを経済学者たちは認識すべきだとセンは主張する。

私のように、経済学で採用すべき選好の考え方はただ一つ、総主観的比較評価だと信じる人々はセンに同意しないわけであるが、その違いは、人間の動機

づけにどこまで微妙な差異を認めるかという点や、動機づけの複雑さをどうモデル化するかという点にかかわる。経済学者たちのなかには一部、人間はそこまで複雑ではないとか、経済学では複雑な部分を無視しても差しつかえはないなどと説く人もいる。さすがに富以外にまったく興味はないとまで言う人はほとんどいないものの、少なからぬ経済学者が、人々の選択はある重要ないくつかの領域において、例えば期待される金銭的利益といったなんらかの単一の検討項目に支配されるか、あるいはそれとかなり正確な近似になると主張してきた。ということは、センへの返答の一つは、人間は合理的な愚か者なのだとの主張である。

　これは私の考えとはちがう。人間の動機づけは非常に複雑だという点で私はセンに賛成だが、それをどうモデル化すべきかをめぐっては賛成しない。この複雑さを捉えるために選好の概念を複数持ち出すのでも、選好という観点から理論化するのをやめるのでもなく、選好に影響を与える諸要因のうちのいくつかについては精緻な記述を行なうべきだというのが私の提案である。人はあるものについては期待便益ゆえに選好するし、別のものについては特定の性質を理由に、あるいはほかの人々に対する情動的な反応として、ときには主観的規範を遵守するため、ものによってはたんなる癖でもって選好する。その文脈と対象によって、選好に影響する要因は単純なこともあれば複雑なこともある。複数の選択肢を前に、ある完備で推移的で安定な序列づけに依拠したからといって、人はそれだけで合理的な愚か者になりはしない。かりにその序列づけが比較に必要なすべての基準を適切に反映しているのなら、それがもたらすのは賢明な行為であり、愚かな行為ではない。私の考えでは、センが選好の概念は多数あるのだと主張するもととなったのと同じ懸念が、複数と考えるどころか選好を総主観序列づけとみなしつつ、同時に、選好が期待された便益（advantage）や道徳的コミットメント、そのほか数ある評価軸のいずれともはっきりと区別されることを正当化してくれるのだ。

　経済学者たちのなかには、研究の分業を持ち出す人も多くいるだろう。人々が総主観序列づけをいかに形成し、修正しているかについては、心理学や社会

学や哲学が研究し、経済学では、これらの序列づけが期待や制約と組み合わさったときに起こる選択の結果を探究する、という考え方である。しかし選好を総序列づけと解釈することは、経済学者がその序列づけの成り立ちや更新に関心をもつべきではないということを含意しない。人々が数ある選択肢に総主観序列づけを行なっていることにするのは、力ずくの理想化であり、それがあてはまらない文脈もたくさんある。この序列づけの由来を考えないことには、こうした理想化がどんなときに使えてどんなときに使えないかを知ることはできない。また、信念や状況が変われば、選好や行為にどのように影響するかもわからない。使う用語こそちがうけれども、センが述べるように、行為者たちがその選好をいかに形成し、修正するかを理解するという作業は、経済学から排除されるべきではない。

　選好を期待された便益（advantage）や選択とする解釈に加え、センは経済学者たちが選好を「精神的な満足」「願望」「価値」などに言及するために用いてきたと主張している（Sen 1997a, p. 303 ／ 2002 ＝ 2014年、上312頁）*1。さらに続けてセンは「人間を特徴づける際にこれらの区分を回避すると、結果として人間を『合理的な愚か者』とみなすことにつながる。合理的な愚か者とは、ものごとの区別ができずひとまとめにしてしまう思考者であり、（中略）万能のたったひとつの選好順序を選択する。（中略）経済的な事柄に関してでさえも、人間行動についての理論はそれよりもずっと複雑な構造とずっと多くの区分が必要なのである」と説いている（ibid., p. 304 ＝同、同頁）。

　「経済的な事柄に関してでさえも、人間行動についての理論はそれよりもずっと複雑な構造とずっと多くの区分が必要である」とセンが主張するのは正しい。しかしそれは、人間行動についての理論には**選好**について多様な考え方が必要だからではない。選択に影響を与える多くの要因を区別しなければというセンの懸念には少なくとも、（総主観的比較評価としての）選好と、選好を形づくる多くの要素との**あいだ**に、はっきりと区別をつけることによって対処でき

---

*1　そして、しばしば選好の指標と解釈される効用には、さらに幅広い語義がある。Sen（1987b, pp. 5-7）およびSen（1991b）を参照。

る。悪意と善意と自己利益は、人間を動機づける重要な3要素である。なにも
この三つを選好の概念に入れなくとも、他者を害したい、利したい、自己を利
したいと欲することと、これらの欲求をその他の検討項目とともに勘案して生
じる選好との**あいだに**区別をつけることはできる。行為者が現状をどう評価す
るかを説明したり予測したりできると称する理論なら、例えば価値観とたんな
る嗜好、長期計画と内面化された規範、あるいは互恵と信頼などを弁別できる
必要がある。これらは選好の原因となる諸要因が異なるということであって、
選好概念の捉え方において異なるとみるべきではない。

　このように捉えることで、選好を総主観序列づけと考える人たちも、合理的
選択の複雑さをめぐるセンの懸念に対処することができる。それにしても、な
ぜ選好については、センがしきりに促すようにたくさんの理解を認めるのでは
なく、（私が説くように）総比較評価という単一の理解を受け入れる方がよいの
だろうか。経済学者たちが「選好」とは幾重にも多義的だと考えるか、それと
も「選好」を総主観序列づけと解釈して、センがその他の理解と解釈したもの
どもに別の名称を与えるかは、そんなに大切なのだろうか。

　経済学者たちがセンの助言を退けて、総比較評価という単一の考え方を採用
すべき理由は四つある。第一に、選択の序列づけ、期待された便益
（advantage）の序列づけ、仮想的な選択の序列づけ、「精神的な充足」「価値」
「嗜好」「原則以外で動機づけになるすべての検討事項」、および「総主観序列
づけ」を、選好の八つの異なる理解とみなしたのでは、センが批判してきた混
乱をかえって固定化しかねない。これらの区別をはっきりさせたいなら、別々
の用語を用いるべきである。これら八つの概念のうち、最後の一つのために
「選好」という用語を確保しておくことを正当とする理由は、それが経済学の
慣行に合致していることである。

　第二に、これらの序列づけを同じ選好という語の別の理解とみなしたのでは、
選好を決定するのは何なのかという問いを投げかけることが難しくなる。総主
観的比較評価という概念が選好の概念として最適な理由はまさしく、なにが選
好に影響するのかをアプリオリには設定しないことだ。経済学者たちは選好を

総序列づけとして扱うことによって、「選好」という言葉のこの用法を、選好がなにに依存するかについてのあまたある見解から分離することができる。

　第三に、「選好」の理解とされたもののなかには、この言葉の日常用語としての解釈と相反するものもある[*2]。日常の用法は絶対ではないし、それどころか私が擁護するような経済学における解釈にも通常の用法との摩擦はある。しかし大枠だけでも日常の用法にあわせるようにすれば誤解を避けやすい。選好を総比較評価を含意するものと解釈するのは、日常用語としての選好の（総括的比較評価という）考え方を、経済学や意思決定論の目的にかなうように穏当に拡張したものである。

　最後に、これは次の項で論じる予定だが、ゲーム理論や期待効用理論が予測や説明の役割を果たせるのは、選好の理解を総主観的比較評価とした場合にかぎられる。

6.5 ゲーム理論と選好に反する選択

　経済学で考えるような合理的選択はときとして、心底愚かにみえる。センの主張では（私に言わせれば間違っているのだが）、そんな例の一つが囚人のジレンマゲームであり、比較のための検討項目をなんでもかんでも選好の内部に組み込むのをやめれば、もっと妥当な解釈があるというのだ。この例を精査すれば、センの立場もよりよく理解できるし、彼の懸念が、私の唱えてきた単一の選好観によって対処できることも理解してもらえるだろう。

　標準形が**図6.1**のようになる相互作用を考えてみよう。二つ組になっている数字の左は、その戦略の組み合わせになったときの縦方向のプレイヤー（ジル）の報酬、右の数字は横方向のプレイヤー（ジャック）の報酬をドルで表している。

　＊2　この主張は条件つきである。人の選好はつねにその人の自己利益で決まると信じている人は多いし、人間の行動はなんであろうと予期された快楽が理由だという心理的快楽主義の見解を抱いている人もたくさんいるからである。しかしこれらの誤った選好観は、いくつかのよく知られた哲学的誤謬に拠るものだ。日常の用法が混乱している場合には、それに従う利点はない。

　ゲーム形式は共有知識であると仮定しよう。各プレイヤーは、相手がどう出るかにかかわりなく、自分は戦略D（離反）を選んだ方が戦略C（協力）よりも金銭的利得は大きくなると予想しており、そしてそれは正しい（両者は同時に──相手の手を知ることなく──プレイし、どちらも相手の選択に影響を与えることはできない）。ところが、両者ともにDを選んだ場合には、2人とも、両者がCを選んだ場合よりももらえる額は少なくなってしまう。ただし**図6.1**は、ゲームを描いたことにはならない。定義上、それぞれの結果に選好を割り当てるまでは、ゲームを特定化したことにはならないからである。

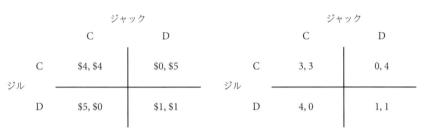

図6.1　囚人のジレンマのゲーム形式　　　　図6.2　囚人のジレンマゲーム

　これに加えて、**かりに**各プレイヤーが自分の金銭的利得にしか関心がなく、しかもそのことが共有知識であるなら、**図6.2**のような囚人のジレンマゲームを描くことができる。**図6.2**は、ある完備情報ゲームの標準形である。完備情報ゲームでは、戦略の選択肢、それぞれの結果、そしてプレイヤーの選好（効用）が共有知識となる。Dは両方のプレイヤーにとって狭義の支配戦略である──つまり両者とも、相手方の選択がどうであろうとCよりDを選んだ方が有利になる。ところが両者がそろってDを選ぶと、そろってCを選んだ場合よりも悪い結果となる。

　このような結果は逆説的だと誤って信じている人は多い[*3]。「そろってCを選べば2人とも得をするのに、Dを選ぶのが合理的なんてことがあるものか」というわけだ。こうして少なからぬ人々がDではなくCを選ぶのが合理的だと主張するし、実験の場では協力する人が意外に多いこともあって、そうした

協力的な被験者たちが、非常に合理的であるとみなされるゲーム理論家たちの鼻を明かしていると考える。しかし、2人そろってCを選んだ方がそろってDを選ぶよりもジャックが得をする理由は、ジルのCという選択が彼の得になるからであることに気をつけてほしい。ジャック自身の選好という観点から見るなら、Cを選べばかならず結果は悪くなるのだ。これは1回かぎりのゲームで評判や返礼の出る幕がなく、相手の行動に影響を与える手段もないため、ジャックもジルもCを選べば、つねに相手に得をさせつつ自分自身に損害を与えることになる。表に記された数字が2人にとって、数ある結果についての総序列づけの正確な指標であるなら、それぞれがDを選ぶのは当然である。2人の災難は、このように仕組まれた相互作用のなかでペアにされたせいなのだ。

＊3　これとは対照的に、有限回反復される囚人のジレンマゲーム、別名ムカデゲームを分析するのに後ろ向き帰納法を用いると出てくる考え方は、不合理だと言ってよさそうである。ムカデ形の相互作用の一例として、テーブルの中央に4ドルが置かれていると仮定しよう。先手のジャックが選べるのは、共有の資金の3/4（3ドル）を取って後手のメアリーに1ドルを残しておくか、パスかのいずれかである。ジャックが3ドルを取るとそこでゲームは終了する。プレイヤーがパスするたびに、テーブルに積まれた金は2倍になる。2回目でメアリーは、6ドルを取ってジャックに2ドルを残すこともできるし、パスしてもよい。3回目でジャックは、12ドルを取ってメアリーに4ドルを残してもよいし、パスしてもよい。ゲームは10回で終了する。最終回では、テーブルに2,048ドルが積まれていることになるが、もしメアリーが3/4を取らなかったら賞金は等分される。

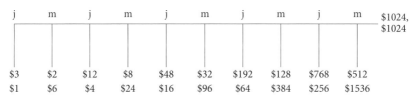

j	m	j	m	j	m	j	m	j	m	$1024, $1024
$3	$2	$12	$8	$48	$32	$192	$128	$768	$512	
$1	$6	$4	$24	$16	$96	$64	$384	$256	$1536	

　かりにメアリーが2,048ドルの3/4を取るか等分するかを選択する立場になったとして、しかも自分の利得にしか興味がないなら、彼女は3/4を取ってジャックには512ドルを残しておくだろう。だからジャック（こちらも自分の金銭的利益にしか関心がない）は9回目で1024ドルの3/4を取っておく方が得になるし、メアリーも8回目で512ドルの3/4を取っておく方が得である。この論法——後ろ向き帰納法という——をくり返していけば、ジャックにとって合理的なのは、最初に3ドルを取ってゲームを終わらせることとなる。これは見るからにおかしいとわかる。ジャックが最初の回で3ドルを取らないなら、メアリーはなぜ2回目で6ドル（8ドルの3/4）を取って、ジャックが3回目でゲームを終わらせたせいで4ドルしかもらえなくなる可能性をつぶしておく必要があるだろうか。これがメアリーにとって賢明な手となるのは、ジャックが3回目でゲームを終わらせると確信できる場合にかぎられる。しかしジャックが1回目でゲームを終了させなかった以上、彼が3回目で終了させると確信する理由があるだろうか。

　かりに番号を振られた効用［utility numbers（最小効用から最大効用まで、諸々の番号を振られた効用)］が包括的帰結についての総主観的比較評価を表しているとしたら、これらのいっさいは論争の対象ではなくなる。これをゲーム理論の「正統的解釈^{オーソドクス}」と呼ぶことにしよう。もしも効用が総序列づけを表しているのであれば、**図6.1**のゲーム形式でCを選ぶ人は不合理であるか、あるいは、その人の選好が自身の金銭的利得のみに依存しているわけではないかのいずれかとなる（Binmore 1994)。効用を総主観的比較評価だと解釈することでゲーム理論家たちが予測や説明をできるようになるのは、ゲームについての諸々の事実に関する戦略の選択であり、そこには各選択の帰結に対する序列づけも含まれる。プレイヤーたちはゲームの木の最終点だけでなく、途中経過の特徴にも関心をもっているかもしれないため、ここでいう帰結は最終点帰結ではなく包括的帰結（第5章第1節を参照）である。

　ゲーム理論において、効用としての報酬にこのような正統的解釈を加えると、ゲーム理論それ自体の適用範囲は、戦略の選択がゲーム形式、信念、それに包括的帰結の総序列づけにどのように依存するかの考察にかぎられることとなる。人々が包括的帰結について各自の総比較評価をいかにして構成するかは、ゲーム理論には含まれない。見たところ囚人のジレンマとおぼしき構造の相互作用の実験で、参加者たちは協力する比率が高かったという事実をつきつけられたとして、ゲーム理論家に言える答えは次の二つである。被験者が不合理だったのだと言うか、あるいはより説得的な答えとして、参加者たちの選好は自身の金銭的利得だけに依存していなかったのだから、かれらが参加したのは実は囚人のジレンマではなかったと言うかである。戦略Cを選んだ被験者たちが合理的であるとしたら、各結果をめぐるかれらなりの総評価という観点からいって、Dは支配的戦略ではありえない。しかし、人々が自身の戦略的相互作用についてどう考えるか、また、さまざまな包括的帰結をどう序列づけるかについて、ゲーム理論にはなにも言えることがない。この課題はどっちつかずの領域に属する。経済学はこれを正式に扱ってこなかった（もっとも、行動経済学の発展によって状況は変わっていくかもしれないが）し、ほかのどの研究分野でもほ

とんど研究されていない。

　もしもセンと同様に、選好は選択に関連するかもしれない諸要因を述べ尽くしてはいないと考えるのであれば、行為者が別の戦略の結果を「選好」していながらある戦略を選択するという状況もありうるだろう。例えば**図6.2**で示した効用は、総序列づけではなく期待便益（advantage）という観点からみた**部分的**序列づけを表していると想定してみよう。もし期待便益以外の検討項目も選択に影響するのであれば、報酬についてのこの解釈は、選好に反しつつも合理的な選択という余地を残すことになる。期待便益の観点からいえば、Ｄが支配的戦略だということは、合理的な人間ならＤを選択するということを含意しない。それゆえ、選好を総比較評価よりももっと狭く捉えることには、それなりの利点があるかもしれない。

　1回かぎりの囚人のジレンマにおいては協力も合理的でありうるというセンの言い分は、選好を期待便益（advantage）として解釈することに基づくわけではない。それどころか彼は、期待便益と衝突する選好をもつ利他主義者も囚人のジレンマに陥る可能性はあると記している。そのときどきに選好をどう解釈するかと関係なく、センの手法では必然的に、選好には選択にかかわる検討項目のすべてが織り込まれていないことになる。

　　ゲーム理論的な（中略）言葉遣いは、（中略）人が何を最大化しようとしているようにみえようと、単純な解釈によって、それがその人の個人的目標に違いないと考える傾向が強いからである。（中略）ある**社会的**規則が手段としてもつ価値が**個人の**目標追求**一般**のために受け入れられる場合に、本当の曖昧さが生じる。相互互恵関係が本質的に重要なものとはみなされず、手段的にのみ重要とみなされ、この認識が各人の目標をよりうまく達成するために実際の互恵的行動において示されるなら、各人の「真の目標」は、各人の現実的目標よりもむしろ、相互互恵的関係に従うことである、と論じることは難しい。(Sen 1987a, pp. 85-86 ＝ 2016年、122-123頁)

　これらの込みいった考察を、私はこう解釈している。囚人のジレンマ状況を構成している諸々の効用が反映するのは、評価のための検討事項のなかの、**内在的な（intrinsic）**項目にかぎられると仮定してみよう。効用は、義理がたさや互恵性、そのほか最終点帰結にはみえてこない検討項目には影響を受けないと仮定してみよう。もしプレイヤーたちの行為が互恵性や義理がたさのような項目に影響されると、Cを選択することは、Cが内在的な検討項目に照らせば劣勢であったとしても、合理的になりうる。センがいうように、もしプレイヤーたちが発揮する互恵性が、かれらが内在的に価値を置くものの追求にとって手段的なものであるとしたら、「各人の『真の目標［ないし選好］』は、各人の現実的目標よりもむしろ、互恵的な関係に従うことであると論じることは難しい」。

　人が**図6.1**のような戦略問題に直面したときに経験する思考プロセスは複雑であり、これをモデル化するのは重要だという意味では、センは正しい。また、協力すると決めた人であってもなお、離反した場合の結果を、ある意味では協力した場合の結果よりも「選好」しているかもしれないというセンの示唆には説得力がある。**図6.1**のような戦略的状況で行為につながる思考プロセスをモデル化するにあたっては、彼の考え方のほうが、標準的なゲーム理論の手順よりも幅広い対象を扱うことができる。

　図6.1のような状況において、なぜ協力する人がこんなに多いのですかと問われたとして、ゲーム理論家としては「それはうちの管轄じゃありません。社会心理学者に聞いてみてください」としか言えないのでは困るだろう。センは経済学者たちに対して、評価にかかわるさまざまな関心項目に応じて選好にも多様な考え方を採用し、ゲームの報酬については**図6.2**のような標準形からは戦略選択が導き出せないように解釈することを提案しているが、それはプレイヤーたちによる戦略状況の解釈の複雑さに対処するための一つの方法だ。しかし私に言わせれば、選択を選好と信念から切り離すことの代償は高すぎる。選好と信念が選択を決定しないのなら、なにが決定するというのか。選好を総序列づけと解釈する際の決定的な理由は、プレイヤーたちがどんな選択をするか

を、進行中のゲームを特定することから予測する可能性を維持するためである。

　センの懸念に応えるためのもっとよい方法は、経済学者たちにはゲーム理論と選好をもとにした予測や説明だけでは足りないと結論づけることだ。戦略的相互作用をモデル化しようと思えば、プレイヤーたちが包括的帰結についての選好をどのように構成するのかについても調べる必要がある。人々が戦略状況のパラメータからゲームを構築するプロセスをモデル化するのは容易ではない。だがそれは可能なのだ。例えばクリスティーナ・ビッキエリが最近、社会的規範を行為者の選好に織り込む形式モデルを提案している（Bicchieri 2005, pp. 52-53）。ある戦略プロファイルによって、ある社会的規範が個人 j にとって効力を発揮するようになる（ビッキエリの用語では、ある規範が個人 j に対して「インスタンス化される［適用しうる事例を見出す］」という）のは、ほかのプレイヤーが実際に従っている戦略に照らして、j がそのゲームでどう出るべきかを指定する規範が存在する場合である。ある戦略プロファイルがある規範に違反するのは、少なくとも 1 人のプレイヤー j にとって、効力がありながら従わない規範が一つ存在する場合である。ビッキエリによる、規範を計算に入れた効用関数は

$$U_j(s) = \pi_j\,(s) - k_j\,\pi_{ml}\,(s)$$

となる。表記の一部は解釈しやすいように変更してある。$\pi_j\,(s)$ は j がいかなる社会的規範にも影響されなかったならそのゲームで得ていたであろう報酬を表す。k_j は j が該当の社会的規範にどれくらい影響を受けやすいかを示す数値である。$\pi_{ml}\,(s)$ は、戦略プロファイル s に含まれる個々の戦略のいずれかがなんらかの規範に違反したことによりだれかが被る損害の最大値であるが、ゼロを下回ることは決してない。だれかがある規範に違反した場合にそれがどの程度重大であるかは、その違反がいずれかのプレイヤーの選好に及ぼす影響の最大値によって測られる。k_j は行為者ごとに、また状況ごとに特定される。行為者は、一部の状況では一部の規範を熱心に遵守したがるのに、別の状況では規範に頓着しないこともあるからだ。

　このしくみを説明するため、**図6.2**の囚人のジレンマで、協力を要求する社会的規範があると仮定しよう。両者がともにCを選べば、両者ともビッキエリの効用関数の第2項はゼロなので、戦略の組み合わせ{C, C}の場合の報酬は変わらない。ジルはCを選んだがジャックが規範に違反してDを選んだ場合は、ジルの効用は$0 - 2k_j$、ジャックの効用は$4 - 2k_k$となる。同様に、ジルがDでジャックがCだとジルの効用が$4 - 2k_j$、ジャックの効用は$0 - 2k_k$となる。2人ともDだった場合はどちらにとっても規範は効力をもたないので、戦略の組み合わせ{D, D}の報酬は変わらない。そんなわけで、ジルとジャックがプレイしているゲームの本当の姿は**図6.3**のように表すことができる。もしもk_jとk_kがどちらも1かそれ以上なら、これは協力することが合理的な協調ゲームとなる[*4]。

ジャック

	C	D
C	2, 2	$-2k_j$, $4-2k_k$
D	$4-2k_j$, $-2k_k$	1, 1

ジル（左側のC, D）

図6.3　社会的規範を加味した囚人のジレンマ

　私はビッキエリの提案を問題なしとするつもりはなく、いくつかの細部について別の機会に批判したことがある（Hausman 2008a）。ここで論じたのはた

[*4]　例えばk_jとk_kがどちらも2だったと仮定した場合、2人のプレイしているゲームは次のようになる。

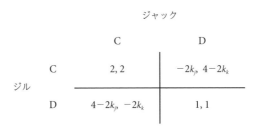

ジャック

	C	D
C	2, 2	$-4, 0$
D	$0, -4$	1, 1

ジル（左側のC, D）

　どちらのプレイヤーも、ある戦略を選好するのは相手が同じ戦略を選択したときで、かつそのときにかぎられる。2人そろってCを選んだら、両方のプレイヤーにとって2人そろってDを選ぶよりもよい結果になるのだが、一方ではDの方が無難ではある。2人が協力しそこなった場合、Cの利得は-4なのに、Dの利得は0だからである。

だ、センの懸念に応えるのに選好を総序列づけとする考え方を放棄する必要は
ないことを示したかったからにすぎない。たしかに経済学者たちは、ゲームが
いかに構成されるかについての明示的な仮説、人々がある戦略的相互作用のな
かでどのように自らの信念や選好を構成するのかも対象に含む仮説を追い求め
てしかるべきではあるが、そのことを説くのになにも、支配的戦略と合理的選
択の結びつきを断ち切る必要はない。経済学者たちがセンの挑む戦い――そし
てここでは、私は彼の敵ではなく味方のつもりでいる――に勝利する道は、戦
略的状況をゲームとして解釈するプロセスをモデル化することであり、総主観
的比較評価としての選好の概念を退けたうえでゲームを概念化しなおすことで
はない。

6.6 コミットメントと意図

　私はこれまで、経済学者たちは総主観的比較評価という唯一の選好の理解を
固守すべしと論じてきた。そうすれば混乱も避けられるうえ、（選好に影響する
ことを介して）選択のもとになる特定の諸要因についての疑問のありかをはっ
きりさせることもでき、選択をめぐって曖昧でない予測も立てられる。こうし
た目的に照らすなら、経済学者たちがたどり着いた選好の理解はまさに適切だ
ったことになる。ただ、自分たちの慣例的な実践を内省する段になると、自ら
が用いている概念でありながら必ずしも正しく記述できなかっただけなのだ。

　人間の行為をめぐっては問うべき問いがたくさんある。答えを出すのに選好
の完備な序列づけから始まるモデルが向いている問いは、そのごく一部でしか
ない。例をあげれば、選択場面の特徴が評価にどのように影響するかを知りた
いときには、すべての評価がすでに完了していると仮定する考え方は使えない
だろう。

　選好、信念、そして制約の観点からみた行為のモデルは、哲学者たちが問う
てきた難問の多くに答えるための適切な道具ともいえない（例えば Bratman
1987 = 1994 年, 1999, 2007a; Danto 1973; Davidson 1980, 2004; Dretske 1991; Enç

2006; Mele 1997; Pietroski 2000; Schroeder 2007; Schapiro 2009; Tuomela 1977 を参照)。例えば、欲求に従うことと退けることを分かつ違いはなんだろうか。選好がすでに決定されているのなら、こんな問いは発生さえしない。行為者であるとはどういうことなのか。自己を統治するとは、これをどう理解すればいいのか。意図とはなにか、そしてそれは選好とどんな関係があるのか。すでに決定していたはずの欲求と首尾一貫しない選択をする「意志薄弱」は、これをどう理解すればよいのか。

　選好が事前に与えられている、あるいは帰結主義的に導出される事柄のあるモデルは、哲学で問題になる問いの多くには役立たないが、そのことは選択の標準モデルに対する反論にはならない。たしかに目的によっては、人の営みの複雑さ、例えば意図や自己統治の役割などに目をつぶったのでは使いものにならないこともあるが、だからといってそのモデルがほかの目的にも役立たないことにはならない。制約と信念、それに総比較評価という観点から選択を説明したり予測したりするモデルの数々は、人間の営みや動機づけが複雑であることを否定するわけではない。ただ、複雑さのもとは選択の諸理論にあるのではなく、選好の形成と修正の諸理論にあると考えるのである。これらの複雑な要素は大切であるし、自分たちが行なう説明や予測にもかかわるものなのだから、経済学者たちも選好の形成をモデル化する必要がある。選好や信念と選択の関係について経済学で行なう説明が心理学者や哲学者が使うのに向いていないからといって、経済学なりのモデル化戦略を放棄する必要はない。

　コミットメントとは選好に反する選択だとする考え方は、総比較評価としての選好の考え方によって退けられると私は主張してきたが、そこで言いたかったのは、コミットメントは総評価を決定する諸要因の一つと理解すべきであって、選好と競合するものではないということである。私はなにも、コミットメントは現実ではないとか、重要でないとか言ったわけではない。それどころかセンが唱えるようなコミットメントの考え方には行為主体性（agency）を理解するうえで重要な役割があると思っている。ここで、マイケル・ブラットマンによる8種類の架空の「生物」を用いた論考が印象的なので、これを検討して

みることにしよう。これらの「生物」は番号が増えるにつれて、熟慮のための能力が高度になっていくという設定である（Bratman 2007b, pp. 51-61）。

　　生物 1 は行為の瞬間に、最も強い欲求に従って動く。

　　生物 2 は信念と、検討ずみの欲求とに従って動く。

　　生物 3 は互いに衝突する複数の欲求を前に、それぞれの動機の強さに応じて重みをつけ、熟考することができる。

　　生物 4 は行為についての計画を部分的に、あらかじめ決定しておくことができる。

　　生物 5 は誘惑にうまく対処することができ、未来の後悔を予期してそれを動機づけにすることができる。

　　生物 6 にはより高次の欲求があり、ある欲求について、自己の行為主体性のなかで特定の役割を果たしてほしいかどうか自問することができる。

　　生物 7 は欲求を実行することも拒絶することもできる。欲求を計画できるし、複数の欲求を並べ、序列を作ることもできる。

　　生物 8 には「自身のコミットメントを表現するような行動指針に到達することができ、**欲求を熟考した結果、それが行為を正当化する目的を与えてくれるものとして位置づけられるなら、**そのような欲求によって動機づけられるようにコミットメントすることができる」（強調は原文）。

　生物 1 と 2 は「互いに衝突する複数の欲求を前に熟考する」能力もないのだから、これらが選好をもっているかどうかは疑わしい。それ以外の生物にはすべて、完備で推移的で、選択を決定する選好がありうる。もっとも第 2 章でも論じたとおり、はじめのいくつかの生物については、そのような選好に到達する可能性はきわめて低い。経済学で扱うモデルでは暗黙のうちに、最低でも生物 5 の能力を想定している。

　期待便益の判断と衝突する選好という意味でのコミットメントなら、いずれの生物にもみられておかしくはない。一方、自分で自分に課す制約が登場する

のはレベル4と5である。すなわち、選択者が計画や意図を形成できるように
なり（生物4）、衝突する欲求を前にしても計画や意図を守れるようになった
（生物5）ときである。センが賢明にも指摘するとおり、生物1、2、3のような
選択者は合理的な愚か者だといえる。行為主体性について哲学的な記述を満足
に行ないたければ、ブラットマンが導入したような等級の区別はぜひとも組み
込む必要がある。しかし、行為者たちに基本的な諸公理を満たす選好の序列づ
けを課したからといって、また制約や信念や選好の観点から行動を説明したり
予測したりしたからといって、経済学は行為主体性について、いかなる特定の
考え方にも与したことにはならない。

6.7 結論

　センによれば、選択の標準モデルにおける選好の概念は、センやブラットマ
ンが論じるさらなる弁別の可能性を排除しているという。本章はこのセンの批
判に応えて、選択の標準モデルを弁護してきた。たしかに選択の標準モデルは、
センやブラットマンが行なうような弁別をしていないが、妨げてもいない。選
択の標準モデルは、コミットメントや意図や自己統治などについての関心を、
選好や制約を決定する要因は何だろうかという問いへと「位置づけ直す」もの
である。場合によっては、知りたいのは欲求や意図、自制などのあいだで起こ
る相互作用であって、行為者の信念や選好から行為が決定されることには関心
が向かないかもしれない。そんな場合には、選択の標準モデルは必要なことを
教えてくれない。あるいは関心の対象が、選好と信念の関係や、それらに起因
する行為との関係に向けられる場合もある。そのような場合、最終的選好を決
定するのは何なのかについて、なんらかの説明が必要になるだろう。

　第4章から第6章では、制約と信念と（総序列づけとしての）選好とが選択を
決定すると考える選択の標準モデルに向けられた哲学的な批判をかわしてきた
わけだが、このモデルが本当に行動の説明や予測に成功していると示すまでに
はいたっていない。さらに、これは第9章で示す予定だが、選択の標準モデル

には経験的にいって、いくつか重大な短所がある。一方で得意分野もあって、例えば税率の変化が歳入や貿易収支に及ぼす影響を予測するには適している。しかし選択の標準モデルによって、なにか普遍的で有用な判断をなしうるかといえば、それは疑わしい。おそらく選択の標準モデルは、行為者が慣れない状況に置かれているときには、あまり効力を発揮しないだろう。むしろ行為者がそれなりに安定した明確な選好を形成する余裕があった場合の方が、効力を発揮するであろう（もっともそんな文脈であれば、選好ではなく慣れを頼りにするモデルでも同じくらい役に立つのかもしれないが）。

　これらの問題は、第Ⅲ部で改めて扱うとして、その前に選好と厚生の関係を検討していくことにする。

II
選好、厚生、規範経済学

　厚生経済学では厚生のことを選好の充足と解釈している。しかし、人がときおりまずい選択をすることは明らかである（私は確実にしている）。人はしょっちゅう自分のためにならないものを選好する。人間は間違いやすいと知るのに哲学の洞察など必要ない。手厳しい人には、経済学者はそんなに鈍いのかと思われてしまうかもしれない。費用便益分析を支持する人は公共選択には政策の「純便益」を参考にすべきだと主張するが、その場合に前提となっているのは、自分たちがいうところの「純便益」は選好を暗に表し、選好は厚生を暗に表すという考え方である。これには問題があるかのようにみえる。厚生経済学は哲学的誤りのうえに立っているのだろうか。

　第7章では、選好の充足が厚生の構成要素ではないことを論じる。第8章では一転して、厳しい条件つきであれば選好充足を厚生の測定に用いることは正当化されると主張する。

第7章
選好の充足と厚生

　この章では、選好が充足されたからといって——たとえその選好が情報に基づいたもので、合理的で、全体的に体裁の整ったものであっても——それは厚生にはならないことを論じていく。経済学者たちが例えば「ある人にとって政策xが政策yよりよいとみなされるのは、その人が機会さえあればxをyよりも選択するときであり、かつそのときにかぎられる」と主張するなら、それは誤っている（Gul and Pesendorfer 2008, p. 24）。ウェルビーイングの選好充足説を評価するには、「選好」が何を意味しているのかを正確に理解することが欠かせない。例えば、**もしも**選好が期待便益の観点からみた序列づけとして定義されるなら、その場合は、ある人が選択するものとその人が自分にとってよいはずと信じるものとが一致するのが定義により真になるだろう。**もしも**人々の期待が正確なら、選好の充足は厚生と一致するだろう。そして**もしも**人々が自分の選好するものを選択するなら、その場合はガルとペセンドルファーの主張どおり、かれらはつねに自分にとってよいものを選択することになる。

　厚生の選好充足説について吟味していくにあたって、私は選好を経済学者たちの解釈どおりに——つまり総主観的比較評価として——解釈するつもりだ。それ以外に説得力のある選択肢は一つもない。日常用語としての選好の意味は総括的比較評価だが、これでは厚生を選好充足と同一視する仮説に用いるには十分ではない。なぜならこれだと、道徳的コミットメントが選好と衝突したときに道徳的コミットメントを堅持すれば、人は必ずより不幸せになることが含意されるからだ。なるほど正しいことをするのがつねに本人にとってよいこととはかぎらないが、かといって別のことを選好している人にとってつねに不幸

せなことともかぎらない。厚生を選好の観点から定義したければ、選好は総
[主観] 比較評価と解釈してしかるべきである。

　道徳哲学者はとかく、厚生を**選好の**充足ではなく**欲求の**充足と結びつけがち
である。しかし厚生を定義するなら、選好充足の面から定義する方がまだ無理
がない。厚生とは選好の充足であると言えば、ジャックがxでyよりも幸福に
なるのは彼がxをyよりも選好するときで、かつそのときにかぎられることに
なるのに対し、厚生は欲求の充足であると言えば、xがジャックの厚生を増進
するのはジャックがxを欲求するときでかつそのときにかぎられるが、それは
彼がxとそれ以外のすべてをどう序列づけているかと関係ないと言っているこ
とになる。だが、ジャックがxをすることや持つことを、xをしないことや持
たないことよりも選好していないかぎり、xを欲する欲求が充足されたからと
いって彼はどうやってより幸せになれるだろうか。私が関心を寄せる見解では、
人がxでyよりも幸せになるのは、その人がxをyと比較した総評価においてx
をyより高く序列づけているからだと主張している。哲学者のなかでも選好の
充足がウェルビーイングを構成するとの見方を擁護してきた人たちは、選好に
追加の条件——例えば、それが誤った信念に影響されていないことなど——を
課しているのがつねである。このような条件つき、あるいは修正ずみの選好充
足観については、本章の7.3節と7.4節で論じる。

　第7章7.1節では、厚生の諸理論のうち、厚生とは選好充足だとする見解と
競合する主要なものを紹介し、それらの不十分な部分を手みじかに述べたうえ
で、選好充足説が経済学者たちに受け入れられがちな理由を説明する。7.2節
では、選好充足説に対する異論でよく知られている見解を要約する。7.3節で
は、厚生と選好の同一視を擁護するもので、説得力は増しても最終的には失敗
に終わるものを紹介する。これは、厚生とはきちんと「体裁を整えた」選好の
充足であり、実際の選好は整えられた選好の代用であるという考えに基づくも
のである。7.4節では、この擁護が失敗することと、厚生とはどれほどねじ曲
げようと選好の充足ではないことを主張する。

7.1 厚生と選好

　人々の厚生やウェルビーイング（私は両者を同義として扱う）について語るときに私が語っているのは、人々の人生が**当人にとって**どれくらいよいかであり、その人たちの人生がどれくらいよく運んでいくかである。ある行為者ジルにとって、ぴったりよいのが何であるのかは、ジルの性格、能力、嗜好、状況などに依存するし、ジルにとってよいものがジャックにとってよいものと大きくちがうこともある。ジルの人生を順調に運ばせるものとジャックのウェルビーイングに貢献するものとの差は、その大半が**道具的な**善——人々にとって、なにかほかのための**手段**になるからよいもの——にかかわるものだ。かりに**内在的な善**——その結果と関係なくそれぞれの個人にとってよいもの——だけを見るなら、個人間の差はそれほどでもない。遠近両用眼鏡はジルにはよく、ジャックには悪いかもしれないが、［視界が］はっきり見えることは、二人にとってよいことである。この場合、遠近両用眼鏡のよさは、道具的な善であり、それが貢献する目的がよいときだけにかぎられる。もし人々にとって、結果にかかわりなくよいことが何もないとすれば、よいことなど一つもないことになる。しかし道具的な善が存在するためには、非道具的な（つまり内在的な）善も存在しなくてはならない。道徳哲学における中心課題の一つは、人間にとって内在的な善とは何であるかを見定めることであった。例えばアリストテレスの場合、幸福（彼はそれを、繁栄の一種と解釈したわけだが）こそが唯一の内在的な善であると考えた。

　道徳哲学と同様に、日常会話においても、何が人生を順調に運ばせるかについての意見はまちまちだ。例えば、忠実な友がおり、身体が壮健で、明るいユーモアのセンスがあれば、人はより幸せだし、面目を失い、事業にも失敗すれば、不幸せになる。こうした事柄については、ほとんどの人の意見が一致するだろう。しかしその一方で、意見が分かれる場合も多い。哲学者たちはこれまで、ウェルビーイングの捉え方をなんとか系統立てようと、さまざまな普遍的理論を提案してきた。提案された理論は大きく三つに分類できる。一つ目は、

内在的な善といえるのは心理的状態だけだという意見である。心理的状態のうち、どれが内在的な善にあたるのかは意見が分かれる。心理的状態説のなかでも、最も有名なのが快楽主義といって、ウェルビーイングとは快楽や幸福にありとする見解である。提唱者としては、ジェレミー・ベンサムと、こちらは意見が分かれるが、ジョン・スチュアート・ミルがとくによく知られている（Bentham 1789; Mill 1861）。他方ヘンリー・シジウィックが支持したのは、それ自体が好ましい心理的状態ならんなんであれ厚生である、という考えだった（Sidgwick 1901）。

　現代の哲学者で心理的状態説を支持する人は少ない。かりにジルが、自分は家族にも友人にも愛されており仕事も成功続きだったと誤って思い込んでいるのに対し、ジャックも同じことを信じているがこちらは正確だったとしよう。2人の心理的状態はまったく同じかもしれないが、それでもジャックの方が幸福であるように思われる（Griffin 1986, pp. 9-10; Nozick 1974, pp. 25-42 = 1985年; Parfit 1984, p. 494 = 1998年）。このように強力な反論にあっても、フェルドマンやクリスプのように、なおも心理的状態説を擁護する哲学者はいるし（Feldman 2004; Crisp 2006）、心理学や経済学だと卓越した研究者でも支持している人が多い（Dolan and Kahneman 2008; Frey 2010; Frey and Stutzer 2001; Kahneman 1999, 2000a, 2000b; Kahneman and Krueger 2006; Kahneman and Thaler 2006; Layard 2006）。

　しかし哲学の領域では、ほとんどの人が心理的状態説を却下して、客観的リスト説か選好充足説を選んでいる。客観的リスト説とは、たくさんのちがった要素がウェルビーイングに寄与していると主張するものである。そのなかには心理的状態も含まれるものの、そのほかにもやりがいのある努力が実った、友情に恵まれた、能力が向上したなど、客観的にわかる成功もウェルビーイングに貢献するとされる（Griffin 1986, 1996）。客観的リスト説にも問題はある。リストは人によって一致しないことがあり、内在的な善のリストに載っている項目がジルとジャックでちがうのはなぜなのか、二人のリストはなぜちがうのかを説明するには、さらなる理論が必要だと思われる。

　客観的リスト説に向けられたこれらの異議に答える方法の一つは、選好を引き合いに出して人のウェルビーイングに貢献するのは何であるかを説明し、ウェルビーイングは選好の充足だという見解に転じることである。ところが選好充足説にも問題がある。というのも人間は、たとえ誤った信念のせいであれ、自分にとってより悪いことをよりよいことよりも選好することが珍しくないからだ。つまり厚生と選好充足は一致しないわけだが、それでも現代の哲学者には、ウェルビーイングは自己利益的な選好の充足であり、しかも「十分な情報に基づき」「合理的で」、言い換えれば「仕上げられた」選好を充足することであるとの考えを固持する人々も多い（Arneson 1990; Gauthier 1986, ch.2 = 1999年; Goodin 1986; また可能性として Griffin 1986）。

　これほど駆け足で論じただけでもわかるとおり、ウェルビーイングの理論は哲学における未解決分野である。互いに競いあう仮説のすべてに、さまざまな難点がある。主流派の経済学では、選択の説明や予測に選好を引き合いに出しているから、経済学者たちが厚生について判断する基準として、選好の充足に目を向けるのは自然なことである。もしも人々が完全に自己利益だけを考えているなら、かれらが x を y よりも選好するのは、x が自分にとって y よりもよいという信念を抱いているときで、かつそのときにかぎられるだろう。もしもかれらが完全に十分な情報を得ているなら、かれらの信念は真であり、x がかれらにとって本当に y よりもよいのはかれらが x を y よりも選好するときで、かつそのときにかぎられるだろう。経済学者たちは、人は自己利益的で完全な情報をもっているという理想化された前提に慣れているので、ウェルビーイングを選好の充足と解釈することになりやすい。

　経済学者たちはこれまで、ウェルビーイングを選好充足と同一視することを正当化するのに、認知的・哲学的には謙虚になって批判を受け入れてきた。人々にとって何がよいのかを言おうとするのではなく、何がよいかについては、選好を通じて人々に自ら語らせようとしてきた。この議論がある大切な真実を表していることについては第8章で論じるが、しかしその真実を見出すには、それなりの手間がかかる。選好の充足がウェルビーイングを決定するという主

張には、哲学的に謙虚なところはまったくない。

　経済学者たちにウェルビーイングと選好充足を同一視させる動機となった三つ目の要因は、かれらが共通してパターナリスティックな政策に——例えば人々のためにはその方がいいからといってシートベルトを法的に強制するような政策に——忌避感を抱いていることである。かりに人が選好するものがなんでも本人のために最善なのであれば、うまく成功するパターナリズムという発想は、愚かどころではすまず、そもそも成立不可能である。しかしうまく成功するパターナリズムは、不可能ではない。例えばジャックがいまにも蓋のないマンホールに足を踏み入れようとしているなら、ジルが彼を守る唯一の方法は、彼を物理的に突き飛ばすことである。そうすることでジルは、ジャックのためになることをうまく強制している。パターナリスティックな政策がときに正当化されうるかどうかは、それ自体が一つの問いである。パターナリズムに反対する真剣な議論は、なにも、人はつねに自分にとって最善の道を選ぶものなどと突飛な主張をする必要はない。例えばジョン・スチュアート・ミルが論じるように、その人の便益になるからといって強制しないほうが一般には好ましいと考えられる理由を挙げればよい*1。

　最後に、ウェルビーイングとは幸福などの好ましい心理的状態のことだと信じる経済学者も、幸福を増進する最良の手段は人々の選好を充足させることだと主張するかもしれない。ジャックがxをyよりも選好するという事実は、それ自体としては、彼にとってxがよりよいものに**なる**傾向をもつわけではまったくないのだが、それでもジャックを幸せな気持ちにする最良の方法は、彼の選好を充足させることかもしれない。「効用」や「充足」という言葉のあいまいさから、私たちはなおさらこの見方に傾きやすくなる。「効用」という言葉は、選好を指すほかに、幸福を表すためにも使われてきた。それゆえ、選好をよりよく充足するという意味でより多くの効用をもつと言っているのを、より

---

　*1　パターナリズムに反対するミルの議論は主として『自由論』の第4章で述べられている。マンホールのたとえ話は、第5章に登場する人が危険な橋を渡ろうとするのを止めるという例をもとにしている。そのほか、Dworkin（1971）も参照。

多くの喜びをもたらすという意味で捉えてしまうのは容易である。「充足」も、世界が行為者の選好と合致するかどうかを表すほかに、ある感情を指すこともある。しかしこれらは同一ではない。かりにある選好が充足されていることを行為者が知らなかったとしたら、その選好充足には、行為者に充足感をもたらす性質はない。選好の充足と人の充足感を結びつけるのは唯一、人はとかく自分の求めているものを手にしたと知ったとき、より充足感を得やすいということのみのように思われる。こうした言葉の多義性のせいで[*2]、「隠れた快楽主義者」になっている経済学者はたくさんいるかもしれない。最近になって快楽主義を信奉するようになった経済学者や心理学者についてはさきほどふれたが、しかしかれらの場合は、こんなおそまつな議論はしていない。かれらは、人間は未来の快楽の見積もりも過去の快楽の記憶もへたくそだと認めるどころか、強調さえしている。かれらの意見は、心理学者も経済学者も厚生を測りたければ選好に頼るのではなく、人の気分を測るのがよいというものである。

7.2 なぜ厚生は選好の充足ではないのか

　ウェルビーイングは選好の充足だとする見解の問題点は、誤った信念にあるだけではない。第二の難点は（第2章で論じたように）人間は自分のウェルビーイングだけでなく、ほかのことも気にかけるということだ。人は利他的にもなれば、悪意も抱く。だれかを益したり害したりするためなら、自分のウェルビーイングを犠牲にしかねない。デレク・パーフィットは次のような例をあげている。

＊2　「充足」という単語についてあいまいな使い方をするのは経済学者だけではない。例えばウェルマンは「ある行為の結果は、行為を行なった本人の欲求を充足することもあれば充足しそこねることもあり、それはつまり本人の目標を達成したり、しなかったりするということである。人がなにかを欲求し、その行為がそれを達成したなら（中略）結果として充足が起こる。充足とは、総称として幸福、快楽、満足、安心などの情動的反応を含む」と記している（Wellman 1990, p.106）。

私が見知らぬ人に会うが、その人物は死に至る病気と思われるものを持っているとしてみよう。私は同情をかきたてられ、この見知らぬ人の病気が直ることを強く望む。ずっと後になって私がこの出会いのことを忘れてしまってから、この見知らぬ人の病気が直る。〈無制限欲求充足説〉によると、この出来事は私にとってはよいことであって、私の生をうまく行かせることになる。これはもっともらしくない。われわれはこの説を斥けるべきである。(Parfit 1984, p. 494. = 1998年、668頁下)

パーフィットが「無制限欲求充足説」と呼ぶのは、ほかの条件がみな同じなら、ジャックの欲求のうちのどれかが叶えば、ジャックはより幸せになるというものである。パーフィットの批判は、選好充足説にも同様にあてはまる。もしも見知らぬ人が回復したら、その人が死ぬよりも回復をというパーフィットの選好は充足されるが、彼はそれによってより幸せにはならない。

第三に、選好の変化も、厚生とは選好の充足であるという見解にいくつかの困難をもたらす(Bykvist 2010, Gibbard 1986, McKerlie 2007)。だれかが、ジルが自分に入手可能なものを欲しがるよう彼女の選好を変えたとして、そのような選好の変化は、彼女が欲しいものを得られるように世界を変えるのと同程度にジルの厚生を増すだろうか。人々の選好を変えるような政策が厚生にもたらす帰結を評価するとしたら、政策実行前の人々の選好、実行後の選好、どちらを基準にすればよいだろうか。だれかが今ではもちつづけていない選好、例えば著者の息子が子どものころに抱いていた砂利運搬ダンプを運転したいという欲求のような選好の充足を、人は気にかけるべきだろうか(Brandt 1979, ch. 13; Parfit 1984, ch. 8 = 1998年)。人生の現時点において、息子はそうは思っていない。なぜ思わないのか。有力な答えは二つ考えられるが、どちらも厚生が選好充足ではないことを前提にしている。第一の答えは、いまの息子は3歳のころにくらべ、自分自身についても、さまざまな職業の魅力についてもより多くを知っているからというものだ。そのため現在の選好の方が、人生を本当によりよくするものをうまく捉えている可能性が高い。しかしこの答えが仮定し

ているのは、各種の職業をめぐる息子の選好は、選好の充足以外にもなんらかの意味で自分の人生をよりよくしてくれるのは何であるかについての彼の**判断**に依存しているということである。第二の答えは、人々にもう欲しくなくなったものを与えても、もらった人は幸福を感じそうにないというものである。この答えは、ウェルビーイングが幸福であって選好の充足ではないと仮定している。

　四つ目に、行為者の選好に首尾一貫しない点がある場合、例えば喫煙を選好する1次の選好と、喫煙しないことを選好する2次の選好あるいは「メタ選好」とが衝突する場合などに、人は厚生について何を言えばよいのかという問題がある（Frankfurt 1971＝2010年; Sen 1977／1982＝1989年）。序数的効用理論の諸公理は、非一貫性を除外しているが、人はいつでも公理に適合するわけではない。1次の選好と2次の選好が対立すると、人は内面で葛藤、後悔、喪失感などを覚えるし、煙草を買ってきたかと思えば鍵のかかるところにしまいこんだり、トイレに流したかと思えばまた買いに行ったりと、見るからに矛盾した行動をとるものだ（Schelling 2006＝2016年）。もしもジャックがxをyよりも選好しながら、同時に別の選好順位づけをもつことをこの選好よりも選好しているとしたら、ジャックはx［の選択］によって、yを手にするよりも幸福になるだろうか。

　五つ目の難題は、かりに厚生とは選好充足だという見解を、社会政策は厚生の増進を心がけるものだとみなす見解と組み合わせると、金のかかる嗜好や反社会的な選好などをめぐっては、おかしな提言が生まれてしまう点である。ジャックが高級ワインの楽しみを覚えてしまったばかりに、収入は同程度だがビールでごきげんになれるジルよりも不幸せになったとしよう。ジャックの選好充足にはより金がかかるからといって、ジャックはより多くの資源を得るべきだろうか（Arneson 1990, Arrow 1973, Dworkin 1981）。あるいはジャックが人種差別主義者だったり、サディストだったりという場合を仮定しよう。ジャックの選好充足による好ましからぬ影響を、充足による「便益」と比較して勘案してよいものだろうか。それとも反社会的な選好の充足を厚生への寄与として

数えること自体を拒否するべきだろうか（Harsanyi 1977, p. 56）。

　同様に、人々の選好が事前に強制されたり操縦された結果であったり、ある
いは問題のある心理的メカニズムの結果である場合、厚生と選好充足を同一視
するのは説得力がない。人はときに、まさに手に入らないからこそそれが欲し
くなる（「隣の芝生はつねに青い」）こともあれば、取れないぶどうを酸っぱいと
判断したイソップの狐のように、手に入らないと思ったせいで拒絶することも
ある（Elster 1983 = 2018年; Sen 1987b）。選好はしょっちゅう、例えば選択肢
をどうフレーミングするか（これについては第9章で論じる）など、本来なら関
係がないはずの諸要因によって大きく左右される。公共生活での役割や消費財
の公平な分配を体系的に阻まれている人々は、それらを欲しがらないことを学
習してしまう場合がある。世界の女性たちのなかには、このような状態に陥っ
ている人々が少なくないと思われる。制度的な抑圧の結果、人は個人の自由や
男性と同額の賃金、さらには家族による暴力から守られることについてさえも、
強い選好をもたないことがある。それでも、自由や高賃金、暴力からの保護な
どは、本人が選好するものを与えるよりも彼女たちを幸せにするかもしれない。
抑圧された人々の選好が抑圧に由来するものである場合、その選好がどれくら
い充足されているかをもって厚生を測ることはできない*3。

---

*3　ヒースウッドは、誤った信念やゆがめられたり操作されたりした選好に基づく反対意見に応
えるにあたって、欲求に「欠陥がある」がゆえにそれを充足しても当人のためによくない場合とは、
その欲求の充足によってなにかほかの、より重要な欲求が妨害されるケースが典型的である、と述
べている（Heathwood 2005）。ヒースウッドの主張は、ある欲求の充足で、その行為者がより強
く欲求しているものに対する選好が妨害されうるということかもしれない。このような混乱を避け
られるのであれば、欲求充足ではなく選好充足の観点から厚生の理論を組み立てることには決定的
な利点がある。そこでかりに、ヒースウッドの意図するところでは、彼は選好充足説に賛成なのだ
と考えてみよう。ジルが水が汚れていると知らずに飲んで喉の渇きをいやし、そのために病気にな
った場合、ヒースウッドの考えだとジルは意外にも、自分の選好するものを選択できなかったと言
っていることになる。ジルの選好の序列づけが完備で推移的で、しかも文脈に依存しないなら、彼
女は水を飲まないことを飲むことよりも（事後的に）選好している。実際にウェルビーイングを選
好充足とみなす見解をこのように部分的に擁護することにはなんらかの益があるだろう。しかしこ
の理解は、ジルの事前の誤った選好の充足により、彼女の期待されるウェルビーイングは減ずるの
ではなく増すのだと解釈する厚生経済学者たちにとって、なんの慰めにもならない。

▌7.3 厚生と浄化ずみの選好：近似という論拠

　これまでみてきたように、選好の充足は、必ずしもその人の厚生に寄与する
わけではない。選好は本人の自己利益にならない場合もあるし、誤った信念を
もとにしていることもあるからだ。それでも現代の道徳哲学では、すぐれた研
究者でも厚生と選好は緊密につながっていると考える人が多い。

> 　少なくとも英米の哲学界では現在、欲求についていくつもある理論のあい
> だで、厚生の本質について正統（オーソドクス）とよべる見解が一つに定まっている。合理
> 的選択の理論においては、ウェルビーイングと効用（選好充足）を等しい
> とする考えにはもはや疑問をさしはさまれることもなく、公理も同然とな
> っている。他方、倫理学の分野においては、ブライアン・バリー、ジョ
> ン・ロールズ、R・M・ヘア、ジェイムズ・グリフィン、ジョセフ・ラズ
> など、さらにそうそうたる面々がこれを支持している。(Sumner 1996,
> p. 122)

　厚生についての最も一般的な考え方はおそらく、厚生とは適切な純化を経た
選好の充足にありとするものであろう。例えばピーター・レイルトンは、「あ
る人にとっての善とは、もしもその人が自分自身についても自分の置かれた状
況についても、情報を余さず曇りなく得られる立場で検討することができ、認
知の誤りも、助けとなる合理性のつまずきもいっさいなかったとしたら、自分
はこれを欲するようでありたいと欲するものである」と提唱している
(Railton 1986, p. 16)。かりにウェルビーイングとは自分のためを考え、情報を
得たうえでの選好の充足であり、しかも現実の選好が、自分のためを考え、情
報を得たうえでの選好の近似になるのであれば、厚生を測るのに現実の選好の
充足を用いるのは筋が通っている。

　しかし厚生は、現実の選好の充足であるよりも、純化された選好の充足であ
るという主張の方が、説得的である。この考え方をとるなら、自発的ではない

選好、無知や認知の欠陥に基づいた選好の充足は、当人にとっての便益には該当しない。また現実の選好が変更されても、純化された選好が変わっていなければ、この人の境遇をよくする方法について、なにも難問はないだろう。現実の選好のあいだに葛藤があっても、純化された選好のあいだに葛藤がなければ問題はない。また（こちらは異論もあるが）差別やサディズム、そのほかの反社会的な選好は、完全な情報のもとで合理的に精査する場合には耐えられないとみなすこともできる。人々の便益を気にかける人は、こうした選好の価値を割引くこともできよう。

7.4 近似になるという考え方が成り立たない理由

　厚生とは適切に純化した選好の充足にありという見方をとれば、現実の選好の充足説につきつけられた難問の多くが解消される。そのかわりに難点として、ある人の厚生の程度を測ることが、これを現実の選好充足と考えた場合よりも難しくなる。かりに厚生が現実の選好ではなく、情報を得たうえで自分のためを考えた選好の充足なのであれば、厚生経済学者たちは、人の選好を調べるだけではすまなくなる。現実の選好が、情報を得たうえで自分のためを考えた選好とどの程度まで一致するのかも見きわめなくてはならない。とはいえ、現実の選好を純化した選好のかわりに用いるのが理にかなっているケースも、多いのかもしれない。

　近似とする考え方にとって真に問題なのは、その基礎にある、厚生を純化した選好の充足とみなす説明が批判から守りきれないことである。ジャックの選好にどんな条件をつけ加えようとも、彼が x を y よりも選好することによって、x が y よりも本人のためによいものになりはしない。選好が自分自身に向いていると言えるための要件を考えてみよう。見知らぬ人の病気が治る方がいいというパーフィットの選好が充足されることで彼はより幸せになるというおかしな含意を避けるために導入される要件である。パーフィットの用語でいう厚生の「無制限説」では（同人の「無制限欲求充足説」と対照的に）、ウェルビーイン

グを「自分自身の生に関する」選好の充足と解釈する。とはいえ、自分自身の生に関する選好とはどれのことだろうか。パーフィットの主張によると、もしジルの知らないところで彼女の子どもがこそ泥になったら、それはジルにとって悪いことだとされる。なぜなら、そのことによってよい親でありたいという彼女の欲求は失敗に終わるのだし、この欲求は彼女の人生に関するものだからという（Parfit 1984, p. 495 = 1998年、669-670頁）。それでいてパーフィットは、子どもたちに健康であってほしいというジャックの欲求を自分自身の生に関するものではないとする。ジャックの知らないところで子どもが死んでも、その死は彼をより不幸せにはしない（Parfit 1984, p. 494 = 1998年、669頁）。どう考えても、どの選好が自分自身に「関する」ものでどれがそうでないかは簡単に言えそうにない。マーク・オヴァーヴォルドによれば、自己にかかわる選好とは、さまざまな状態についての選好のうち、行為者が存在しなくては成り立たない選好のことである（Overvold 1984; Sobel 1998, pp. 266-269 および Griffin 1986, pp. 23-24 も参照）。

　しかし区別しなければならないのは、ジャック自身に関する選好とほかの人に関する選好ではない。もしもジャックが自分自身を傷つけることを選好するなら、これは確実に彼自身に関する選好だが、充足することでジャックはより幸せにはならない。区別すべきなのはジャックの選好のうちで、彼自身のウェルビーイングの増進に向けられているものと、そうでないものである。この区別を行なうには前提として、ウェルビーイングにまつわる概念で、なにかしら選好に由来しないものが必要となる（Sumner 1996, p. 135）。

　ジルが x を y よりも選好するからといって、x が y よりも彼女のためによくなるわけではない。かりにジルが x を y よりも選好しており、その選好がだれにも文句のつけようがないくらい自発的で、合理的で、十分な情報に基づいているとしてみよう。人はなぜ、y が得られる状況よりも、x が得られる状況においての方が、ジルの境遇をよくすると結論づけるべきなのだろうか。一つの答えは、ジルは実現したのが x だったか y だったかを知り、x だったことに満足する（自分の歓楽についての予期が、x を y よりも選好した理由だったかもしれな

い）と同時に、自分の選好が充足されたことにも満足するからというものだ。しかしこの場合だと、ジルをより幸せにしているのは、選好が充足されたことではなく、xが起きたために彼女が経験する快楽である。思い出してほしいのだが、ある選好が充足されるということは、世界にとっては、当の行為者の選好する状態になることである。ある選好の充足が行為者の**満足感**に寄与するかしないかは、別の問題である（Kraut 2007, pp. 98-99）。

　かりにジルが、自分の選好する状況xが実現したと知ったとき、xの実現が彼女の精神状態になんの前向きな影響も及ぼさなかったとしよう。それでもなお、xの実現は（他の条件が一定であれば）ジルがより幸せになることを含意するのだと結論づける根拠があるだろうか。どうすればジルの選好の序列づけが単独で、xの実現をジルにとってよいことにできるのか。リチャード・クラウトはこの異議を、次のように述べている。

　　　もっと正確に言おう。S が（合理性をもって、適切な情報を得たうえで、よく熟考して）P が起きてほしいと思い、はたして P が起きた場合に、それは本人がそのように望んでいたもの**だから**というだけで、それは S にとってつねによいことなのだろうか。

　　　［この見方が含意しているのは］われわれの欲求がたまたま、それ自体では欲するに値しないものを対象にしており、しかもその欲求に動機づけられてそれらの対象を得たくなり、［しかも入手に成功したときに］、それはわれわれにとってよいものになるということだ。（*ibid.*, p. 118）

　ここでふたたび、見知らぬ人の病気が治ればいいというパーフィットの選好について検討してみよう。これなどは選好の充足がウェルビーイングを増進しないケースのように思われる。ここでパーフィットらのように、彼の選好は間違った種類の選好だと結論づけるべきだろうか、それとも、選好の充足は自動的にウェルビーイングに寄与するわけではないとするべきだろうか。見知らぬ人の病気が治ればいいという選好は、直観的にも彼とはなんの関係もなさそう

だが、私の考えではこのことはこの問題に影響しない。例として、ジルは自分がカール大帝の子孫であることを選好しており、ジャックは自分がキメラ個体だといいのに*4という選好を形成したと考えてみよう。ジルとジャックの選好はいずれも自分自身に関するものである。さらに、2人ともなにもせずにただ夢見ているわけではなく、各自の選好が充足されているかどうかをつきとめるべく、相当の苦労を惜しまないとしよう。そしてまた、2人の選好は実際には充足されているが、ジルは家系をたどることができず、ジャックの受けた遺伝子検査では、彼がキメラであることを示せる臓器が対象になっていなかったとしよう。だから2人とも、自分の選好が充足されているかどうかを知らない。ジルとジャックのこの自発的な選好の充足が、2人の人生をなんらかの形でよりよくすると信じる理由があるだろうか。ある状況が人の選好を充足させるからといって、それによってその状況は当人にとってよいとはかぎらない。それゆえウェルビーイングの選好充足説は間違っている。

この結論を裏づけるもう一つの方法は、だれかの選好が充足されたからといって、それは他者に対してどんな道徳的「牽引力」があるかと問うてみることである。私もトマス・ネーゲルと同意見で、どんな力もないと考える（Nagel 1986, ch.9 ＝ 2009年）。人にとってなにかが価値をもつ理由が、たんにかれらがそれを欲しているからというだけだったとしたら、かれらがそれを手に入れようとも、そのことは他者にとって直接の道徳的な重みをまったくもたない。他人が自分の欲しいものを手に入れようとしているとき、私に手を貸す理由があるのは、かれらの欲しがるものがどれほど欲しがる値打ちのあるものかが私に

＊4 より具体的には「4配偶子キメラ」といって、身体は遺伝的に異なる2種類の細胞で身体が構成されており、それらは4つの配偶子──卵子と精子──に由来するというものである。このような例は確かに実在する。ある例では、ボストンの医師たちが腎臓移植を必要とする女性のためにドナーを探していたのだが、女性の息子3人を調べたところ、母親の血液にみられるゲノムの子孫と考えられるゲノムをもっている者は、1人しかいないことがわかった。この女性は融合した二つの受精卵から生まれたが、彼女からこの息子に受け継がれたDNAはそのうち一方の卵に、彼女のDNAを採取した血液はもう一つの卵に由来するものだった。ことによるとキメラに生まれれば適合するドナー候補者の数が増えて、具体的な利点があるのかもしれない。もっとも、そのような利点は、ジャックがキメラであることを好むかどうかとは関係がない。

もわかるか、かれらが欲しいものを手にしたらその生活になんらかの改善がもたらされる理由がわかる場合にかぎられる。例えば、ボストン住民の多くは2004 年のワールドシリーズでレッドソックスが勝つことを痛いほどに欲していた。レッドソックスが勝ったときのかれらの幸せぶりときたら、そうでない人たちに——ヤンキースのファンにさえも——かれらの選好が充足されたのはよいことなのだなと判断するいくばくかの理由を与えてくれるものだった。しかしネーゲルも言うとおり、レッドソックスのファンたちの選好充足は、かれらの幸せや不幸とはちがって、他者にとってなんの道徳的重要性もない。道徳的に重要なのは、他者の選好の充足ではなく、他者の厚生であるのだから、厚生は選好の充足ではありえない。

　厚生とは、自己利益を考えた合理的な選好の充足だと解釈する考え方は、厚生とは現実の選好の充足だと解釈する考え方にくらべれば説得的にみえるが、それは一つには、客観的な善、すなわち選好されるべき善さをめぐる議論への足がかりになるからだ（Railton 1986; Griffin 1986, p. 30）。ウェルビーイングを現実の選好ではなく純化した選好の充足と解釈すると、人が実際に選好するものから、人が選好すべきものへと重点が移ることになる。

　　情報を得たうえでの欲求への移行は、ウェルビーイングの決定要因として欲求が果たす役割の重大な変化をも意味している。もしも私が、フランス語が堪能になったら自分の人生がどう変わりそうかをしっかり理解することによって、習得したいという強い欲求をもつようになるのであれば、私は習得すべき理由を得ることになりそうであるし、習得すれば私のウェルビーイングに寄与しそうである。しかし私がもつであろう欲求は、これらを実現させるうえで、どのような役割をはたすだろうか。（Scanlon 1998, p. 115）

　例えばかりに、間違いなく内在的によいものが、みな幸福からなっているとすれば、自分の厚生に関心がある人にとって、幸福を不幸よりも選好すること

は合理的であると主張することもできよう。しかし、不幸よりも幸福をという純化された選好は、なぜ幸福の方がよいのかを説明してはくれない。

　選好充足説の支持者たちは、いかにしてこうも誤ることになったのだろうか。その答えは、選好の充足は人をより幸せにするのだというウェルビーイングの選好充足説と、選好の充足はなにかほかの仕方で把握されるウェルビーイングに寄与するという主張を区別できなかった点にある。選好の充足は、たいていはウェルビーイングに寄与する。選好が充足されたか失敗だったかは自分でわかることが多く、欲しいものを手にすれば人は満足感を覚えるからである。あるいは、ある人がxをyよりも選好する理由がxの方が楽しいからであったら、その選好の充足は当人の歓楽を増大させるだろうし、それが理由でその選好の充足は厚生に寄与するだろう。さらに、ジェイムズ・グリフィン、ジョセフ・ラズ、トーマス・スキャンロンが指摘するように、自分がこれまでうち込んできたやりがいのある目的が達成されると、人はより幸せになる（Griffin 1986; Raz 1984, ch.12; Scanlon 1998, pp. 118-121）。つまり、なんらかのやりがいある目的の達成がジルのウェルビーイングに寄与するかどうかは、ジルがそれにうち込んできたかどうかに左右される。そして、ジルがそれにうち込んできたかどうかが、今度は彼女の選好に依存する。例えばアムールトラが絶滅をまぬがれても、ほとんどの人のウェルビーイングには比較的わずかしか寄与しないのに対し、もしもジルがトラの保護に熱中しており、しかもその活動が実ったら、その成功は彼女の人生をよりよくするだろう。つまり、ジルによる課題の選択は、彼女の選好に依存するわけだが、その選択は、世界のある状態が彼女の人生をより幸せにするかどうかに大きく影響する。アムールトラを救うという価値ある目標がジルの活動の一つになったのも、それが成功すると彼女の人生がよりよくなるのも、彼女の選好ゆえである。ジルの選好は、ある結果が彼女をより幸せにするか否かを決定するうえで、重要な役割を担っているとはいえ、彼女のウェルビーイングはそのやりがいある活動の成功に依存しているのであって、選好の充足に依存しているわけではない（Raz 1984, p. 291n）。

7.5 結論

　ある選好の充足は、歓楽や、やりがいある活動の成功や、状況が自分の選好どおりであることを知ったときの満足感などと、混同されやすい。それゆえについ、ウェルビーイングと選好の充足を結びつけたくなる——少なくとも、誤った信念が与える影響を取り除き、自分自身に関する選好だけに絞りこんだあとではそうなる。経済学ではもともと、人間をおおむね自己利益を考えるものとみなしているし、選好についても、選択に関連のある評価項目はすべて反映しているものと捉えているだけあって、経済学者たちは選好の充足と厚生を同一視する誘惑にかられやすい。しかし本章で論じたとおり、選好をどれほどきれいに整えようとも、厚生は選好の充足ではない。となると、厚生経済学にはなにが残るのであろうか。

第8章
厚生経済学における選好

第7章では、選好の充足はそれだけでは自動的に厚生にはつながらないことを示した。厚生の選好充足説は、批判に耐えることができない。この結論によって、規範経済学者たちは居心地のわるい立場に置かれることになる。かれらの研究は、批判に耐えられない厚生の理論に依拠しているようにみえるからである。

本章では、厚生経済学が誤った理論に依拠してはいないことを論じていく。ここで示すのは、厚生経済学は厚生について、どのような**理論**もまったく前提にしていないということである。しかし厚生についてどんな理論を認めようと関係なく、選好の充足は、ウェルビーイングを構成するというよりも、ウェルビーイングの証拠として役立つことができる。本章ではこの一見逆説的にみえるテーゼを擁護しつつ、個々の問題に標準的な規範経済学のツールを用いて差し支えないのはどのような場合であるか、その指針を提供していく。

第8章8.1節では、人々にとって何がよいのかについて、選好は場合によっては有用な証拠を提供してくれると論じる。もしも(1)自分自身の便益を求めている人たちに、(2)自分自身にとって何がよいことなのかを正しく判断する力があるなら、この人たちは自分にとってよりよいものをより悪いものより選好するだろう。その場合の選好は本人たちにとってよいものと一致するわけだが、それはかれらの選好が、何が自分のためになるかというかれらの判断に依存しているからであって、かれらの選好がその対象を、自分にとってよいものにするからではない。8.2節では、この考え方が厚生経済学で実際に行なわれている研究、なかんずく費用便益分析にどのような意味をもつのかを探っていく。

8.3節では、選好の歪曲とパターナリズムをめぐる最近の研究を手みじかに論評し、8.4節で結論を述べる。

8.1 選好と厚生：選好は証拠だという考え方

　第7章では、ジャックの選好をどれほど純化しようと、彼がxをyよりも選好したことでxがyよりも彼にとってよいものにはならないことを論じた。しかしジャックがxをyよりも選好するのは、自分にとってxはyよりもよいのだと彼が信じているからという可能性はあるし、その信念も正しいことはある。ということは、彼の選好をみれば、彼のために何がよいのかが、ほかの人たちにもわかるかもしれない。選好の充足とウェルビーイングを結びつけている第三者にとっての証拠という関係があるおかげで、厚生経済学のいくつかの重要な応用は正当化される（Scanlon 1998, pp. 116-118）。人々が自己利益を考えている場合、その選好は、かれらが自分のためになると信じているものと一致する。もしも人々が、目下検討中の問題に関して自分の便益をうまく判断できるのであれば、経済学者はその選好を、かれらの厚生を増進するのは何であるかに関する証拠として役立てることができる。この論法を示したのが**図8.1**である。ここでは選択肢はxとyの二つしかなく、xはジルにとって本当にyよりもよいと仮定しよう。**もしも**ジルの判断が正確なら、ジルはxの期待便益をyの期待便益よりも上位に序列づけるだろう。もしもジルが自己利益を求めているなら、その場合ジルはxをyよりも選好する。もしもジルが自分はxとyから選べるのだと知っていたら、その場合xを選ぶだろう。

　このように想定すると、経済学者はこの順序を逆にたどることができる。ジルの選択から、ジルの選好が推測できる——ただしそれは、彼女がyも選択可能であることを知っていると仮定した場合にかぎられる。yよりもxをというジルの選好からは、彼女が自分にとってはxがyよりもよいと考えていることを推測できる——ただしそれは、ジルが自己利益を求めていると仮定した場合にかぎられる。自分にとってxがyよりもよいというジルの判断から、xは実

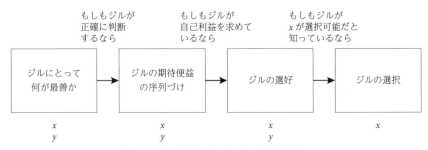

図 8.1　選好が証拠になるという考え方

際に彼女にとってよりよいと結論づけることができる——ただしそれは、ジルの判断が正しいと仮定した場合にかぎられる。このやり方なら厚生経済学者たちたちは、ウェルビーイングをめぐるいかなる理論をも信奉しないままで、人々の選択をもとにウェルビーイングについて推論することができる。人々が何を選好するかは、何が本人たちにとってよりよいかを**確定**はしないが、何が本人たちにとってよりよいかについて、しばしば**証拠**になる。これは以前エリオット・ソーバーが私に指摘してくれたことだが、ソクラテスもプラトンの『エウテュプロン』のなかで、敬虔は聖なるものだから神々に愛されるのであって神々に愛されるから聖なるものになるのではないと述べているのだから、同様に私も、ある選択肢はそれが当人にとってよいものだから自己利益を求める人々、しかも十分な情報を集めた人々に選好されるのであって、かれらが選好するからよい選択肢になるのではないと主張することにしよう。

　人が完全には自己利益だけで動いていない文脈や、信念に欠陥があるような文脈でさえ、その人にとって有益なのは何であるかを第三者が知るうえでは選好が最善の手がかりになることはある。議員や官僚は、ある個人、例えばジルのかかえる事情を本人ほどはよく知らないのがつねだし、ジルのウェルビーイングについても概して本人ほどは真剣に気にかけてはいない。どうすればジルをより幸せにできるかをめぐる議員たちの判断は、ジル自身の判断よりは劣っていそうである。また、政府の役人の判断をあてにするよりは、人々の選好に頼る方が**より無難**でもある。人々が何が自分のためになるかについて誤ったと

しても、その誤りはある程度まで互いに相殺し合うかもしれず、官僚や議員とて当人たちのかわりに判断する権限まで得ようとは思わないだろう。また自身の利害をきちんと判断できる主体として遇することは、他者に敬意を示す一つの方法でもある。

　このように熟慮したからといって、本人の選好に関する推論ならなんでもかんでも正当化されるわけではない。文脈によっては、自己利益が優先されていないこともあれば、人々の信念がひどく間違っていることも、また、フレーミングなどの要因によって選好に構造的なバイアスが生じていることもある。もちろん人はそんな文脈でも自分のためになる選好にたどり着くことはあるが、それはまぐれにすぎない。人々が適切な判断をできなくなっている場合や自分自身の便益を求めていない場合には、その選好を、何がかれらの益になるのかを知るための証拠と考える理由はほとんどない。

　こうした熟慮によって得られるのは、人々の選好をむげに却下するのは遠慮した方がいいということであり、また、人々の選好を厚生の指標とするのが妥当かどうかを決める諸要因を、おおまかにであれ特定できるということである。同時に、人々の選好を充足することには、状況のいかんを問わず理があるはずだという思い込みには根拠がない。思い起こしてほしいのだが、**なんらかの選択肢がだれかの選好を充足させるからといって、そのためにその選択肢が当人のためによいものになりはしない**。効用を選好のたんなる指標と考えることと、効用を快楽あるいは厚生と考えることとのあいだの谷に滑り落ちれば、そのことを忘れてしまいがちになる。例えば、もしある人が慈善活動に熱心なジャックの選好を説明しようとして、ハイチ地震の救援はジャックの効用関数の変数ですと言うとしたら、それはつまり、被災者を援助すればジャックの「効用を増す」——そしてジャックをより幸せにする——ことを意味するように思える。しかしそれはたんに、「効用」という言葉の用法が複数あるがゆえの誤謬のせいでしかない。xをyよりも選好するということが含意しているのは、**すべてを考慮した末にxはyよりよいと判断した**ことであって、xは**自分自身にとって**yよりもよいと判断したことではない。本書では複数の語義に由来する誤謬

を避けるため、効用については選好の指標という公式の意味から離れることはしないし、選好と自己利益と厚生の関係に言及するときには「効用」という用語そのものをいっさい使わないことにする。

　人は「あらゆる点を考慮したら、どちらがよりよいだろう？」という問いと「私のためにはどちらがよりよいだろう？」という問いを区別できる。これらの区別を理解したうえでなお、ある人が考慮すべきと考えた唯一の項目が、xとyが自分の利益に及ぼす影響だったということはあるかもしれない。しかしここまで完全な自己利益の優先は珍しいであろうし、実行するのもきわめて困難だろう。なぜなら、どの選択肢が自分にとって最善かは、しばしば言い当てることさえ不可能だからである。たいがいの人にとって、これが最善という判断とこれが自分自身にとって最善という判断とは、つねに一致するわけではない。ほとんどの人は複数の選択肢を評価するにあたって、自分の利益以外の検討項目も関連すると認めるからである[*1]。

　人がxをyよりも選好する場合、その人にとってxは本当にyよりもよいことが多い。それだけに経済学者たちにとっては、厚生を選好の充足によって測れる機会が多い。このような関連が成立するのは、自己利益の追求がありふれており、しかも、何が自分の利益になるかについては本人の方が他人よりも正しい判断ができる場合が多いためである。選好と厚生と自己利益のあいだに、それ以上に強固な結びつきはまったくない。

　例として、仮想評価法を用いて天然資源の「非使用価値」や「受動的利用価値」を測る試みについて考えてみよう。仮想評価法では、ある沼沢地なり絶滅

---

*1　人によっては、xをyよりも選好していると周囲に知られるのが有利だと判断したために、自分にとってはxがよりよいと信じていないにもかかわらずxをyよりも選好することもあるかもしれない。例をあげれば、［ピエール・ショデルロ・ド・ラクロ著］『危険な関係』のヴァルモン子爵は、ツールヴェル夫人の誘惑を容易にするために慈善家のふりをする。この場合、ヴァルモンは貧しい民の苦しみを除くことに真の選好をもってはいない——ただ、そのような選好をもつと見えるようでありたいだけだ。しかし行為者が自分のためにはxがyよりよいと判断したからではなく、そのような選好をもっている有利さを理由に、yよりもxをという真の選好を得ることも容易に起こりうる。行為者にとってのある選好をもつことの（そしてその選好をもっていると周囲に知られることの）価値と、行為者にとっての自分が選好する選択肢の価値とは区別すべきである。

危惧種なりを守れるならいくらまで支払う意志があるかを対象者に質問する（Arrow *et al.* 1993）。人々の選好は何が自分の利益になるかをめぐる根拠のたしかな判断を反映しているという想定は、文脈によっては妥当なのだが、サゴフにならって私も、環境を守るために金銭を支払ってもいいと思わせる主な要因は、自分が個人的にどれほどの便益を得られるかの予測ではないと推測している（Sagoff 2004）。例えばジルは現在80代で、気候変動が自分の生活の質を減じるとは予測していないとしよう。自分の死後に起こることは、彼女をより幸せにもより不幸せにもしないだろう。それでもジルは、人類には地球を適切に管理する責務があるとの信念をもっており、それゆえかなりの額を（光熱費の割り増しという形で）支払う用意がある。もしも経済学者が、温室効果ガスの排出を抑えるために彼女が支出をいとわない額を調べることで彼女の厚生に及ぼす影響を測るなら、誤った答えを得ることになるだろう。ジルの支払い意欲は、彼女の道徳的な信念を反映しているのであって、自分の利益についての判断を反映しているわけではないからだ。環境が人々の厚生に与える影響を測るうえでは、仮想評価法による調査は誤解をまねく手法となるのがつねである（Sobel 1998, p. 251）。いくらなら支払ってもいいという意欲をもとにすると、環境保護が厚生にもたらす帰結が大きく誇張されてしまう*2。政策には住民の選好をきめ細かに反映すべしとする理由が、なにかしら厚生の増進以外にもあるのでないかぎり、仮想評価法で使用価値以外の価値を測った調査結果を政策に反映させるのは適切ではない。

　私は、環境保全や絶滅危惧種保護をめぐる人々の選好は自己利益が主ではないと主張したが、そこで意味しているのは、その選好のおもな由来は、保護された種や生態系が自分たちの充足にどれくらい寄与するかについてのかれらの判断ではないということだ。大切なのはそれが行為者**に関する**選好かどうかではなく、その選好が行為者自身のウェルビーイングにじかに向けられているか

---

* 2　なんらかの環境保全を約束する政策は、ジルの企図［光熱費の割り増しという形で支払う用意］を実らせることがあるので、それを介してジルのウェルビーイングに資することはありうるが、ジルにとっての便益の基準は彼女の選好にあるのではない。

どうかである。第7章で論じた例を思い起こしていただきたい。カール大帝の子孫だったらいいのにというジルの選好も、キメラだったらいいのにというジャックの選好も、明らかに本人に関するものだ。もしもジルが、カール大帝の子孫だからといってなんの得になるとも思っていないなら、その場合この選好は、本人に向けられていながらも自己利益のためのものではないことになる。もしも自分にはなんの得にもならないというジルの考えが正しいなら、その場合、この選好が充足されるかどうかはジルのウェルビーイングに影響を与えないことになる。

　選好は証拠であるという見方は、いくつもあるウェルビーイングの選好充足説のいずれをも支持しないし、厚生についての哲学的諸理論にもほとんど関係しない。この見方が主張するのは、人間のウェルビーイングについて（現実的な選好の充足であるという見解を除いて）哲学的にどのような理論を信じていようとかかわりなく、選好はウェルビーイングの指標だということである。もしもウェルビーイングが幸福のことだったとしたら、その場合、経済学者たちは、自己利益を求めていて誤った信念ももっていない人の選好を知れば、何がその人を幸せにするのかを知ることができるだろう。もしもウェルビーイングがなんらかの客観的な善の集合だったなら、自己利益を求めているうえに適切な情報を得た人々の選好を知れば、経済学者たちは厚生を最も増進するのはどの客観的な善なのかを知ることができるだろう。

　人によっては、経済学者たちにはウェルビーイングをめぐるいずれか特定の説への肩入れを避けることが可能なのかという疑問を抱くかもしれない。人間にとって何が善であるかについて多少なりとも意見をもっていないかぎり、人々の選好を、当人たちのためには何がよいことなのかを示す証拠とみなすことはできない。自己利益を考えた選好と自己利益を考えない選好を区別するにも、何が自分自身のためになるかを当人が適切に判断しているかどうかを判断するにも、ウェルビーイングについてなんらかの認識に頼らざるをえない。こう言うともしかしたら、経済学者たちは選好と厚生の関係について証拠説をとったところで、熱くなってきた選好充足説という鍋から飛びだして、鍋を熱し

ていた哲学の炎のなかに飛びこむだけのように思えるかもしれない。

　人々が自身の便益について賢く判断できているか否かの結論を出すにも、かれらの選好が自己利益を重視しているかどうかを確定するにも、経済学者たちは人間のために何が善であるかについて、なにがしかを知っている必要はあるけれども、なんらかの哲学の**理論**をもっている必要はない。例えば環境経済学者たちなら、アムールトラが絶滅を免れることは個人の厚生に寄与することを容易に見てとることができるが、それはかれらが、歓楽は厚生に寄与すると知っており、人々がアムールトラを見たり野生の姿を思い浮かべたりすることで歓楽を得ることも知っているからである。一方で、経済学者には、ほとんどの人にとってアムールトラの存在は、友情や健康、意義ある事業の成功といったよき人生の構成要素には顕著な影響を及ぼさないことも理解できる。この議論で前提にしているのは、たいがいの人が考えることと同様で、快楽、友情、健康、達成などがウェルビーイングに寄与するということである。何が人間をより幸せにするのかについて誰もがもつ平凡な意見は、まじめに考えたウェルビーイングの客観的リスト説とはちがって内在的な善を残らず数え上げはしないし、人間にとって何が内在的に善であり、理由は何であり、という具合に具体的に特定してくれる哲学の理論に依拠してもいない。経済学者も一般人も同じく、なにも厚生について申しぶんのない哲学理論など待たずとも、人々の人生をよりよくしたりより悪くしたりするものについて、なんでも発言することができる。厚生経済学者たちも、そうでない人々と同様に、何が人間をより幸せにするかについてたくさんの信念を抱いている。ただ、哲学についてはよく知らないという引け目から、その信念を大声で言いたがらないだけだ。かれらの信念は、おそらく不完全なものだろう。経済学者たちは例えば、よい人生における物質的所有物の大切さを過度に重視しやすいなどといった傾向があるのかもしれない。たとえそうだとしても、経済学者たちは何が人生をよりよくしたりより悪くしたりするかについて十分に知っているので、かれらは選好が厚生を知るための証拠となるという見方を理解することができる。

8.2 選好を証拠とする考え方と費用便益分析の適用範囲

　現実問題としては、厚生経済学が政策評価に影響するのはおもに費用便益分析を介してであり、それゆえ本章でも、これ以降の議論は費用便益分析に絞ることとする。ただし同様のことは、厚生の観点から行なう政策評価で、厚生の測定に選好の充足度を基準に用いる手法であればどれについてもあてはまる。理屈のうえでは、厚生経済学が明らかにしようと目指しているのは、社会的厚生関数——社会のさまざまな状態を、それによって影響をこうむる人々の選好を基準に評価するための関数——である。その関数が実際どんなものなのかについてはほとんど合意にいたっておらず、現実に政策や投資について経済的評価が行なわれる場合は、ほぼ必ず費用便益分析か費用対効果分析のいずれかの形をとっている[*3]。

　費用便益分析で政策を評価する基準は「純便益」といって、その政策を実現するためなら受益者たちが支払ってもよいと考える額の合計から、同じ政策が採用されない方を選好する人々が同意の代償に請求したいと考える合計額を減じた数字である[*4]。これらの金額は市場取引を観察して割りだすのがふつうであるが、本人たちに直接たずねてみることもある。例えばある経済圏で、農民たちが馬に犂を曳かせて年に100万ブッシェル［約2万8000トン］の小麦を生産していると仮定しよう。ここでは分益小作制がとられており、農民たちは収穫物を地主と半々で分けあっている。そこにトラクターが導入され、農業生

＊3　費用対効果分析についてはこれ以上論じる予定はないが、これはある特定の便益をもたらすために必要な費用どうしを比較するものである。だから、例えばシートベルトの着用を義務づけて1人の命を救うコストと、製造者にエアバッグの取りつけを義務づけて1人の命を救うコストを比較することもできる。費用対効果分析は費用便益分析とちがって、もたらす便益の種類がちがう政策どうしを比較することはできない。

＊4　純便益は、本文で述べたような「補正的変化」の合計ではなく、「等価的変化」の合計によって計算することもできる。等価的変化で計算する場合の純便益は、ある政策の受益者たちがその政策が採用されていたときと同じだけ幸せになるために払ってもらう必要のある合計額から、同じ政策で損害を被る人々がその導入を阻止するためなら払ってよいと考える合計額を減じた額となる。これら2通りの算出方法の違いは本章での議論に関連しない。費用便益分析の総説については Boardman *et al.* (2010), Broadway and Bruce (1984), Layard and Glaister (1994), Pearce (1983／1972＝1975年), Sugden and Williams (1978) を参照。

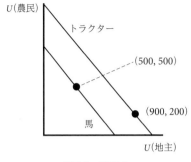

図8.2　純便益

産に変化が生じたとしよう。生産量は110万ブッシェルに増えたが、人や馬の労働力の需要が急落したために、農民たちの取り分は20万ブッシェルに減ってしまった。もしも（選好の表現するものとしての）効用が小麦の量の1次関数だと仮定するなら、この状況は**図8.2**のように表せる。

　内側の線は馬を用いて得られる小麦の分配と選好充足、外側の線はトラクター技術で収量が増えた場合に考えうる分配を表している。当初の50万ブッシェルずつの等分から地主90万ブッシェルと農民20万ブッシェルへという変更は、社会的には必ずしも改善とはいえない。例えば、それぞれの選好がどの程度まで充足されているかを個人間で比較するとしたら、選好充足レベルの平均ははるかに低くなる。あるいは、総括的な厚生をどう判断するかにかかわりなく、状況そのものを正義にもとると非難する人もあろう。

　費用便益分析は、選好充足の個人間比較を行なわず、分配の正義については不可知という立場に立つが、そのかわりに「効率」の問題と公平さの問題を分けて考える。費用便益分析はどの政策が最大の「純便益」をもたらすかを決定するわけだが、その場合の純便益は、新技術で「勝者」となる者（この例では地主）が新技術を導入するためなら支払う気になる額（40万ブッシェル分）と、敗者（農民）がトラクターの導入に同意した際に要求するであろう代償額（30万ブッシェル分）のあいだの差で決まる。純便益が最大になる政策は、選好充足の能力＝器を最大にする（Kaldor 1939; Hicks 1939も参照）*5。かりに支払い

意思の強さが選好充足の指標になるのであれば、その場合は、純便益を最大化する政策が、諸個人の選好を充足する**能力＝器**を最大にするのは明らかだ。そしてかりに選好が厚生の証拠なのであれば、純便益を最大化する政策が、人々の生活をよくする最大限の能力＝器をもつことも明らかである。

　とはいえ、費用便益分析がその管轄外とみなす分配の問題に関していえば、純便益が最大になる政策が倫理的に好ましくないこともある。厚生経済学が関与するのは、厚生の増進についての効率や自己利益に基づく選好の充足にかぎられる（Le Grand 1991）。厚生経済学者たちの役割は、政策立案者に「パイ」を大きくする方法を助言することにある。そのパイをどう分配するかという倫理的な問いはほかの人たちに任されている。

　費用便益分析からは、本章のテーマである選好と厚生の関係をめぐる問い以外にも、多くの疑問が生まれてくる。一例をあげると、これくらいまでなら支払うという額は、選好だけでなく裕福さにも依存する。となると、費用便益分析では裕福な人の選好を貧しい人の選好よりも重く扱っていることになる。理論的には、この問題は解決が可能だ。社会的厚生関数の性質をめぐる諸前提のなかに、富や所得の格差が正当化できないほど広がることがないように、「いくらなら支払う用意があるか」という情報を加味して調整するという、原理的な方法がいくつかある（Fankhauser *et al.* 1997）。しかし現実の応用場面ではそ

＊5　実を言うと、この最後の結論は正当性が示されていない。次のような可能性を考えてみてほしい。

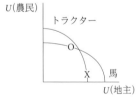

　　　　　　　　二つの曲線は、馬あるいはトラクターの使用によって農民と地主の選好がどの程度まで充足されているかを示している。点Xは点Oに対する潜在的なパレート改善である。生産物を地主から農民に再分配する（トラクターの曲線に沿った動き）ことにより、実際のパレート改善を達成することができる。しかし点Oは、点Xに対する潜在的なパレート改善でもある。馬を使った農業の生産物を農民から地主に再分配することで、やはり実際のパレート改善を達成することができる。馬を使っていた人がトラクターを使うようになっても、トラクターを使っていた人が馬を使うようになっても、経済の「パイ」は大きくならないことを考えると、潜在的なパレート改善は、論理的には選好を満たす能力＝器や厚生を高める能力＝器が増大することを意味しない。これに対して図8.2のように、ある効用可能性曲線が他の効用可能性曲線のなかに完全に収まる場合には、選好を満たす能力＝器が高まることになる。Scitovsky (1941), Samuelson (1950), および Broadway and Bruce (1984, pp. 99-101) を参照。

のような調整はめったに行なわれない。そのうえ、純便益を測るのに使われる手法も——調査であれ、市場行動の観察であれ——さらに問題を複雑にする。ただこうした難点の数々はここでの議論に関連がないので、話を単純化して、(事実に反するとはいえ) 純便益は選好充足の能力＝器の増加分を測ると仮定してみよう。

　純便益が厚生政策を検討するうえで考慮すべき項目となるのは、(1)経済学者がそれを測ることができ、(2)純便益が選好充足の能力＝器を測ることができ、(3)政策やその帰結についての選好は自己利益を主としたもので、歪曲されてもおらず、しかも、(4)自分自身のウェルビーイングに政策がもたらす帰結についての人々の期待が、ほかの予測法より劣っていない場合である。あとになってふり返ったときにものをいうのは、人々の期待が正しかったかどうかであって、期待が間違っていたせいでまずい政策が導入されては、政策決定の根拠としてほかにましなものがなかったと聞かされても、なぐさめにはならない。事前の段階で重要なのは、人々の期待形成がどれだけうまく支援されているかである。議論を簡単にするため、本章では条件の(1)と(2)を認めることにして、(3)と(4)に話を絞ろう。

　もっと特定するなら、本章で提案するのは、厚生を増進したいと思う経済学者なら、費用便益分析を適用する前に、まずは人々がその政策上の選択肢が及ぼす影響に関して、自分の利害を正しく判断できるかどうか、また、その政策の影響をめぐる人々の選好が、自己利益を動機としたものなのかどうかを問うべきだということである。これらは簡単に答えが出る問いではないし、どんな答えが出ようと必ずや物議をかもすだろう。しかし費用便益分析を漫然と適用しようと、あるいは反対に一律に非難しようと、やはり物議をかもすことに変わりはない。経済学者たちが、選好を正確かつ自己利益に基づくものと仮定するのは本当に妥当だろうかと問うてみるならば、厚生経済学を政策の指針にするのが賢明なのはどんな場合なのかを判断する助けになるだろう。選好が厚生の証拠であることを理解すれば、ウェルビーイングを推進しようとする人々も、支払い意志という情報を政策評価の基準にしてもよい場合を判断しやすくなる

だろう。

　経済学者たちのなかには、政策立案者が費用便益分析を用いる際には、それを厚生を増進する助けとしてではなく、よく情報を集めたうえでの選好——それが自己利益に基づいているかどうかを問わず——を充足する助けとして用いるべし、と信じている人もいる。例えばヴィニングとヴァイマーは、費用便益分析を「あらゆる社会的な便益とコストを幅広く考慮に入れるための枠組み」を提供するものだと解釈している（Vining and Weimer 2010, p. 1; Zerbe *et al.* 2006 も参照）。二人は、諸々の政策が分配の問題を考慮する（これは費用便益分析を実践する人々の大半が同意するであろう想定の一つである）だけでなく、諸々の政策の**純便益の**測定が、部分的にであれそれらの政策が分配についての［人々の］選好をどれだけ充足するかにも依存すべきである、とみなしている。

　　最も恵まれない層の境遇を改善することの社会的便益を測るいま一つの考え方は、恵まれない人を助けることから多くの人々が便益を引き出しているという観察結果をもとにしている。言い換えれば、人々はとくに恵まれない人たちを助けるためなら、なにがしかを支払う用意があるということだ。大規模災害のあとには惜しみない寄付が自発的にあふれ出すことも、こうした利他主義のしるしの一つである。（Vining and Weimer 2010, p. 22）

　「恵まれない人たちを助けることから効用を得る」ということは、「恵まれない人たちを助けることでより幸せになる」、あるいは「恵まれない人たちを助けることを選好する」ことを意味しうるかもしれない。恵まれない人たちを助けるためなら、支出もいとわないという意思は、人々の選好を顕示する。しかし、それがかれら自身をより幸せにする助けになるかどうかはわからない。もしも援助する人たちが利他主義者であったら、その場合、かれらは自分自身の便益を求めていないのであり、その選好を充足することがかれらの益になると信じる理由はない。かりにジャックがジルの厚生を気にかけているのなら、ジ

ャックの選好の充足はジャックではなくジルをより幸せにするのであり、この場合、ジルの厚生を二重に数えることになるかもしれない。とはいえ、ヴィニングとヴァイマーは厚生主義者ではない。すなわち、純便益というものを、厚生を推進する政策の能力＝器を、これに分配上の配慮（「公平さ」）をあわせて測る尺度としてではなく、むしろ、厚生を推進する際の効率と、分配の公正さについての市民の見解を、ともに考慮に入れた社会的価値を測る尺度として捉えるであろう。

　もちろん国民主権を尊重する以上、最終的にものをいうのは倫理をめぐる国民の諸見解でなくてはならないわけだが、分配をめぐる国民の選好に従う理由は、自己利益をめぐる国民の選好に従う理由にくらべると、はるかに弱い。かりに議員たちが、国民は何が自分の得になるかを適切に判断できて当然だと考えているのであれば、その場合、厚生の増進という目的は、自己利益に基づく人々の選好を充足するような政策に正当化理由を与えるであろう。厚生の増進という目的は、自己利益に基づかない選好を充足するための政策を導入する理由を与えない。となると議員たちが考えるべきは、自己利益に基づかない選好を支援する十分な理由はあるのかということである。もしも理由がないと思うのなら、有権者に翻意してもらうようはたらきかけねばならない。分配の公平さ（あるいは快適な環境、歴史遺産の保存、絶滅危惧種の保護、気候のコントロールなど）のために、いくらなら支払ってもよいという市民の意思は、これらの価値についての当人たちの真の選好を正確に表現しない場合もある。選好は、比較評価であって、胸の高鳴りのような生理的反応ではないので、自分の選好について断言できる人は少ない。選好は、これをふだんの消費からフィードバックするとか、あるいはある分配上の問題について考察する機会をもつとか、そういった機会がなければ、なかなか明確にならない。いくらまで支払う気があるかと問われれば、私たちはなるほど返答はするだろうが、しかしその返答は、［ほかと比較した］決着ずみの評価額を反映しているわけではない。一部にはこうした理由もあって、代議政治では市民のさまざまな倫理的な見解に応じる過程に、（立法手続きや権利法、少数派の保護といった形で）数々の障壁を設定

している。

　分配を決定するのに支払い意思［に基づく評価額］を用いるかどうかとは別に、分配についての選好や、あるいはそのほかの自己利益に基づかない選好を費用便益分析に組み込もうとするなら、本章であげたものとは別の理由づけが必要になる。分配をめぐる選好のなかにも、自己利益を求めるものはあるかもしれないが、一般に、分配をめぐる選好の充足は、必ずしも厚生を増進するわけではない。また、政策がつねに厚生の増大を目指すべきだというわけでもない。いじわるやねたみ、敵意などを抱く人々の厚生を増進する政策には、導入の帰結がそれ以外の人々の厚生にとってどうであるかを問わず、異議が出るかもしれない。もっとも本章では、こうした問題を扱わない。ここでは、厚生をめぐるさまざまな関心が政策の多くを導くべきだという一般的な見解を受け入れて、選好が厚生の手がかりとなるのはどんなときかという問題に絞ることにする。

　厚生経済学者たちにしてみたら、選好が厚生の良質な証拠かどうかを判断するために、こうした事柄を調べろと言われてもいい気はしないかもしれない。しかし選好が自己利益的で十分な情報に裏づけられているかどうかという配慮は、支払い意思についての情報をどう集めるかという決定に、すでに影響を与えてきた。アドラーとポズナーが指摘するように、費用便益を分析する人たちは、自己利益に基づかない選好を測定することをあらかじめ避けている。

　　米国農務省はアニマルライツ活動家に向かって、みなさんは食肉処理場に関心がありますかとは尋ねない。郵政公社は人々に、ポルノが郵送されていることが気にかかりますかとは尋ねない。資金提供機関は人々に、幹細胞を使用するために道徳的に意見が分かれている研究に私たちが出資するのを止めるためなら、いくらまで出してもいいと思いますかなどとは尋ねない。（Adler and Posner 2006, pp. 126-127）

　アドラーとポズナーがあげた例にはいずれも、少しばかり自己利益の要素が

含まれている。例えばアニマルライツ活動家なら、食肉処理場がなければより幸せになるだろう。しかしかれらの選好は、主として自己利益的なものではなく、かれらは人間ではなく動物をより幸せにするために、そのような選好を考慮に入れている。食肉や皮革のために動物を屠殺するのをやめれば、人々に少なからぬ便益がもたらされるだろうが、その便益は活動家たちの支払い意思という金額によっては測定できない。

　厚生経済学一般、あるいは費用便益分析の要点は、選好充足そのものではなく、厚生の推進の手がかりとして人々の選好を証拠にすることだと気がつけば、別の可能性が開けてくる。かりに環境保護のための支払い意思を聞いても、環境が保護されたら自分はどの程度の便益を得そうかという当人の期待がうまく反映されないのであれば、いくら支払うかを聞くのはやめて、便益はいくらになると思うかを聞くこともできる。重要なのは便益の期待である。例えば、「アメリカシロヅルの絶滅を防げるならいくらまで出す気がありますか」ではなく「アメリカシロヅルが絶滅したら、あなたの人生がどれくらい不幸せになるか、お金に換算して見積もってください。所得がどれくらい下がったら、アメリカシロヅルの絶滅が人生に及ぼす影響とつりあいますか」とたずねてもいい。私の推測では、便益の金額換算は支払い意思より大幅に少なくなりそうだ。かりに、絶滅を防ぐために払ってもいいという金額が、ツルの存在が自分の人生にどれくらい貢献するかの判断を表せているのであれば、第二の質問に対する返答は最低でも第一の質問への返答と同額にはなるはずだ。ということは、こちらの手法で調査を行なってみれば、本当に必要な情報を引き出せるばかりでなく、先に私が述べた、環境保護のための支払い意思は今生きている世代の厚生に対する便益を大幅に過剰評価してしまうという主張を経験的に検証することもできるだろう。

　このような提案をきちんと実行に移すのは、仮想評価法による測定をきちんと実行するのに劣らず複雑な課題である。そのうえに、将来世代の厚生に及ぼす帰結をどう見積もるかまでも計算するとなると、課題はさらに増える。しかし、選好は厚生の構成要素ではなく証拠であると認識しさえすれば、厚生経済

学ではもはや、問いの対象を選好のみにかぎらなくてもよいことになる。選好
が自己利益を求めておらず、人々が期待している便益を知る手段がほかにもあ
るのなら、その手段を探ってみればよい。

　環境保全や地球温暖化に関しては、費用便益分析をベースにしてこれを概念
的に首尾一貫させようとすると、政治的には私が個人的に危惧する結果になり
かねないと思っている。これらに関する政策が（現在生きている大人たちの）厚
生に及ぼす便益を概念的に筋の通った手法で測定したら、その値は、目下行な
われている仮想評価法で出てくるよりもはるかに低くなるだろう、と私は推測
する。それでも個人的意見としては、環境保全や温室効果ガスの排出規制は厳
格にする方に賛成だ。かりに私が、政策はすべて現在の大人たちの厚生を増進
することだけを目指すべきだと考えるなら、環境保護についての意見の多くを
変えなくてはならないだろう。しかし私は、環境政策は厚生の増進だけを目的
にすべきだとは考えないし、まして現在の大人たちの厚生だけを考えるとなる
と論外だ。それゆえ、目下の厚生に対する環境保護の寄与が仮想評価法で示唆
されるよりずっと少なく出たとしても私はぐらつくことはない。とはいえ、こ
の件に関してみんながそう考えているわけではないから、概念を明確にするこ
とが政治的には有害にはたらく可能性はある。

　選好は厚生の証拠だと認識するようになれば、さらに、純便益の算出には正
確な、裏づけのしっかりした信念を反映する選好だけを頼りにするべきだとい
うことにもなる。この問題は、費用便益分析におけるいわゆる事前のアプロー
チ対事後のアプローチ論争において、大きな役割を占めるものだ（Broome
1991b, ch.7; Hammond 1983; Harris and Olewiler 1979; Hausman and McPherson
1994）。事前のアプローチでは、厚生を測定するのに期待される選好充足のレ
ベルを用いるが、これは当人の抱く主観的確率に左右される。事後の厚生アプ
ローチでは、厚生の尺度として、結果的に選好がどの程度まで充足されたかを
用いる。事前のアプローチは、結果を事前の選好充足によって評価するのに対
して、事後の厚生アプローチでは（政策選択の指針にする場合には選択肢の前向
き評価も行なわなくてはならないのは当然だが）、結果について、これを選好充足

の「客観的な」期待——つまり客観的確率に依存する期待——という観点から
評価する。

　人々の信念が間違っていないかをまったく問わない事前のアプローチを擁護
する人は多いものの、誤認に基づく選好に依拠して政策を選択することは擁護
しがたい（Hausman and McPherson 1994）。アドラーとポズナーは、この認識
がすでに実践に影響を及ぼしていることについて、よい例をいくつか紹介して
いる。

　　　環境保護局はグランドキャニオン上空の大気の質について質問するに先だ
　　って、調査の対象者にさまざまな汚染レベルだったときの現地の写真を見
　　せている。環境保護局のねらいはおそらく、人々の内在的な選好は情報を
　　得た上のものではないため、美観についての情報を提供することだったの
　　だろう。米国農務省は食肉の表示の規則を定めるにあたり、栄養表示をめ
　　ぐる補正的変化ではなく、表示の変更に反応して消費者の行動が変容した
　　場合に得られる健康上の便益の補正的変化を元にしていた。ここでは（健
　　康を求める）内在的選好は所与と考え、（栄養表示についての）道具的選好
　　が不完全な情報に基づいている問題は回避しているように見える＊6。

　これらの例からもわかるように、経済学者たちはきちんと段階を踏めば、
人々によりよい情報を提供したり、誤った信念を正したり、ゆがめられた選好
——誤った信念に基づく選好を含めて——に依拠することを回避するように仕
向けることができる。現代の心理学では、人はどのような文脈だと間違いやす
いかが特定されている。その成果を用いれば、政策アナリストたちは、人々の
選好を、厚生を知る手がかりにするかどうかを判断できる。選好とは総比較評
価であると理解する利点の一つは、経済学者も規制当局も、人々の選好は**間違**

＊6　Adler and Posner (2006, pp.127–128). 環境保護局についての情報は Deck (1997)、農務省
についての情報は Department of Agriculture (1991) を元にしている。補正的変化については本
章の註4で触れた。

うものだとすんなり納得できることである。選好と厚生を結びつけているのは、何が自分のためになるのかをめぐる人々の判断なのだ。

　選好は厚生の構成要素ではなく証拠だという意見を受け入れれば、経済学者たちは、ウェルビーイングをめぐる哲学上のどんな理論に依拠しなくてもよいことになる。そのうえ、政策は少なくとも部分的には厚生の個人間比較によるべきだと信じる人であれば、選好充足の個人間比較など、どうすればできるのかを説明するという絶望的な課題からも逃れられる。ウェルビーイングの個人間比較は、どんなウェルビーイング観の立場に立ったとしても容易ではないし、ジルとジャックの選好が「どれくらい」充足されたかの比較となると、概念的に難しすぎて手も足も出ない（Hausman 1995）。しかし選好と厚生の関係をめぐる以上の解釈から、純便益を政策の指針にしてよいかどうかを決めるのは、支払い意思の情報が当人の考える自身の便益の良質な証拠になっているか否かと、人々が自分自身の便益になるものを適切に判断できるか否かであることが明白になる。

8.3 選好の歪曲とパターナリズム

　「これは人々が自分の便益になることを適切に判断できる文脈だろうか」と問うときに、人が本当に知りたいのは「この文脈で、人々は十分な情報を得ているだろうか」「この文脈で、人々の選好は歪曲されていないだろうか」という二つの問題である。近年の研究では、意思決定の構造的な欠陥が明らかになっており（第9章で論じる）、第二の問いに答えるにはその知見が助けになる。費用便益分析では、意思決定の欠陥によって選好が歪曲されているとき、純便益に依拠するのは避けるべきだ。これらの欠陥は、その選好が当人の厚生を知る適切な手がかりであることを疑わせる十分な理由になるからである。こうした欠陥の例として、自信過剰、極端な楽天性、現状維持バイアス、惰性、不注意、近視眼、追従、意志薄弱、嗜癖などがある。例えば退職金積立制度を利用する従業員の割合は、これに申し込むのが初期設定の（辞退する人が印をつけ

なくてはならない）ケースと、これに申し込まないのが初期設定のケースを比較すると、前者の方が後者よりもずっと高い。このことに経済学者が気づいたとしたら、従業員たちが退職金積立制度への加入を正確な判断に基づいて選択しているのかどうかについて、疑う理由が得られるだろう。この二つのケースの不均衡をもたらしている諸要因——現状維持バイアス、惰性、不注意——が、従業員たちの選好を歪曲しているのである。

　選好が歪曲されているときは、何が人々をより幸せにするかの指標として選好に頼ることはできない。では話はそこで終わってしまうのか。厚生経済学者たちにこれ以上言えることはないのか。幾人かのすぐれた経済学者や政治理論家たちは、たんに投げ出すのでもなく、バイアスを無視して選好に依拠するのでもなく、一連の方針を提案しているが、かれらによればその方針はパターナリズム的なものである（Camerer, Issacharoff, Loewenstein, O'Donoghue, and Rabin 2003; Thaler and Sunstein 2003a, 2003b, 2008 = 2009 年）。人々のためには何が本当によいことなのかについて、これを政策立案者たちに解明できるとすれば、人々をよりよい選択へ導く政策を考案することもできるだろう。この見解の擁護者として、とりわけ著名なリチャード・セイラーとキャス・サンスティーンは、人々の自由を制限することなくその選択にナッジを加えることは可能だと主張している。これが正しいかどうかはここでの議論の範囲を超えている（これについては Hausman and Welch 2010 を参照）。ここで本題は、なにが行為者のためによいのかを判断するためには、なにか本人の表明するゆがんだ選好とは無関係な根拠が必要だということである。

　例をあげれば、政府の政策であれ企業の所有者であれ、初期設定のしかたしだいで人々が退職金のために積み立てる額を増やすようにも減らすようにもナッジすることができる。しかし、どちらのナッジを与えるべきかを知るためには、個々の従業員のためにはどちらがより好ましいかを知っていなくてはならない。どうすれば経済学者や政策立案者にそれがわかるだろうか。セイラーとサンスティーンは、行為者自身の回顧的判断（言い換えれば事後の選好）にかなりの重きを置いている。「選択する人たちが**自分で［自律的に］判断するよう**

に、かれらをもっと幸せにするようなしかたで選択に影響を与えるのであれば、その政策は『パターナリズム的』である」（Thaler and Sunstein 2008, p. 5 ＝ 2009年、17頁）と二人は記している。けれども回顧的な判断もまた、それをゆがませるさまざまな要因にさらされている（当人の厚生を知る手がかりとして、定年まぎわに積み立ての少なさに気づいた後悔の方が、老いた放蕩者の改心よりも信頼性が高いなどということがあるだろうか）。およそ人々の選択を本人のためになる方へ向けさせようとする政策はなんであれ、人間にとって何がよいことなのかについての実質的な判断に負っている。

　ここではありきたりの見解が助けになるかもしれない。もしほかの条件が変わらないなら、乳児死亡率を下げ、労働災害を減らし、安全な飲み水を供給する政策が人々のためになることを理解するために、経済学者たちは選好など持ち出す必要はないだろう。退職金について言うなら、積み立てはいいことで、人はとかく目先のことしか考えないというのが、ありきたりの見解である。しかし同時に、私たちは、用心がすぎて必要以上に蓄えるばかりで、豊かな生活を楽しむ機会を逃す人がいることも知っているし、乳児死亡率を下げる政策や、労働災害を減らす政策や、安全な飲み水を供給する政策を検討する際には、その他の条件が変化することも知っている。これらを検討するためには必ずといっていいほど費用がかかり、費用は計算しなくてはならず、便益と比較しなくてはならない。期待便益についての選好や個人の判断に依拠する以外に、よい選択肢となるものはほとんどない。

　もう一つの可能性は、セイラーとサンスティーンの提案の一部に暗黙のうちに含まれているものであるが、歪曲の影響をうち消す試みに徹して、ある選択肢より別の選択肢を選ぶように仕向けることまではしない、というものだ。例えば、入社試験のなかで自社の退職金積立制度の条件にまつわる問題を出題し、正答を採用条件とする。こうして試験に合格したら申し込むかどうかを選んでもらう。このような条件はゆがみを中和して、申し込む方へも申し込まない方へも後押しせずに正しい情報だけを強制することになる。全員に同じ退職金の積み立て方を設定するのではなく、各自に自分で選ぶことを強いるわけだ。

　しかし多くの政策選択では、このような選択肢は許されていない。なにかの生息地を保全するかどうかという問題は、老後のためにいくら積み立てるかを決めるのとはちがって、各自が自分で選択できるものではない。人々の熟慮する力に問題があることがわかっても、経済学者たちにできるのはせいぜい、そうした問題の影響力を最小にすることくらいだ。例えば新しい発電所の便益と費用を評価する場合、向こう十年以内の停電の確率を下げるためならこれくらい支払うという人々の返答は、人間が直近の出来事ほど重んじるという傾向や、確率を考慮した調整ができないという性質などに、影響されることを知っておかねばならない。それに比べると、今日冷蔵庫のなかで食品が腐るのを避けるためなら、あるいは今夜照明も冷房もなしで過ごすのを避けるためならいくら支払うかという返答は、ゆがみが小さい。当の発電所の便益の一部については、悪くなった食品や暗闇のなかの寝苦しい夜を避けるための支払い意思の方が、向こう十年の停電を避けるための支払い意思よりも証拠としてすぐれている。アドラーとポズナーが挙げているいくつもの例からもわかるように、配慮がゆきとどき、費用便益分析の技にもすぐれている人々なら、こんなありふれた一般論など、とっくにわきまえているだろう。ここではそんな名人たちになにか予想外の話をお伝えしようというのではなく、こうした一般論をより広い文脈のなかで検討してきた。経済学者たちがよい政策の指針を提供したいなら、十分な情報を得たうえに歪曲もされていない期待便益や期待損失を測定する必要がある。選好の測定は、この目的のための一つの手段である。

8.4 結論

　本章の主張は、選好が自己利益を目的にしており、十分な情報を得たうえで歪曲されていない場合であれば、何が人々のためになるかを知るための、よい手がかりになるというものである。これらの条件が満たされているときは、厚生を増進しようとする人々にとって、費用便益分析のように、選好充足をめぐる情報に依拠した手法を用いるのは賢明である。これらの条件が満たされてい

ないときは、人々の選好から誤解や歪曲を取り除くことで、これらの条件が満たされる範囲を広げていき、そして選好のかわりに期待便益の測定を考えることが理にかなっている。しかしその複雑さは気が遠くなるほどである。

　これ以外にも問題はたくさんある。例えば、ガソリン税の引き上げと新車に要求される平均的な燃費の上昇について、連邦議会予算事務局が行なった費用便益分析を例に考えてみよう（Dinan and Austin 2004）。この分析では、小型で軽く、パワーの面で劣る車を運転するコストを推測すべく、大型でパワーのある車のために人々がいくら支払っているかという市場データを利用している。おそらく車を購入する際の選好は、自己利益を重視するところが大きいであろうし、車を買おうとする人なら、眼前の選択肢をそれなりによく知っているだろう。もっとも慣例に従うことによる歪みも多少はあるだろうし、広告に煽られて、車を持つことで魔法のように地位が上がり性的魅力も増すのではないかと思わされるかもしれない。それでもなお、車についての選好は、まさに費用便益分析があてにしてもよい種類のものだと思われる。

　ところがこうした「ゆがみのない」ケースにさえ、まだややこしい事情がある。より大きくより速い車の優位性は、自分以外の車のサイズやスピード次第で変わってくる。すべての車の大きさと加速性能を下げさせることは、スポーツ観戦で試合がよく見えるように、立ち上がるのを全員にやめさせるのにも似て、コストはほとんどかからない。規制や税率に手を加えることでみんなの車が小さくなったなら、以前はハマーに乗らなくては路上の王者になれない者も、いまはその半分の重さのSUVで同じ思いができる（Frank 2000）。車の購入行動は、ほかにどんな車がどれくらい走っているかを参考にしたうえで、自分にはこれが一番だという判断を反映しているはずだ。ところがこの選好は、周囲を走っているほかの車の顔ぶれに変化を与えるような政策を検討する場面では参考にできない。便益やコストが他者との関係しだいで変わるようだと、意味をなさなくなる。関係財では、入手すれば当人の厚生が向上するが、たくさんの人が同じものを手にしたら便益がなくなることがある。

　この例の要点は、費用便益分析とは、どの政策が最も厚生を増進できるかを

機械的に判定する手法ではないということだ。政策Pが政策Qよりも純便益が
大きいという結果が出ても、Pの方がつねに選好充足の能力＝器が大きいこと
にはならない。かりに能力＝器が大きかった場合でも、その選好は、何が人々
をより幸せにするかを知る証拠として適切ではないこともある。選好には自己
利益に基づいていないものもあれば、歪曲されたもの、誤った信念をもとにし
たものもあるからだ。それでも政策立案のための定量的な指針がほかにはない
し、為政者たちは費用便益分析が提供せんとする情報を必要としている。この
状況をD・W・ピアースはこう記している。

> 費用便益分析の実践者たちには、対応すべき現実世界の任務があった。政
> 府支出の付帯予算のどれをとっても、予算の許す範囲内で、だれかがその
> 優先順位を決めなくてはならない。専門雑誌で交わされる学術的議論にみ
> られる緻密さなど、こうした任務につく人たちにはほとんど助けにならな
> かった。費用便益分析は、くり返し警告を受けながらも、こうした評価プ
> ロセスを支援する一つの技法を提供しただけでなく、**唯一の**筋の通った技
> 法を与えてくれたのである。(Pearce 1983, p. 21)

これは軽視できない点ではあるが、役に立つ情報を提供したいなら、費用便益
分析は慎重に、十分な分別をもって用いなくてはならない。間違った助言でも
ないよりましだとはかぎらないのだから。

Ⅲ
心理学、合理的評価、そして選好の形成

　本書の第Ⅲ部は、人々の選好や、また人はその選好をいかに構築し修正するかについての、経験的な研究にかかわるものである。第9章では、心理学や行動経済学で行なわれてきた選択と選好をめぐる経験的な研究を取り上げる。これらの研究が明らかにするのは、一般に選好をたんなる「所与」と想定して合理的批判の対象としないのは不十分であるということである。またここでは、経済学で用いられる選択の標準モデルと、心理学で行為を理論化するときのやり方の違いも説明する。選好の構築に文脈が果たす役割を検討するなかで、必然的に第10章の、選好の形成や修正の探究というテーマへとつながっていく。第11章は、本書全体をしめくくる。

第9章
選択の心理学

　本章では、人が選択肢の評価と選択をどのように行なっているかについての経験的な証拠を取り上げ、その証拠が選択の標準モデルに、また、経済学で対象とする選好の諸公理にどう影響するかを論じる。また、選択の標準モデルと、心理学で行為を理論化する手法との比較も行なう。どちらも壮大なテーマではあるが、ここではそのなかでも比較的狭い範囲を扱う。

　選択理論の中核をなすのは、第2章で扱った完備性、推移性、文脈からの独立性、選択の決定という諸公理である。もしも人々が目の前にある選択肢のすべてについて総比較評価を行なうことができるのなら、これらの公理は真であると期待していいだろう。だが経済学者たちは、人の選好がつねに完備で推移的かつ文脈から独立しているなどと信じてはいない。これらの公理は、近似あるいは理想化したものである。人は対になった選択肢の数が限度を超えると推移性に違反しはじめるが、だからといって、普通の消費者の毎週の買い物リストまでも、推移的な総主観序列づけに導かれるものとしてモデル化できないことにはならない。ある妥当な方法で選択肢を評価するなら、選択肢のあいだの関係が非推移的になることもわかっているが（例えばTversky 1969）、それとて経済学で選択の標準モデルを適用する場面でさほど重要にならないのであれば、警戒するにはあたらない。

　現実の行動は、序数的効用理論の諸公理から非系統的に逸脱するが、それは意外でもないし、とくに困りはしない。しかしこれに加えて、ダニエル・カーネマン、サラ・リヒテンシュタイン、ポール・スロヴィック、エイモス・トヴェルスキーといった認知心理学者たち、あるいはその影響を受けた新しい世代

の行動経済学者たちは、人間の行動が選択理論の予測から**系統的に**逸脱することを実験で示している。これらの研究成果は、選択理論を説明や予測に用いる利点に疑いを投げかけるものである。[理論と行動の]さまざまな食い違いが指摘され、そこには規則性があることが定式化され確証されており、標準的選択理論から推測される結果とは衝突するからだ。心理学や行動経済学がかわりに提案する理論には、いずれもさまざまな欠陥こそあるものの、さほど重大な欠陥ばかりともいえないので、むげに棄却するほどではない。心理学や行動経済学が特定した現象には重要なものがたくさんある。本章ではそのうち、(1)損失回避、フレーミング、保有効果と、(2)選好の逆転、不一致、適応という、二つの種類についてその成果を検討していく。

9.1 損失回避、フレーミング、保有効果

　人は自分の選択肢を評価するにあたって、参照の対象にした状態、通常は現在の状態に引きずられることが多くの実験で示されている。そのような参照のしかたで選択肢を評価すると、損失は獲得よりも重く感じられ、限界損失も限界利得もともに重要性が減じていく。人々の選択は、**図9.1**のような価値関数を反映したものになる。

　この価値関数も、標準的な選好序列づけと同様に選択を決定するはずだが、選好の序列づけとはちがって参照点に左右されるので、文脈から独立していないことは明らかである。利得と損失にみられる非対称性は、プロスペクト理論の中核をなしている（Kahneman and Tversky 1979）。損失回避は、いわゆる保有効果、すなわち同じ商品であっても、手放すときは新たに買うために支払ってもいいと思う額より高額を要求する、という人間行動に明白に現れている（Kahneman, Knetsch, and Thaler 1991）。

　参照点は、選択肢の価値に非常に大きく影響するため、同じ選択肢でも参照点を移動させるような説明をするだけで矛盾した評価をさせることも可能だ。例として、600人が罹患している病気があり、次の2通りの対応方法があると

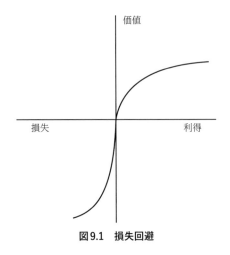

図9.1　損失回避

考えてみよう。

対策A　200人が助かる

対策B　600人が助かる確率が1/3で、1人も助からない確率が2/3

　実験に協力してくれた人たちにこの説明をしてどちらを選好するかをたずねたところ、およそ4人に3人がAと答えた。もう1組の協力者たちには対策CとDをくらべてもらった。

対策C　400人が死亡する

対策D　1人も死亡しない確率が1/3で、600人が死亡する確率が2/3

　CとDという選択肢を与えられた被験者は、およそ4人に3人がDを選好した（Tversky and Kahneman 1981）。しかしAとC、BとDはまったく同じ状態を表現している。600人の死亡が参照点になる（この場合の対応は200人を確実に助けるか、1/3の確率で600人を助けるかと解釈される）か600人の生存が参照点になるかによって、同じ結果もちがってみえるのである。

　利得と損失では重みづけがちがうため、人々の選択は参照点に左右される。これらのデータは、諸公理の非系統的な不具合をあぶり出すのではなく、選択に及ぼす系統的な影響を特定している。カーネマン、クネッチ、セイラーは次のように記している。

> 経済学的には説明できない経験則（アノマリー）が、経済学の標準理論に違反するのは当然である。そこで次なる問題は、これをどうするかである。事実に合致するよう理論を修正しようにも、わかっていることが少なすぎるか、さもなければ変更すると理論が複雑になりすぎて予測に役立てにくくなるかのどちらかで、簡単にはいかないことが多い。われわれが記述してきた経験則の事例は（中略）例外的なケースであって、理論に必要な修正を加えることが理解しやすく扱いやすいようなものではないかもしれない。加えるべき修正はささいな事柄ではない。**現在の参照点に依存するような選好順位を優先するためには、安定した選好順位という重要な観念を放棄しなくてはならないのだ。**改訂後の選好理論では、現状に特別な役割を付与し、安定性、対称性、反転可能性といった、誤っていることがデータによって示されたいくつかの標準的な前提を断念することになる。それでも、その課題は手に余るものではない。（Kahneman, Knetsch, and Thaler 1991, p. 205. 強調は引用者）

　重要なのは第一に、これらの経験則が存在することによって、人々を動機づける多彩な要因の及ぼす影響を、完備で推移的で文脈にも依存せず、選択を決定するような単一の序列づけでは約言できないと示されたことだ。第二に、逸脱の一部は系統的であり、予測可能だという点である。選好は、その人が選択肢を評価するときに依拠する参照点に、大きくしかも規則的に左右される。

9.2 逆転、変化、調整

　別の種類の経験則が示しているのは、選択に必要な検討項目についての序列づけは、意思決定の最中に即興でなされているかもしれない、ということである。これはいかにもありそうに思える。どんな選択であれ、関連する項目を残らず評価する作業の膨大さを思えば、精神的な労力を節約して、選好の序列づけもそのつど必要な部分だけを埋めていくのももっともだ。このような可能性があるからといって、経済学では話を単純化して、あたかも熟考に入る前から選好がはっきりしていたかのように扱うのが間違いだということにはならない。しかし実験による証拠は、意思決定と同時進行で序列づけを形成するプロセスからは、つねにすべての公理を満たす選好が生まれるわけではないことを示している。選択行動に内在する序列づけはしょっちゅう、考慮すべき検討項目の総主観的評価とは無関係な諸要因に左右されている。そのため、選択の標準モデルで説明や予測ができるという主張は根拠が危うくなってしまう。

　選好がときとしてどれほどあてにならず、変わりやすく、ゆがみやすいかを示す証拠はたっぷりある。そのいくつかは千年も前から知られていて、昔話にも語られている。例えば酸っぱいぶどうのようなケースでは、制約の変化が選好の変更につながって、文脈からの独立性に違反している（Elster 1983 ＝ 2018年を参照）。さらに過去2世代の研究者たちが示してきたさまざまな実験結果で、驚くべき問題が明らかになった。**選好の逆転**を示す実験では、参加者たちに、賞金の期待値がほぼ同じである2種類のギャンブルのなかから選択してもらった（Lichtenstein and Slovic 1971）。例えば、一つ目はルーレットで36以外になれば4ドルがもらえるが36に玉が落ちれば1ドル取られる。二つ目は玉が1から11のどこかに落ちれば16ドルもらえるが、12から36のどこかだと1.5ドル取られる。賞金の期待値はそれぞれ3ドル85セントと3ドル86セントになる。人の好みはいろいろで、より無難な賭けを選好する人と、賞金の多さを選好する人がいる。ここまでは変わった話ではない。不思議なのは、無難な賭けを選ぶ人たちのうち4分の3近くが、より多くの賞金を手にするべく**より多くの金**

額を賭ける意思を示したことだ。参加者たちが口にした選好は、当人の支払い
意思に表れていた選好とは反対だったのである。

　選好の逆転は、スロヴィックとリヒテンシュタインがまず予測し、のちに実
験で示した現象である（Slovic and Lichtenstein 1968）。この結果は何度となく
再現されたが、あるときはラスベガスのカジノで、参加者たちに自腹で賭けて
もらっても同じ結果が得られた（Lichtenstein and Slovic 1973）。経済学者たち
のなかには、実験のデザインさえ改善すればこんな現象は消えるのではと試み
た人々もいたが、失敗に終わっている（Grether and Plott 1979; ただし Chu and
Chu 1990 も参照）。選好を聞き出すときの言い方しだいで、選択肢についての
考え方も、選好の組み立て方も影響を受けるのである。トヴェルスキーとセイ
ラーは次のような結論にいたっている。

　　選好の意味や価値の性質について語るなら、有名な三人の審判の小話を使
　　うとわかりやすいかもしれない。一人目の審判は「私は見えたとおりに判
　　定する」と言い、二人目は「私は事実そのままに判定する」と言った。三
　　人目が異を唱え、「俺が判定するまで、何も存在しない」と言った、とい
　　うものだ。このジョークをたとえに使えば、価値に関する三つの考え方を
　　説明することができる。一つ目は、価値は存在するという考え方だ。それ
　　は体温が存在するのと同様だ。人はそれを感知してなるべく正しく報告す
　　るが、バイアスはあるかもしれない（「私は見えたとおりに判定する」）。二
　　つ目は、人には自分の価値や選好はすぐにわかるのであり、それは九九が
　　すんなり言えるのと同じだとする考え方である（「私は事実そのままに判定
　　する」）。三番目は、価値も選好もたいていは聞かれて答える途中で構築さ
　　れる（「俺が判定するまで、何も存在しないんだ」）というものだ。この論文
　　で検討する研究と最も親和性が高いのは、第三の、選好とはその場で構築
　　される、文脈に依存するプロセスだという考え方である。（Tversky and
　　Thaler 1990, p. 210）

　人々が各自の脳内で持ち歩いているのは、選択肢を総主観的評価の順番どおりに刻みこんだ巨大な石板ではなく、さまざまな選択肢の長所と短所、特性、それを選んだ場合の帰結などについてのメモなのだ。なにか決定を迫られると、行為者はこのメモから必要な部分を参照し、序列づけの断片を構築する。これには簡易な便法がつきもので、予想どおりうまくいかないこともある。選好の逆転からもわかるように、人が何を選好するのかは、選好を聞き出すたずね方にも影響されうる。人々が構築する選好は、どんな作業を頼まれたかや、問題がどうフレーミングされたかに左右される（Lichtenstein and Slovic 2006b, p. 2）。

　人は「即興で」選択肢を評価しているというこの捉え方の意味するところは、以上にとどまらない。例をあげると、最近発表されたある論文でサイモン、クラフチク、ホリオークが報告している実験では、次のような結果が得られている。

　　人々は意思決定のタスクを処理していくうちに、最終的に選択される選択肢の特性に対する選好を強める一方、のちに拒否されることになる選択肢への選好を弱めていった。（中略）一般に、特性について報告された価値（望ましさの評点）とその重みづけ（重要さの評点）はいずれも、ある選択肢がもう一方の選択肢よりも支配的になる方向にシフトしていく。（中略）これらの結果は、回答をひきだす手法や選択肢の説明方法の差でも、文脈の変化でも説明がつかない（cf. Slovic 1995; Tversky and Kahneman 1986）。このような選好の再構築は、これらの理由からではなく、意思決定のプロセスそのものから自然に生じるように思われる。（Simon, Krawczyk, and Holyoak 2004, p. 335）

　サイモンとクラフチクとホリオークが取り上げている実験では、オフィスの室内環境、通勤時間、給与、休暇という四つの条件がすべてちがう複数の仕事ジョブについて、これを被験者たちに比較してもらった。その結果、参加者たちはそれぞれの条件の重みづけについても、自分の選んだ選択肢を各条件に照らした

ときのよさやまずさについても、自分の選択を補強し、合理化する方向に調整を行なっていたことがわかった。事前の総主観的序列づけに基づいて選んでいたのなら、各選択肢の特性についての評価は首尾一貫していることになり、それはヘドニック価格法による何らかのモデルとも一致するが、参加者たちはそうではなく、自分が行なった選択を合理化するように選好を動かしていた。その選択のほとんどは、とりわけ突出して感じられた一条件にのみ照らした評価に由来するものだった。

　選好と選択の結びつきは、熟考が評価に及ぼす影響を反映していると同時に、評価が選択に及ぼす影響をも反映している。さまざまな特性、世界の状態、かわりに考えうる行為などを評価することは、熟考のプロセスであり、それは決定することに近い。選択の標準モデルが仮定しているのは、完成ずみの形で表明された比較評価であるが、そんなものは存在しない。人間を動機づける諸要因を残らず、たった一つの総主観的序列づけで要約できると想定するのは、無害な単純化ではすまないことが多い。選択を方向づける評価の姿勢は、あまりに流動的でたえず移動しているのがふつうであるし、そこから生じる序列づけも文脈で決まる参照点に大きく左右される。選好とは（信念と制約とともに）選択を行なわせる既知の、比較的固定された個人の特性ではなく、文脈にも、そして熟考のプロセスにも依存しているのだ。

9.3 信念−欲求心理学

　心理学者は経済学者にくらべて、熟考と選択の一般的な構造というよりは、人を動機づけるのは具体的に何なのか、また、人は特定の種類の問題に直面したときどのように熟考し選択するのかに関心を寄せてきた。（トヴェルスキーとカーネマンのプロスペクト理論のような）経済学との境界領域の研究を除けば、心理学で選択が扱われるのは、動機づけとなる要因を調べるときや、欲求が発生して対応が必要になるまでの道すじを問うときや、熟考を左右する発見法（ヒューリスティック）を研究するときや、あるいは、子どもたちが信念や欲求（desire）という概念

をいかに獲得するのかを探究するときである。同様に、消費者行動に影響を及ぼす諸要因を扱うマーケティング研究は、何が商品やブランドを魅力的にするのかをずばり知りたがっている。マーケティングの教科書、例えば［ソロモン著］『消費者行動：買うこと、持つこと、在ること』（Solomon 2004 = 2015年）では、選好の決定因子として、ニーズ（実利的なものと楽しみの両方がある）、底流にある価値観、自己像、生活スタイル、ステイタス、文化と下位文化、規範、広告、購買時の刺激が取り上げられている。選択が制約と信念と最終的な選好で決まるという理論は切りつめたもので、その最終的選好が選択肢の評価に影響する諸要因からいかに発生するかを多少論じる程度であるが、心理学はそんな地味な理論のかわりに、個々の動機づけの要因と、それらが特定の文脈でどう組み合わさり、選択にどう影響するのかを研究の対象としている。

　図9.2は、両者の違いを説明するため、第4章で紹介した選択の標準モデルと、信念–欲求心理学の簡易版としてよく知られているヘンリー・ウェルマンの図とを左右に並べて示したものである。ウェルマンの見解は、多くの心理学者の典型的な見解と私は受けとめている[*1]。この比較で強調すべき点は三つある。第一は、心理学者による選択の記述において、選好はなんら特別な役割を果たしてはおらず、しばしば選好という言葉さえ出てこないということだ。選好が言及されても、欲求の種類の一つとして扱われていることが多い。例えばウェルマンはこう記している。

　　選好という言葉で私が意味しているのは、「バスケットボールを野球よりも選好する」や、もっとおおざっぱな「乗馬を好む」のように、ある一定の対象へと向かう全般的な傾向のことである。つまり選好とは、どこかウォンツ（wants）にも似た欲求（desire）の状況のことである。例えば「乗馬を好む」を「あの馬に乗りたい」とくらべてみてほしい。選好がかかわる対象として顕著なのは、くり返し行なわれる活動の説明である。

[*1]　図9.2の右側の模式図はWellman (1990), p. 100の図4.1を改変した。同書p. 109の図4.2にあわせ、信念と欲求の間に矢印を加えている。

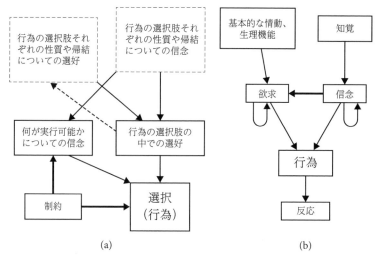

図9.2　**標準問題 vs. 信念-欲求心理学**

（Wellman 1990, p. 103）

ウェルマンは比較の要素を選好の条件にしていない。選好というときに彼が念頭においているのは、比較評価よりも安定した嗜好に近いなにかである（Wellman 1990, p. 158）。

第二に強調すべきは、ウェルマンのモデルと標準モデルはどちらも日常心理学、つまり人々の選択は理由によって決まり、理由は信念と欲求によって与えられるという考え方を洗練したものだという点である。これら二つのモデルによる世界についての主張は両立しうる。意見が分かれるのは、検討の必要な諸要因をどう分類するかという点と、説明や予測をいかに構築するかという点である。

これが第三の違いにつながっていく。標準モデルとウェルマンのモデルでは、原因となる要因の分け方がちがう。標準モデルでは、行為者は行為の選択肢のなかから選好する以上、複数の欲求のあいだでの衝突はすでに解決ずみだと仮定している。最終的選好が引き出される段階を例外として、選好や信念がどこ

から来るのかについても、選んだ行為の結果に対する反応が将来の信念や選好や選択にどう影響するかについても、いっさい問うことはない。選択とその原因（信念、制約、選好）の研究は、単純かつ確定的なものである。これとは対照的に、ウェルマンのモデルでは、欲求がどのように生まれるのか、なかでも空腹などの生理状態や恐怖などの基本的情動からどう立ち現れるのかという説明を求めたり、信念がとりわけ知覚からどのように生まれるのかの説明を求めたりする。かと思えば、心理学者たちは行為が引き起こす反応や、それらの反応が欲求や信念をどう変えるかについても関心を寄せている。ウェルマンのモデルでは明確に言及されてはいないものの、制約も選択場面の決定に一役買っている。また、標準モデルでは選好に強い条件が課されるのとはちがって、ここでは選択を説明するのに、どれか一つの安定な動機づけ構造に肩入れすることとはない。

　心理学者のモデルの簡易版は、異なる欲求どうしの衝突がどう解決されるかについてほとんど語っていない。総じて心理学では経済学にくらべ、人々がどのように選択しているかの記述モデルと、合理的にはどう選択すべきかという規範的モデルとをつなごうという関心が薄かった。欲求どうしが衝突したらどうするかに的を絞った記述がない以上、**図9.2**の(b)は合理的選択の説明とはいえない。この図の「欲求」の枠に入れるのは人に動機づけを与えるものであれば何でもよく、道徳的コミットメント、気まぐれ、基本的な価値観、好意や悪意による刺激、忌避感、本能的欲求、社会的しきたりの遵守、野心、情熱、向上心などのどれでも入りうる。これほど多くのものを欲求にするのは、それらの機能上の役割であって、その現象学的な感覚や感情価ではない[*2]。欲求とは多様なもので、熟考するには二つ以上を勘案しなくてはならないのがつねで

[*2]　同様にシュレーダーも、欲求について洗練された見解を示している（Schroeder 2007, pp. 156-157）。その説明はおおよそ次のとおりである。ジャックは、ある命題rを信じているとき、aを行なったとする。この命題rは、ジャックが顕著であると感じ、aを行なうことがなぜPを促進するのかを説明する。ジャックにとってPを望むことは、彼がrを信じているときに、aを行なう態度を根拠づける心理状態にあることを意味している。言い換えれば、欲求はなぜ理由が行為を導くのかを説明する。

ある。この特徴のおかげで、心理学者のモデルは柔軟になっている。実験者たちがさまざまな一般化を行なったとしても、選択に影響を与える諸要因はいずれも、**図9.2**では「欲求」の枠に収まってしまう。

　信念−欲求心理学で心理学者たちが用いるモデルでは、欲求に対し、選好に課されているような形式的な諸条件を満たすことは求められていない。それゆえこのモデルは、選択の標準理論がさらされてきた経験的な反駁をのがれている。しかしそうした反駁を避けた代償として、予測がほとんどできなくなっている。こうした理由から、モデルの柔軟性は長所というよりは短所とみることもできる。例えばプロスペクト理論は、文脈からの独立性を放棄し、完備性と推移性を修正する一方で、選択の決定は保持しているが、これと対照的に、信念−欲求心理学は、それ自体で説明や予測を行なう理論というよりは、選択をめぐる諸理論を配置するための枠組みに近いものとなっている。

9.4 選好と選択を説明し、予測する

　経済学や意思決定理論は、心理学の実験結果や心理学理論のモデルにどう応じればよいのだろうか。完備性と文脈からの独立性がいずれも近似として疑わしいことはすでにみてきた。人間による選択肢の序列づけは、利得と損失を区別する文脈の特徴に、大きくしかも終始一貫して依存している。選択は、信念と単一の総主観的序列づけに由来するものではない。選択をつき動かす要因にはどんなものがあるのだろうか。答えがないのなら——何が選好を決定するのかについてなんらかの説明がないかぎりは——経済学者に言えることはほとんどない。

　第Ⅰ部で提示した議論と本章で述べた実験結果から、意思決定理論や経済学の研究者はモデル化について一つの選択を迫られることとなった。かれらは選好が選択を決定するとしたうえで、損失回避や保有効果やフレーミング効果や合理化を、選好に影響を与えるものとして扱うことができる。あるいはかれらは、これらの要素を、選好と選択の乖離を開くものとみなすこともできる。選

好の概念を複数認めるというセンの提案を拒否したのと同じ理由で、私は第一の選択肢に賛成する。選好は選択を決定できるものとして扱い、心理学がつきとめたような選択に影響を及ぼす諸要因については、選好への影響を介して間接的に作用するものとして扱うのだ。諸々の実験結果を受けてこのように応えるとき、選好の文脈からの独立性という考え方は、あきらめざるをえない。文脈が固定されている場面でこの考え方を採用するなら、この譲歩にはほとんどコストがかからない。これに対して文脈も選好も固定されていない場面で、選好が決定力をもつとの見方を維持したければ、帰結主義的モデルやゲーム理論のモデル、あるいは数学的ツールなどを用いて、選好から予測を引き出す方法が残されている。

　選好が文脈に依存することはデータで示されているため、記述的選択理論ではもはや選好をたんなる「所与」と解釈するわけにはいかない。もっとも、熟考する前に重大な選好が固定されているとみなすのが妥当な近似となる文脈もある。しかし原則としては、経済学でも意思決定理論でも、選好は**どのように**文脈に依存するのかを考慮する必要がある。両者とも、これまでコミットしてきた薄い帰結主義的な説明に頼るのではなく、選好の形成についてもっと中身のある理論をあみ出すという課題に直面しているのだ。

　このあたりで少なからぬ経済学者たちから、ここで必要だという選好形成の理論には、経済学で使い慣れた技法やモデル、説明用の一般論が使えないとの苦情が出るだろう。どんなに重要だといっても、そんな理論は経済学の範囲を広げても収まりはしない。心理的なニーズが意欲を引き起こすしくみや、知覚が信念を形づくるしくみを調べるのは経済学の課題ではないと言われよう。かりに選好の形成をめぐる理論が全部、生理的必要から選好が形成されるしくみを説明するものばかりなら、その苦情はもっともだろう。しかしヘドニック価格法のさまざまなモデルをみるとわかるように、選好形成をめぐっては、経済学がつとに採用していながら、一般には主流派経済学の一部とみなされていないツールに依存している内容がある。私はプロスペクト理論の主張に細部まで賛成するわけではないが、この理論は経済学者たちに、選好形成をめぐる問い

に取り組むもう一つの道を示してくれる。プロスペクト理論も標準モデルと同じく、選択を決定するのは価値と「決定の重みづけ」だと考えるが、この価値と決定の重みづけが、参照点のような文脈の特徴に依存するとみなす点では標準モデルとちがっている。

　プロスペクト理論も、少しずつ支持を伸ばしているにせよ（Wakker 2010）、経済学者たちのあいだでは人気があるとはいえず、私も本章の結論によって味方を増やすことはないのかもしれない。いくつかの細かい不備は別にして、プロスペクト理論が経済学者に人気がないのはおもに、そこで記述される行動のいくつかが合理性という点からは擁護しがたく、行為者を搾取にさらしかねないためである。例えば、ある一連の行為が人々を救うという観点から記述されていたら賛成するのに、まったく同じ選択肢でも死者数の観点から記述されていたら反対する人の行動は、プロスペクト理論に合致しているかもしれない。だがひとたびしくみに気づいた人なら認めるとおり、このような選択行動は合理的ではない。しかしこのことはプロスペクト理論への反論にはならない。不合理な行動も不可能ではないことは明らかである。ただ、不合理な行動はとかく不安定だ。人は学習するので、例えばフレーミング効果を見抜くようになり、それによる不合理な選択を避ける戦略をとることもできる。また、かりに選好が標準的な諸公理を満たさない場合、選好の充足が人々をより幸せにするという主張は、正当化しがたくなる。ところがその主張こそ——第Ⅱ部で論じたように——厚生経済学の根底をなすものだ。

　この章は、正統な主流派経済学者たちからみれば不穏なものだろう。さまざまな実験結果から、選択の標準モデルには容易ならぬ問題があることが暴かれている。それゆえ経済学者をはじめ、このモデルを使う人は、選好を決定するさまざまな要因にもっと注意を払わなければならないことになりそうだ。それは経済学者のやるべき仕事なのか、そうであるとしてどうやればいいのか——評価［の要素］をどう理解すべきか——は次章の主題である。

第10章
選好の構築

　第10章のねらいは次の二つの結論を補強することにある。まず、選好も判断と同様、理性の監視の対象であってたんなる嗜好の問題ではないということ、そして経済学者たちは、選好の形成をモデル化する必要があるということだ。本章では議論の過程で、選好形成のモデルを構築するのに使えるさまざまな要素を集めていく。かりに選好が完備であり、経済学者が仕事を始める前に決定ずみなのであれば、選好がどう形成されていようとどうでもよいことになる。しかし、直接の選択の対象のあいだでの選好を所与とみなすなら、経済学者には行動について、人は自分の選好するものを選択するという以上のことはほとんど言えなくなってしまう。そのうえ、前章でもみてきたとおり、人々の選好は選択場面のさまざまな特徴に左右されやすいから、経済学者としては、それがどう左右されるのかを理解する必要がある。

　選好はかなりの認知構造をともなう、複雑だが語られない部分も多い物語の終着点に位置している。総比較評価を構築するのは容易なことではない。行為者は選択肢とその性質を特定したうえで、その有利な点や不利な点を考量する必要がある。行為と結果を結ぶ因果の道すじを調べ、それぞれの帰結にいたる確率と、その価値を確定しなくてはならない[*1]。

　選好とは、比較評価というプロセスの果実だが、このプロセスは重労働であるわりにろくに理解されていない。選好をたんなるフィーリング（感情）とみなし、生理的反応を注視すれば決められると考えるのは賢明とはいえない。自身の選好さえも解明するのは大変なので、人々は簡便な方法に頼っている。こうして即興でなされた評価から出てきた選好は、基本的な諸公理を満たさず、

本人が熟考して下したであろう評価を正しく表現していないことも少なくない。

　選好の構造やその導出や内容についても、経済学者たちは単純化に頼っている。文脈によっては、行為者の選好が基本的な公理を満たしていることを前提にするのが正当（legitimate）なこともあるが、この前提は正しくないことも多い。別の文脈では、選好形成をめぐる帰結主義的な物語を受け入れてかまわないこともあるが、これはあまりに単純すぎる。またある文脈では、選好の内容について単純な一般論に頼り、例えば「人は商品が多い方を少ない方よりも選好する」などと考えても、あたっていることはある。しかし選好は基本的な公理を満たさないことも多い。帰結主義は選好形成を歪曲しやすく、また人々の選好がみな欲張りなものとはかぎらない。

　人々が何を買い、どのように投資し、どんな職業を選ぶかをめぐるリアルな物語は、どれか一つの学問分野だけで語れるものではない。人々の選好には、多くの要因が影響を与える。そのいくつかは第4章と第9章で取り上げたが、ほかにもたくさんある。私は引きつづき、選択に影響する諸要因は選好と競合する決定因子と考えるのではなく、選好への影響として扱うべきだと論じていくわけだが、そうなると次に、選好形成のモデルを明らかにしなくてはならないし、モデルの考案には経済学者たちが大きな役割を果たしてしかるべきだろう。

10.1 人は選択肢をどう評価しているか

　第4章と第9章では、選好の源泉のうち、次の四つに言及した。(1)手段 − 目

＊1　期待効用理論を実際の問題に応用するのがどれほど大変かを示すエピソードがある。「1956年ごろ、ハーバードビジネススクールから転職の誘いを受けたハワード・ライファは、コロンビア大学に残るべきかハーバード大学に移るべきか決めかねていた。以下の話は、哲学科のアーネスト・ネーゲルが語ったものである。ネーゲルとライファは、クレアモント通りにある同じ集合住宅に住んでいた。ある日のこと、2人は同時に建物を出た。ネーゲルが『コロンビアとハーバード、思案はどうなってる？　君なら苦労はないだろ、意思決定理論の専門家だもんな』と言ったところ、ライファは『冗談だろ。これは大ごとなんだよ』と答えたそうだ」という。このやりとりは、以下の9頁に載っている。http://www.stat.columbia.edu/pdf-files/twatranscript.pdf［ただし現在は掲載されていない］

的論法、(2)属性ベースの評価、(3)情動の影響、そして(4)生理的欲求である。このうち最初の二つは、欲求や価値判断が（信念に導かれつつ）いかにしてその「電荷〔チャージ〕」をほかの欲求や選好に伝えるかを示すものである。手段－目的論法は、抽象的には期待効用理論という形で表されるものだが、行為の選択肢のあいだでの選好の源泉を、各選択肢から考えられる帰結についての選好と、それぞれの帰結が生起する確率についての信念とに求めるものである。多属性効用〔理論〕やヘドニック価格法のモデルなどを用いれば、選択行動から各属性に対する態度を推測することもできるし、属性に対する態度からそれぞれの行為とその帰結についての選好を引き出すこともできる。

　情動や生理が及ぼす影響について心理学が行なってきたモデル化は、概してこれほど形式ばったものではなく、扱う範囲も狭かった。しかし最近の神経科学の進歩により、それが変わりつつある（例えば Glimcher *et al.* 2009; Litt *et al.* 2009）。心理学や消費者調査にみられる選好形成の研究は、経済学のような制約つき最大化モデルには適さないものが大半ではあるのだが、意思決定と選好形成の類似性からいって、経済学者にもかなり貢献の余地がありそうだ。例えば、ステイタスへの関心と相対所得は消費者の選択肢を左右することが多く、ロバート・フランクは両者の影響をモデル化すべく、経済学のツールを手直しする方法を示している（Frank 1987; Frank and Cook 1996）。加えて経済学者たちも、意思決定をゆがめてしまうさまざまな欠陥や、人々の推論を導きつつもときにゆがめてしまう発見法〔ヒューリスティック〕などに関しては、自分たちのモデルの内部に心理学の成果を取り込む必要がある。

　消費者調査は経済学部ではなくビジネススクールで研究されているが、消費者の選好に加えられる影響力に関して、経済学がとても無視できない報告がこの分野からなされている。「ニーズ」――実利のためもあれば、気晴らしのためもある――は、それを商品やサービスがどれだけ満たしてくれるのかについての消費者の信念を媒介にして選好を突き動かすのであるが、その信念は外部から操作可能である（Solomon 2004 ＝ 2015年）。例えばホルトは、消費者の脳内でコロナビールの飲用と浜辺でのくつろぎとのあいだに強固な連想を確立す

ることにより、コロナビールがその市場シェアを飛躍的に伸ばした例を紹介している。「かつては地下の店で飲まれていた6缶パック7ドルの安ビールであったが、米国の消費者たちはこのコロナビールの何を買うようになったのかといえば、それは米国人好みののどかな海辺での休暇のイメージをかすかに垣間見ながら、黄色い液体をもったいつけて飲むという、ある体験のチャンスであった」(Holt 2005, p. 283)。

　コロナビールの飲用がもらす帰結はたくさんあり、消費者はそれらを評価する。帰結といっても、喉の渇きが癒される、酩酊するなど、どのビールでも得られるものも少なくない。他方で、銘柄によってちがう帰結もある。英国人なら意見を異にする向きもあろうが、私ならビターやスタウトよりもラガーの方がさわやかに感じる（少なくともビールが冷えていて、暑い日であれば）。またビールを飲むという経験にも、人々が評価の対象にする特徴がいろいろある。例えばビールは、手ごろな費用で自分の好みにあわせて自分を甘やかす好機である。そして、自分の好みにあわせられるがゆえに、自己表現や自己規定の好機にもなる。これは単純な一般論ではあるが、それでもここからは、特定の銘柄のビールを飲むことの価値は、消費者自身が信じているそのビールの属性や飲用の帰結に付与された価値に依存するというモデルが構築できる。マーケティングや広告は、この属性や帰結についての消費者の信念に影響を与えれば、需要に影響を及ぼせるわけだ。コロナビールの広告が消費者の選択に及ぼした影響はたくさんあるかもしれないが、その一つは、この銘柄を飲めばどんなにくつろげるか、コロナを飲むとは何を意味するかについての、それまで未確定だった人々の信念を変化させることであった。マーケティングが需要に影響を与えるこうした道すじを研究するには、経済学で従前から用いているモデル化の手法を応用できる。

　消費の選好は複雑である。ベルクもいうように、人はとかく商品を自身の身体の延長のように捉えがちで、その同一視の度合いは、選好に大きな影響を与えることもある（Belk 1988）。高額な買い物をした経験は人生の節目として残るし、どの車に乗り、どのエリアに住んでいるかで人となりが知れることもあ

る。消費によって、商品やブランドとの関係のみならず（Fournier 1998）、ほかの顧客との関係も築かれ（Muniz and O'Guinn 2001）、その関係が今度は逆に選好を形づくる。消費者の選好はそのほかに、当人が自分自身に課したルール（Amir *et al.* 2005）、情動的反応（Bagozzi *et al.* 2000）、文化的帰属意識（Solomon 2004 = 2015 年）などにも左右される。因果の説明はいく通りもありそうだ。経済学の出る幕がない場合も多いが、いくつかには貢献できる。

10.2 本来なら選択肢はどう評価してしかるべきか

　選択と選好と信念について研究するとなると、選好が現実に何の影響を受けているかを問うばかりでなく、規範的な問いをも投げかけることができる。（合理的にいって）選好に影響を与えるべきものはなんだろうか。人は選択肢をどのように評価するのがよいのか。選好にはどのような批判が可能なのか。合理性に照らすと選好が擁護できないのはどんなときなのか。選好が誤っているのはどんなときか。選好が、あるいは選好が依拠する価値が選択の**理由**となり、それゆえ選択をただ説明するだけでなく正当化もするからには、選好が合理的に擁護可能かどうかという問いは避けることができない。

　選好に影響を及ぼす要因はいろいろあるが、つねに合理的に影響しているものは一つもないし、つねに不合理な影響を及ぼしていると思えるものも、あったとしても非常に少ない。人々が各選択肢の帰結や属性に付与する価値が擁護不可能というのでもないかぎり、帰結主義的な推論も属性ベースの評価も、選好の構築や修正の手段として合理的だといえる。情動や生理的なニーズが選好の形成に果たす役割も、ときに正当化が可能だ。ハイキング中のジャックが急に歩みを止めて静かにあとずさりしたとしよう。それが前方でグリズリーがベリーを食べているのが見えたからなのであれば、すばやく離れたいという彼の選好は、恐怖心を原動力にしていようとも合理的である。それどころか、この場合の恐怖心は、とりもなおさず敏速な道具的合理性であるという議論さえ成り立つほどだ（Lehrer 2009, p. 41 = 2009 年）。その一方で、かりにジャックが

恐怖ゆえに大声をあげて走り出したとしたら、この恐怖心は本人のためになっ
ていないことになる。情動的反応と同様に社会的規範や文化的規範も、選好の
形成に立派で正当化可能な役割を果たすこともあれば、誤った、あるいは弁解
の余地がない評価や行為につながることもある。

　どんなカテゴリーの因果的要因が選好に影響を及ぼすのかを知っているだけ
では、選好を正当化することも批判することもできない。もっと詳細な情報が
必要だし、とりわけ、選好に影響を及ぼす要因がたくさんあるなかで、行為者
がそれらをどう判定しているかを知っていなくてはならない。私たちは欲求に
影響を与える多彩な要素をどのように「積み上げ」て、一つの総主観的評価を
決定したり正当化したりすべきなのだろうか。

10.3 一例：健康状態の価値

　欲求は招かれずとも生じることが多いうえ、当人が抱いているほかの欲求や
価値と両立可能でなくともかまわないが、選好はちがう。互いに拮抗する考量
の比較に基づくものであり、比較の対象となる選択肢それぞれの長所について
の判断に依存する。比較といっても、ときにはささいなものである。ジルは喉
が渇いている。給水機が目に入る。水を飲むには十分な理由があり、飲まない
理由はまったくない。だからジルは飲むことを飲まないことよりも選好する。

　選好形成に寄与する要素には何があり、合理的に擁護可能といえるのはどん
なときかを知るには、もう少し難しい事例の方がいい。例えば次のような例が
考えられる。全般的な健康を数値化する尺度を決めるため、さまざまな健康状
態に「質の重み」を割り当てることになった。そこで協力者たちに健康の損な
われた状態を複数提示して、選好を答えてもらうとしよう。質問は例えば、命
が助かるためには2種類の手術があったとして、一つは助かるかわりに耳が聞
こえなくなり、もう一つは歩けなくなるが、術後の余命が同じならどちらを選
好するか、といったものである。人々はどちらを選好するだろうか。**みなさん
なら**どちらを選好するだろうか。耳の聞こえない生活と足を使えない生活を、

私たちはどう比較すればよいだろうか。健康経済学ではこのような質問調査で
さまざまな健康状態の「質」を数値化し、それを「質調整生存年」（QALYs）
の算定に用いたり、障害の重みを数値化して「障害調整生存年」（DALYs）の
算定に用いたりしている*2。

　耳が聞こえなくなるのと車椅子の生活とどちらを選好するかというのは難問
であるし、調査の対象者のほとんどがそれまでに考えたことのないものだ。そ
のうえ協力を頼まれた人にとっては、こんな質問に答えるために必死の努力を
ふり向けるのはばかばかしいことでもある。人々の回答が詳細な情報をもとに
しておらず、じっくりと想像力をはたらかせたり、ていねいに内省した末のも
のでもないことは、この種の調査のゆゆしき欠陥だといえる。そんな調査の結
果が用いられているのは、仮想評価法に頼るのがそうだったのと同じように、
選好とはたんなる嗜好の表現だという誤解の悪影響によるのかもしれない。か
りに調査のための質問ではなく現実の問いだったとしたら、これなどは人生で
最も重い決断の一つになるだろう。ほとんどの人が必死で考え抜いてから答え
たいと思うだろう。耳が聞こえないとは、歩けないとはどういうことなのかに
ついても、情報を探し回るだろう。自分の毎日はどんなものになりそうか、具
体的にイメージしようと努めるだろう。どんな職業に就けるか、どんな趣味な
ら続けられるか、家族や友人はどんな反応をするかも知りたいだろう。自分自
身についての知識もかなり必要になる。私だったら、自分が最も大切に思うも
のは何だろうか、どんな事態になら自分は最も適応しやすいかを自問するだろ

＊2　健康にかかわる介入の費用対効果を評価するため、あるいは集団の健康の集約尺度を決定す
るためにQALYsやDALYsを用いようと思えば、これらの重みづけは量的に有意でなくてはなら
ない。そのため、実際に調査協力者たちに投げかけられるのはもっと難しい質問である。例えば、
保健指標評価研究所では次の二つのどちらを選好するかをたずねている。第一のシナリオは、「あ
と10年生きられるとして、その残る10年を、力が入らず、疲れやすく、すぐ息切れして、体に負
荷のかかる活動や集中を要する作業には困難があると考えてみてください」というものである。第
二のシナリオは、「今あげたような困難や制限はいっさいないかわり、あと7年しか生きられない
と考えてみてください」というものである。私に言わせれば、「どちらの健康状態の方がよいです
か」と「どちらの健康状態を選好しますか」とは区別すべきだが、ここで議論を絞るため、この差
は無視してもよい。健康状態の評価法のあらましと、選好に基づくさまざまな方法への批判につい
ては、Hausman（2006）を参照。

う。

　どちらも、たいがいの人が高く評価するさまざまな活動を妨げる障害ではあるが*3、たとえ各自の価値観や環境に応じて、人によりちがう比較評価にいたったとしても、それぞれが正当であるとの弁明が可能だ。ジャックは聴力を失うことを選好するのが正当で、ジルは歩行能力を失うことを選好するのが正当かもしれない。ジャックにとっての正解は——すべての項目を考慮に入れたときジャックにとってよりよいことは——ジルにとっての誤答にもなりうる。それでは、選好に正当性を与えるのは何だろうか。そして、選好を正しいあるいは正しくないものにするのは何だろうか。

　聴覚を失うか歩行能力を失うかの選択を迫られた人々は、どちらの健康障害が自分にとってはより悪いか（言い換えれば、自分がもっとも高く評価しているものに照らすならどちらがより不都合か）を理解しなくてはならない。つまり、自分がすでにもっている選好ではなく、自分ならこれからどちらを選好するはずかを考えなくてはならない。だからジャックが考えるべきは、さまざまな健康上の不足がどんなふうに**問題になる**かである。かりにこうした健康上の不足がジャックにとって、たいていの人と同様に、おもに次の五つの問題を起こすと考えてみよう。

1. 痛みやめまいなどの身体的感覚、不安や抑うつといった精神状態を介して、人々の気分に影響を与える。
2. 人々の全般的なウェルビーイングに影響を与える。
3. 人々がどのような計画や活動を続けられるか、そしてどの程度うまくいくかに影響を与える。
4. 友人や家族の全般的なウェルビーイングに影響を与える。
5. 本人が他者に与える恩恵や、他者に課す負担に影響を与える。

＊3　だからといって、それで人はすばらしい人生を送れなくなるということにはならない。このような障害が制限するのは、どんな種類の生活ができるかであり、その生活がどれくらいよいものになりうるかではない。

　これら五つの問題に即して失聴と対麻痺［両下肢のみの運動麻痺］を比較するのは、その実情を学ぶのも大変だし、評価を下すのも難しい。もしジャックが二つの状態について事実を誤認すれば、選好も不合理になったり間違えたりしてしまう。さらに、五つの問題のそれぞれに沿って失聴と対麻痺の影響の重さを比較して判断を下したとしても、次に、総合的にはどちらがより悪いかを判断するという課題が待っている。五つの問題のすべてでどちらか片方がもう一方より悪いということでもないかぎり、それぞれの問題についての両者の影響の差にどれほどの重みがあるかを考えたうえ、さらに五つの問題の重みも考えなくてはならない。

　これだけのことを合理的に行なおうと思えば、対麻痺と失聴がもたらす帰結についても、歩けない人と聞こえない人が利用できる技術的、人的リソースについても、大量の情報を集めなくてはならない。こうして集めた一般的な情報と、自分の環境、家族や友人たち、自分の能力、習慣、性格などについての知識との両方をもとにして、二つの障害が自分の生活に具体的にどんな帰結をもたらすのかを推測しなくてはならない。それには知識だけでは足りず、健全な想像力も必要だ。自分ならどう感じるかを評価するためには、自分の生活がどんなものになりそうかを鮮明に理解できなくてはならないからである（Egonsson 2007, pp. 152-153; Newell *et al.* 2007, p. 189）。人生の変わりように対する自らの情動的反応もしっかり考えねばならない（Damasio 1994 = 2000年；ただし Elster 1999b, p. 159 = 2008年、189頁も参照）。エルスターも指摘するとおり、「ごく単純に言ってしまうと、情動が大切なのは、もしも情動がなければ他のすべても［われわれにとって］どうでもよくなってしまうから」なのである（Elster 1999a, p. 403）。

　ジャックは失聴と対麻痺の特徴や帰結をめぐる事実と価値に基づいて、両者の比較評価を考えるつもりでいる。だが実際には、その評価は彼の信念、評価を行なう姿勢、想像力、情動などに左右されるので、そのどれもが事実や価値についてジャックを誤らせる可能性がある。結論が誤っていたり、あるいは結論にいたる道すじが合理的に擁護できなかったりするという意味で、ジャック

の比較評価が不完全になる経路は、大きく四つある。

1. ジャックが頼りにした情報が誤っているかもしれない、集めたデータ
   は関連がないかもしれない、集めたデータをもとにした推論が合理的
   でないかもしれない。

2. ジャックが依拠する諸々の価値（失聴と対麻痺の比較を試みるうちに次
   第に変化していく可能性もある）に整合性がない、あるいはジャックの
   全般的な価値と整合性がとれない。整合性については本章の10.6節で
   詳述する。

3. ジャックは障害をかかえた生活を想像する際に間違えるかもしれない。
   対麻痺患者として車椅子に座った自分を思い描いたまではいいが、幼
   い娘に2階の寝室まで抱いて上がってとねだられるところを思い浮か
   べたとしよう。あるいは聴力を失った自分の姿として、両親と電話で
   話すこともできずに自宅に一人で座っているところを思い描くかもし
   れない。これらのイメージはたしかにつらいだろうし、つらければ彼
   の評価は影響を受けるだろう。しかし彼が想像したものは実際に実現
   しそうな生活だろうか。健康上の欠乏に意識が集中していると、想像
   する内容もバイアスをもって切りとられた断片になりやすい
   （Kahneman 1999, 2000a, 2000b; Gilbert 2006 = 2013 年; Diener and
   Diener 2008）。朝食をとる自分、本を読む自分、夕陽をながめる自分
   などは、対麻痺や失聴について考えようとしたときには浮かんできに
   くいからである。さらに、自分や家族、友人たちが変化に適応するさ
   まもイメージしそこねることがある。麻痺のある人なら、エレベータ
   ーやそれに類する装置もなく平屋でもない建物に住んでいる可能性は
   低いし、息子の耳が聞こえないとなったら、両親だって電子メールや
   ビデオ会議に習熟しそうなものだ。ゆがんだイメージに反応すれば、
   その反応ゆえに道を誤ることになりやすい。このような根拠から、ジ
   ャックの想像力を批判し、ひいては彼の選好を批判することも可能だ。

4. 情動による反応。ヒュームの有名な言葉では「理性は情念の奴隷であり、またもっぱら情念の奴隷であるべきである」（Hume 1738, Book II, part III, sec. iii. ＝2011年、163頁）とされ、理性の主人を評価することなどできないとされるが、実際には情動も、少なくともそれを内に含む判断についてであれば、合理的な批判の対象になる。例えばジルが地面に落ちた木の枝を蛇と見誤って怖がったなら、その恐怖は誤っている。

　以上の議論からもわかるとおり、失聴か対麻痺かというジャックの評価が道をはずれていくルートはいく通りもあるし、彼の選好が合理的に擁護不可能だったり誤っていたりする可能性にも多くの種類がある。根拠に乏しい信念や誤った信念、偏った想像、整合していない評価、情動による失敗は、いずれもジャックの選好を批判する根拠になる。複数の健康状態のあいだでの選好は、たんなる好みの問題ではない。「人間行動についての議論の余地のない公理」でもないし、「説得による変更に耐えない」ものでもない（Stigler and Becker 1977, p. 76）。

10.4 情動と理性による評価

　比較評価は認知力を用いる作業である。聴力の喪失と歩行能力の喪失のどちらを選好するか決断しようとしているときのジャックは、自分の気分（フィーリング）をさぐって「自分はすでにどちらを選好しているのか」という問いの答えを探しているわけではない。一人称の視点からすれば（主観的評価として解釈される）自分の選好は、豆を食べるとお腹が張りやすいか否かのような自分自身についての事実のように扱うわけにはいかない。ジャックが知らなくてはならないのは、少しでも不自由の軽い方を選好できるように、失聴が対麻痺よりましだとかひどいとか、そういった判断をするためのどんな理由があるのかである。比較評価という作業は、それ自体が判断を要求するものだ。ジャックの問いは、「どち

らがよりひどくて、回避がより重要だろうか」なのである。

　失聴と対麻痺の特質や帰結についての信念をより精緻にし、自身の価値を反映させるとともに価値もみがきあげ、それぞれの選択肢が鮮明になるよう想像力をはたらかせるのに加えて、ジャックの情動にも、想像したそれぞれの状態の重みを考量するだけの受容力が求められる。エレン・ピーターズが指摘するように、情動は意思決定に少なくとも四つの役割を果たしている。

1. 情動は、情報の一つの源泉である。「これについて自分はどう感じているだろうか。どう感じるだろうか」[*4]。
2. 情動は、複数の選択肢を比較する共通の通貨になる。
3. 情動は、意思決定の当事者をして、新しい情報に注目させる。その新しい情報が次の段階で選択を導くのに用いられる。
4. 情動は、情報処理や行動の動機づけになる。(Peters *et al.* 2006, pp. 80-81; Peters 2006, pp. 454-455) [*5]

　情動は、例えば消費者研究のような、評価をめぐる経験的な理論に大きな役割を果たすにちがいない。「情報が意味をもち、決定が可能になるためには、ある程度の感情（アフェクト）が必要である」(Peters 2006, p. 463)。その一方で、情動が規範的理論に占める位置は判然としない。情動をこれまでの無意識の学習の集成と考えるなら、選択肢を評価する段になって、合理的な熟慮の理想化されたモデルにすでに含まれている以上のことを新たに提供してくれることはない。しか

＊4　レーラーが指摘するように、われわれの情動の多くは過去の経験によって微調整されており、どの状態が自分の期待を最も満たすかについての指針を与えてくれる。「人の情動は、現実を反映するために休みなく調整を続ける、可塑性の高い脳細胞が行なう予測に根ざしている。人が失敗をおかすたび、あるいは新しいものに出会うたび、脳細胞は忙しく自らを変化させている。人の情動はどこまでも経験的なのだ」(Lehrer 2009, p. 41 ＝ 2009年)。

＊5　情動も、まずい選択や正当化できない選択につながることがあり、エルスターは7種類を挙げている (Elster 1999a, pp. 285-286)。(1)確率にバイアスをかける、(2)因果関係をめぐる信念にバイアスをかける、(3)幻想に基づく行動をうながす (Sartre 1962)、(4)苦痛をもたらすような幻想をうながす、(5)不合理な行動の原因となる、(6)よく考える前に行動する傾向をもたらす、(7)帰結の軽視に誘導する、というものである。

し理想的なまでに合理的な熟慮など、人間にはふつうは考えられない。

　私の見解では、情動を規定するものは三つある。情動により促される行為の傾向、情動の典型的な感情（フィーリング）、そして、情動が反応している対象が、それを経験している当人の関心の対象にどんな影響を及ぼすかである（Ben Ze'ev 2004; また Damasio 1994 ＝ 2000年; Elster 1999a, 1999b ＝ 2008年; Hastie and Dawes 2001, pp. 206f; Nussbaum 2001, 2004 ＝ 2010年も参照）。例えばある出来事に対するジルの反応が悲嘆であったとすると、ジルは嘆く傾向が高まり、動揺や空虚さ、落ち込みなどを感じ、その出来事は自分にとって多大な喪失であるという信念をいだくだろう。マーサ・ヌスバウムによれば、「さまざまな仕方において私たちが危害や損害によって傷つきやすいからである。（中略）情動は、これらの脆弱な部分への反応である。情動とは、私たちが被ってきた損害、被るだろう損害、あるいは幸運にも被らずにすんだ損害を表現する反応」（Nussbaum 2004, p. 6 ＝ 2008年、7頁）である。いくつかの特定の情動は、さまざまな事態がわれわれの目的や目標にどのような影響を及ぼすのかについての評価判断、すなわち、アンソニー・ケニーのいう情動の「形式的対象」に相当するか否かについての評価判断を内に含んでいる（Kenny 1963）。情動の形式的な対象は、情動を部分的に規定する。例えば、悲嘆の形式的な対象は、重大な喪失（ロス）である。ある深刻な事態——ケニーの用語では「実体的対象」——に直面して悲嘆にくれるためには、行為者は、その事態が悲嘆の形式的な対象の一例である——つまりその事態が自分にとって重要な物や人の喪失を含んでいる——という信念をもっていなくてはならない。ヌスバウムの主張はさらに強い。悲嘆とは「評価的でしかもユーダイモニア的なある命題、すなわち当人にとって重要な一つないし複数の目標や目的にかかわるある命題を受け入れることと、**同一である**」（Nussbaum 2001, p. 41 ［強調は引用者］）という。私は、ヌスバウムが情動を判断の受容と**同等にみなしている**ことは、（Solomon 2003 と同様に）情動の認知的な部分を過大に評価しすぎていると思うが（Scarantino 2010）、情動にとって判断が本質的なものであるという点は正しいし、また彼女の説明と私の依拠する説明とが一致しなくても、情動が合理的な批判の対象になるか

どうかという問題に影響は及ばない。

　さまざまな出来事に対する情動的反応は、「何が問題であるかについての筋の通った見解がその背後にあるとしても、何が起きたのかによって正当化されるものである」（Nussbaum 2004, p. 12 ＝ 2010年、14頁）。ある情動的な反応は、何が起こったか、あるいは何が起こったと想像するかによって正当化されるが、そのためには次の二つの条件が満たされていなくてはならない。一つは、行為者が情動の「実体的対象」——当人の反応の対象になっている事態——を、その情動の形式的対象の一事例として解釈することが正当であることだ。充足感（contentment）は歩行能力を失うことに対する正当な反応ではない。歩行能力の喪失は、充足感の形式的対象とはちがって、人が欲するものでもなければ、人に喜びをもたらすものでもないからである。第二に、情動の形式的対象——人の利害や関心に特定の影響を及ぼす事態——に対する人々の反応も正当とされていなくてはならない。充足感が争いにつながるのはおかしいし、感謝がその恩恵の対象に対する攻撃に向かうのもおかしい。かりに人々は、さまざまな事態が自分の目標や利害にどんな影響を及ぼすかについて正しい意見をもっており、自分の利害にそのような影響を及ぼす事態に対する反応も正当なものであるとすれば、その場合は、その情動的反応の原因となった事態の性質も、その反応を正当化する。殴打事件を目撃するという事態は、ジルの警戒心も、退避行動も正当化する。おいしい食事が予期されるなら、愉快な反応も、その食事を得ようとする行動も正当である。さまざまな事態が自分の目標にどんな影響を及ぼすかをこれまでに学習している場合、その人がどう感じるかも、どんな行動をとりがちになるかも、そしてその情動も正当である。それらはみな、対象に対する合理的に擁護可能な反応である。

　情動の反応は、社会的規範に影響を受けている。さまざまな事態が人々の目標や利益にどう影響するか、人々が例えば侮辱されたときや恩を受けたときにどう感じるのがふつうとされるか、どんな行為が侮辱や恩とみなされるか、自分の目標に影響を及ぼす出来事に人はどう反応するか、そのいずれもが文化によって一致しない。つまり社会がちがえば情動も異なるのだ*6。人々がそれ

れの経験を通して獲得した反応さえも、他者の反応や所属する社会の規範
によって形づくられている。ジャックはこれまでに暖かい風呂という享楽を経験
してきたからこそ、暖かい風呂を心に思い浮かべたときに快感の反応を示す。
しかし彼が入浴を罪のないぜいたく（ありふれた快楽の形式的対象）として経験
するのは、裸でいることが罪深いとみなされない社会にいるからこそである。
情動による反応には、その人の住む社会の刻印と、その人がその社会で積んで
きた経験の刻印が捺されている。

　社会的規範の重要さを強調したからといって、規範は批判不可能だとか、社
会的規範に合致する情動的反応なら自動的に正当になるなどと言うつもりはな
い。人は誤った信念や正当とされていない信念を抱くことがあるのと同様に、
正当化できない情動的反応をすることもある。例えば、米国ではさほど昔とは
いえないころになってもまだ、大半の人が白人と黒人の結婚に嫌悪感をいだい
ていたし、不自然であると信じていた。この信念と情動的反応は、その当時も
すでに、擁護できないものではあった。情動の反応が適切かどうかに関しては、
統計が示す正常さはおおまかな指針にしかならない。

　人種を超えた結婚をめぐる差別的な態度だけでなく、子どものときに咬まれ
たから犬が怖くなったといったたわいない例からもわかるとおり、人は正しい
反応を学習することもあれば、誤った反応を学習することもある。誤った反応
や正当とはいえない反応は、たいていの場合、正当ではない信念、誤った信念、
あるいは想像の失敗にたどることができる。そうでなければ、この犬は咬まな
いと知っていながらすくんでしまうジルのように、感情の機能にゆがみが生じ
ている*7。対象を根拠として正当と認められる情動的反応は、かなり範囲の
限られたものである。

---

*6　エルスターはこれと対照的に、情動は世界共通であり、各社会がそれを認めないだけではな
いかと考えている（Elster 1999b, p.98 = 2008年、115頁）。しかしかりに情動というものが、さ
まざまな事態が人々の利害にどんな影響を及ぼすかについての信念や、それらの事態が自分の人生に
干渉してきたら人はどう感じ、どう行動するかについての信念によって決定されるのであれば、そ
れらは社会によってちがうことになるだろう。ただしその違いは小さいかもしれない。

10.5 ヒュームの難問

　前節では、情動による反応も合理的な批判の対象であることを論じてきた。しかしこの結論の前には、デイヴィッド・ヒュームの有名な難問が立ちはだかる。

> 　情念は根源的な存在である。あるいはそう言いたければ、根源的な存在の様態（modification）であり、これを、それ以外の存在や存在の様態の模像とするような、表象的性質は何も含んでいない。私が怒っているとき、私は現実にその情念（怒り）にとらわれているのであり、私がのどが渇いているとき、気分が悪いとき、身長5フィート以上であるときと同じく、私はその情念のなかに、それ以外の対象との関係をもってはいないのである。それゆえ、この情念が真理と理性に対立あるいは矛盾することは不可能である。この［真理に対する］矛盾とは、模像として考えられた観念と、観念が表象する対象とのあいだの不一致に存するからである。(Hume 1738, Book II, part III, sec. iii. ＝ 2011年、163頁)

ここでヒュームは、**情念**（パッション）が何ものをも表象しないと主張している。気分が悪いのと同様、喜びを感じることにも真や偽はなく、合理的な批判の対象にもならないというのだ。情念はいかなる客体にもまったく関係をもたず、理性によって形成されることも修正されることもない。これだとヒュームは情動が信念に依存することも、信念を必然的にともなうことも否定しているように見える。

　しかしヒュームは続ける。

> 　情念が理性に反することができるのは、情念がなんらかの判断や意見を**伴**

＊7　人によっては、ジルは目の前の犬（コッカースパニエル）がおとなしいと知りながら、その危険さについて不合理な信念を抱いており、それが彼女の恐怖心に現れているのだと主張するかもしれない。エルスターと同様、私もこの考え方に説得力があるとは思わない（Elster 1999a, p.117）。Hunt (2006, p.559) も参照。

っている場合にかぎられる。（中略）情念が誤った想定に基づいているの
でも、目的に対する不十分な手段を選択しているのでもない場合は、知性
は情念を正当化することも断罪することもできない。［上の二つの条件に当
てはまらないときは、］自分の指にひっかき傷を作るくらいなら、全世界が
破壊されるほうを選んだとしても、理性に反するというわけではない。
［また］私がまったく知らないインド人か誰か、他人のわずかな不快を防
ぐために、私が自分の完全な破滅を選択したとしても理性に反するという
わけではない。（中略）要するに、情念が理性に反するためには、何らか
の誤った判断が伴っていなければならない。そして、その場合でさえ、正
しく言えば、理性に反するのは情念ではなく、判断なのである。（Hume
1738, Book II, part III, sec. iii. ＝ 2011年、164頁）

　このくだりでヒュームが主に論じているのは「情念」ではあるが、彼の最も
劇的な主張は、選好と選択に関するものである。情念は「正しく言えば」「理
性に反する」ことはないという。かりに欲求も情動の反応も、感情のほとばし
りであり、判断には偶発的にともなうだけなのだとしたら、ヒュームに分があ
るといえるだろう。ジャックは、ぐるぐる回ったときに、あるいはジルにキス
することを考えたときに、めまいを感じるが、しかしこのめまいはジャックに
とって、どうして正しかったり間違っていたり、あるいは正当化されたりされ
なかったりするだろうか。これに対して欲求や情動は、めまいとはちがう。ヒ
ュームも認めるように、情念は、仮定や判断「に基づいている」こともある。
めまいとはちがって、欲求や情動には対象があるのだ。
　何が起こったのか、あるいは起ころうとしているか、そしてそのことが自分
の目標にどう影響するかについての判断は、情動を構成する一部である。かり
に自分は喪失をこうむったと信じていないのなら、ジルはどれほどひどいつら
さを感じていようとも、その感情は悲嘆ではない。ジルの感情がヒュームの説
くように対象をもたないかどうかを問わず、彼女の情動は対象をもたないもの
ではない。また、感情に備わっている評価を行なう力——選好に影響を与える

手段──が、感情がよって立つはずの判断とは無関係に、感情のみから生じるとは理解しがたい＊8。さらに、選好についてのヒュームの主張は、感覚についての彼の見解からは引き出せない。選好は判断を前提としているが、その対象の特質や帰結をめぐる判断は、間違うこともあれば、道理にあわないこともある。だから、最終的な選好が選択肢の特徴と帰結についての評価に依存することを示すモデルを用いるかぎりは、選好を合理的に批判しうることを、ヒュームにも認めてもらわねばならない。かりに、自分の指先に引っかき傷を作るくらいなら、世界の破滅の方を選好するような人物や、他者にささいな益をもたらすために自分の大切なものを犠牲にするような人物がいたとして、そのくせ生命の価値や喜び、美、その他諸々については大半の人と意見が一致しているとしたら、その人の選好は、その人自身の価値観と衝突するだろう。これと対照的に、その人の信念と情緒的反応のあいだに、それなりに一貫性があるのなら（そんなことは想像しがたいが）、その人の情緒の能力の方に、なにかとんでもなくおかしいところがあるはずだ。

　これはおそらくヒュームも同意するであろう。ヒュームは「嗜好の標準について」という小論で、まず『人間本性論』の議論を述べ直している。「あらゆる感情（sentiment）は正しい。なぜなら、感情は、その感情を越えて何かを基準とすることはなく、人が感情を自覚するときはいつでも真実である」からだと（Hume 1741, p. 234. ＝ 2011 年、194 頁）。ところが、つづいてアディソンやミルトンと比較したオーグルビー＊9とバニヤンの長所を語るなかでは、「オーグルビーやバニヤンを好む者もいるであろうが、そのような嗜好に耳を貸す者はひとりもいない。だからわれわれは躊躇なく、そのような偽りの批評家の

＊8　このヒューム的見解に対する批判について、Scanlon (1998) および Parfit (2011 ＝ 2022 年)を参照。ある特定のヒューム的見解に対する最良の擁護として、Schroeder (2007) を参照。
＊9　ジョン・オーグルビーはスコットランドの詩人にして地図製作者である。1600 年生まれ、1676 年死去。1822 年に匿名で刊行された『スコットランドの詩人たちの生涯 (Lives of Scottish Poets)』の著者は、次のように記している。「アレキサンダー・ポープは長ずるにつれオーグルビーの詩に軽侮の念を抱くようになり、『愚人列伝』にもそう記したが、のちに『イーリアス』を翻訳した際には、その序文でさらにあからさまに語っている。その詩は論ずるに値しないほどつまらなかったことは明白で、残念ながら私も、このような辛辣な意見に反論する言葉をもたない」と。

感情が、バカげた滑稽なものであるとはっきり断言する」（Hume 1741, p. 235. ＝同、195頁）と記している。

　もし「あらゆる感情は正しい」というのなら、なぜ一部の感情が「バカげた滑稽なもの」となるのだろうか。ヒュームは次のように答えている。

> 　精神の内的な組織の基本構造によって、ある形態や性質は人を喜ばすように、また別の形態や性質は人を不快にするように仕組まれている。そして、ある特定の場合にその効果を示さないとしたら、それは、感官にある、明らかな欠陥ないし不全が原因である。（中略）どの人にも、健康な状態とそうでない状態とがある。そして前者の場合のみが、嗜好と感情の真の標準をわれわれに与えると考えることができる。（Hume 1741, p. 238. ＝同、197頁）

　嗜好は（おそらく情念も選好も）、たとえ事実の部分に誤りがなく、行為者の感情状態の内部に矛盾がないときでさえ、間違っていることがありうる。オーグルビーをミルトンより選好する人々の「内的な構造」に欠陥があるというなら、だれかにささいな恩恵をもたらすためにわが身の破滅を選好する人の評価能力にだって欠陥はあるだろう。

　ヒュームが実際にどう考えていたかは、ここでの本題ではない。彼の見解も誤っている可能性はある。しかしヒュームの著作からは、評価が誤る可能性や、理性が評価に果たす役割などを認めるにあたって、客観的な価値を想定せず、あるいはそれを認識する人間の能力を仮定せずにそれを行なおうとする苦心が伝わってくる。思うに、その後の心理学や神経科学の発展によって、人間の感情の能力に欠陥があるという仮説は裏づけられたのではないだろうか。とはいえ、たとえそうした仮説が裏づけられておらず、客観的価値をめぐる理論も無に帰したとしてもなお、10.3節で挙げた評価における四つの経路に、理性の出番があることにかわりはない。

10.6 整合性

　本章の10.3節で、ジャックの比較評価が誤っている、あるいは正当性がない場合の一つとして、複数の選好のあいだに一貫性がない場合を挙げた。これまで選好や選択を評価しようとする論者たちの大半が語ってきたのは、整合性（coherence）ではなく一貫性の有無であった。ここでいう一貫性のなさは論理的なものであり、例えばpと非pを両方信じるような論理的な矛盾と、推移性や文脈からの独立性といった公理への違反の二つがある。例えば、モーゲンベッサーがりんごパイ以外の選択肢がブルーベリーパイしかないときにりんごパイを選好することは、りんごパイもさくらんぼパイもあるときにブルーベリーパイを選好することと「一貫性がない」と考えることもできる。しかしこの選好は、論理の諸原理になんら違反しているわけではない。

　こうした［比較評価の説明上の］不備についてはたいていの場合、一貫性のなさではなく**整合性のなさ**と記述するようにすれば、より誤解を生みにくい。整合性は、それ自体が合理性の構成要素というわけではないが（例外的に、ある人物や主義、活動などに新たな情熱を燃やすようになって、これまで互いに整合的だった態度が乱された場合などは、明らかに非合理的とみなされよう）、合理的な行為者性を構成する一部ではある。諸々の行為と諸々の態度になんらかの体系的なまとまりがみえることも、合理性に含まれるのだ。態度、欲求、価値観、信念、行為のあいだに整合性を要求することにすれば、合理的な評価と選好形成をめぐってさらなる理論の構築が可能になる。

　評価における整合性については、よく練り上げられた理論はないものの、もしそのような理論があるとしたら、何を目的とすべきか、その目的を達するにはどう取り組めばよいのかについて、少し語っておきたい。複数の選択肢を合理的に評価するということのなかには、それぞれの評価どうしに整合性があることや、評価がいずれも情動、態度、意図、信念などと整合していることも含まれると考えてみてほしい。ポール・サガードにならって、整合性のモデルを、「要素」のあいだに生まれる一連の「制約」を満たすこと、としてみよう

（Thagard 2000）。要素はさまざまな命題的態度から成り立っている。正の制約とは、一対の要素が互いに整合している状態、負の制約とは互いに衝突する状態をいう。何対もの要素のあいだには、特定の制約がたくさん成立することもある。例えば二つの信念が整合するのは、どちらかがもう一方に対して、必然的にともなうとか、説明するとか、類推が成り立つとか、概念上関係するといった場合である。すべての人間はいつか死ぬ運命にあるという信念と、マイケル・ジャクソンは死んだという信念とのあいだには正の制約がある。

　このようにつまり、整合性とは、制約の充足の問題である。一対の要素のあいだで正の制約が充足されるのは、人が二つの要素を両方とも受容するか、両方とも拒否する場合である。また負の制約が充足されるとは、人が要素の一つを受容し、もう一つを拒否する場合である。いくつもある制約に対しては、それぞれの重要性に応じて重みづけをすることもできる。一方で、ある要素の受容や拒否は、整合性のない根拠に基づく場合もある。行為者が整合性を追求する際には、いくつもの要素を、受容するものと拒否するものとに分けるにあたって、なるべく多くの制約を、あるいは最も重みをつけた制約を充足するような分け方を、心がけることになる。サガードは、言明の集合内で整合性を決めるための形式的な計算法（アルゴリズム）を描いている（Thagard 2000）。

　これを選好にあてはめると話が複雑になってしまうのだが、それも一つには、人が整合性の有無を調べるべき要素が、選好、欲求、価値、信念、意図、情動と多岐にわたるためである。しかも、選好、欲求、情動、意図、価値のあいだに、どの程度の整合性がみられるかは、行為者の信念しだいで変わってくる。例えば、ジャックが目の前のコップのなかの液体を水だと信じていたら、水がほしいという欲求と、その液体を飲もうとする意図とのあいだには、正の制約が成り立つ。一方、ジャックがコップの液体を消毒用アルコールだと信じているときには、欲求と意図のあいだには負の制約が成り立つだろう。このような複雑さに対処するには、まず互いに整合する二つの信念を見つけ、その二つに照らして選好や欲求、意図、価値などの整合性を検討していくのも、一つの方法かもしれない。単純化しすぎではあるが、出発点にはなるだろう。

　選好の形成や修正について、役に立つ整合性モデルはまだ作られていないと
はいえ、その可能性の探求は、理性のさらなる仕事であり、選好に対する合理
的な批判と修正の新たな幕開けとなる。例えば、戦略的状況をゲームとして解
釈する場合、プレイヤーは自分たちの相互作用について、整合性のある見方を
求めていると考えることができるかもしれない。あるいは、経済学で開発され
たモデル化のためのツールのなかには（均衡状態の決定に関するものはとくに）、
制約の充足や、信念と選好の整合性などを測るのに利用できるものがあるかも
しれない。

　合理的に擁護可能な情動の反応についても、選好の形成についても、いつか
よい理論ができたなら、それは情動、判断、感情<ruby>感情<rt>フィーリング</rt></ruby>、および振る舞いの傾性のあ
いだの整合性という概念に多くを負うものになるだろう。ジルが犬に抱く恐怖
が正当と認められないのは、大半の犬は無害だという彼女の信念と統一がとれ
ていないからである。異人種間の結婚に対する嫌悪感が正当とみなされないの
は、それぞれの人種の文化的な特徴、生物学的な特徴について正当とされてい
る信念と整合性がないためである。感情の整合性について役に立つモデルを作
ろうと思えば、情動とその形式的対象や実体的対象との関係、そして情動と実
践との関係についての説明が必須となる。とはいえ、この提案はたんなる空手
形でしかない。感情の整合性について、私はいまだなんの仮説も立てていない。

10.7 結論：選好形成の諸理論

　選好は合理的な批判の対象であると主張したからといって、どんな人にとっ
ても、ある一意的で合理的な選好があると言っているわけではない。ジャック
とジルが同じ証拠をもとにちがう結論にいたり、そのどちらも正当と認められ
ることは考えられる。二人とも、合理的に擁護可能なやり方で選択肢を想像す
るが、異なる選択肢のイメージにいたるかもしれない。情動による反応も、ど
ちらも正当化されないものではないのに、いくらか異なっているかもしれない。
合理的評価についての説明は、ある範囲内であれば、選好のばらつきを許容す

るものである。

　本章のねらいは、選好は合理的な評価の対象であり、選好形成は経済学によるモデル化の対象であるとの主張に中身を与えることだった。選好が誤った信念に基づいているとか、整合性がないとか、ゆがんだ想像や正当ではない情動的反応につき動かされているといった批判は可能である。たとえ欲求についてヒューム的な見解に立とうとも、選好をこのように合理性の視点で精査する余地はある。

　選択を制約と信念と選好から導き出す理論においては、信念が所与であれば、選好が選択を**決定する**。この理論は選好と選択の関係が単純であり、しかしその代償として、選好の決定が複雑になっている。選好の形式的条件をただ特定しただけでは、たとえその条件が満たされても、経済学者たちはなに一つ予測も説明もできない。予測や説明のためには、人々が選択肢それぞれの属性や帰結をどう評価しているか、そしてその価値が選択の直接的対象についての（最終的）選好をどう決定するのかについても知る必要がある。経済学者がこの要求に応えるべく頼りにするのは、一方では選好形成についての帰結主義的な見方であり、他方では、例えば人はとかく商品の大きい束を小さい束より選好するといった素朴な一般論である。しかしこうした一般化は、人々がこれから何をするかを予測できるほど、正確で詳細なことはめったにない。

　だからといって、行為者の選好について経済学者がなにか実のあることを言えるとしたら、非飽和性［選好の局所的非飽和性：人間の欲望には際限がないこと］のような一般論くらいしかないなどと言う必要はない。例えばヘドニック価格法のモデルは、ある商品やサービスの需要が何によって決まるかについて、より具体的な一般化を許容している。選好は推移的であり選択を決定する、という見方を保ったままでも、選好が選択肢の特徴に、文脈に、話の聞き出し方に、発見法に、流行に、忠誠心に、社会的規範にどのように依存しているかをめぐる一般化の数々を引き出すことは可能である。文脈によっては、人は自分の金銭的利益や消費財の量にしか興味がないと仮定するのがよい近似になることもある。そんな文脈であれば、標準的な経済学のモデルも非常に有用にな

りうるだろう。だがその一方で、当人の金銭的利益や商品の量など選好に影響する要因としてはさほど重要ではない文脈もあるかもしれない。人々が各自の選好をいかに形成し修正するかについてのすぐれたモデルができたなら、それは単純なものではないだろう。

　単純でないとはいえ、選好形成についての有用なモデルは、経済学の範疇を超えているわけではない。選好形成をめぐっては、経済学者たちはすでに、帰結主義的なモデルに肩入れしている。またヘドニック価格法の研究をみてもわかるとおり、選好に影響を及ぼす諸要因についてよりきめ細かなモデルを考案するのに、今までとまったく別種の作業を手がける必要はない。さらに、本章でも述べてきたとおり、選好は合理的批判の対象にならないという意見は、たとえ厳格なヒューム的立場からみようとも、擁護できるものではない。

　経済学とは、完備かつ推移的で文脈からも独立した事前に決定ずみの序列づけに合致するような選択を自動的にこなすような、合理的に首尾一貫した愚か者についての理論ではない。なかには誤って、選好は合理的な批判などはじき返すのだとか、容赦のない自己利益を反映するなどと主張する者もいるかもしれないが、経済学で採用している、また採用すべき選好の概念は、そのような弁明の余地のない見解に肩入れしたものではない。経済学者たちがコミットすべき選好の捉え方とは、選好を総主観的評価とみなし、それゆえ選好が選択を決定するものと考えよ、ということに尽きる。この捉え方は、経済学者たちが行なう説明や予測の骨組みとなるものであり、厚生については危なっかしい推論を大目に見つつも、いずれ選好の形成や修正に関する諸々のモデルが置かれるはずの新たな研究領域を開くであろう。

第 11 章
結論

　本書は、まず選好の四つの概念を区別するところから始まった。優遇、歓楽の比較、選択肢の序列づけ、そして比較評価である。比較評価には、経済学の考え方である総比較評価もあれば、日常用語でいうときの「総括的」、つまり部分的な比較評価もある。経済学者はしばしば、選好を完備で安定なものと解釈するがゆえに、その由来や変更について問うことは経済学の範囲外だとみなしがちで、それどころか理性による精査が及ばないとまでいう人もいる。選好をたんなる嗜好の問題と考える誘惑にかられるのである。このような考え方について、本書はくり返し批判してきた。歓楽の比較は、総比較評価とは対照的に、選択を決定しないのであり、そのため、経済学で用いる選好の概念を構成することができない。（第3章で論じたとおり）選択から確定される選好も同様である。そのような選好は、選択の直接的な対象を序列づけるのみであり、選好と選択との関係が信念から独立しているため、選択を決定しない。

　第1章から第6章にかけて論じたように、総比較評価としての選好という概念は、実証経済学においても、また選好をめぐる日常会話の多くにおいても、中心的なものである。第9章では、選好の変わりやすさを示すさまざまな実験を取り上げたが、これによって社会科学者たちは、選好の解釈について選択を迫られることになった。すなわち、選好は総評価ではあるがその評価は文脈に依存しているとみるか（私が支持するのはこちらである）、あるいは選好は、安定的ではあるがおおまかな部分的評価にすぎず、その評価は選択の決定において他の諸要因と競合しているとみるか、この二つのいずれかである。

　人間の行動をいかにモデル化するかについても、社会科学者たちは戦略上の

選択を迫られる。社会科学者たちは、（比較評価としての）選好の概念を用いるべきだろうか。また用いるべきだとして、その場合、総比較評価と部分的比較評価のどちらを用いるべきだろうか。経済学者たちは、自分たちの研究を、総比較評価という考え方を中心に構築する道を選んできた。選択に影響を及ぼすすべての要因は、（制約と信念をのぞいて）選好への影響を**介して**影響を及ぼす。選好は、信念と制約とあいまって選択を**決定する**と理解してきた。第6章でも論じたように、これは選好についての唯一の理解というわけではないが、主流派の実証経済学やゲーム理論が示すように、選好と選択の緊密な結びつきを維持しつつも、評価や熟慮の複雑さに取り組む際には、これを、選好は選択を決定するにあたって他の諸要因と競合するとみなすような理論の範囲内で行なうよりも、選好の形成や修正についての説明のなかで行なうという点で、大きな利点がある。モデル化をめぐって、このような選択をすることで、選好は推移的なものであり、選択を決定するものであり、さらに選択の特色と帰結に関して完備である、という捉え方を確定したことになる。経済学者としては、文脈からの独立性も取り込みたいところだが、選好は、質問のしかたや参照点の位置といった文脈の特徴に構造的に依存することが諸研究によって証拠立てられている。文脈依存性、発見法、熟慮の過程での不備などが引き金となって、合理性の失敗という扉が開かれ、実際の選択に関する理論と合理的選択に関する理論のあいだに大きな裂け目が生まれている。こうした裂け目は残念なことだが、方法論的な願望だけでは、合理的選択の理論が現実の選択の正確な記述になってくれることはない。

　自己利益が選好に影響を及ぼすことは明らかである。人がある選択肢*x*を別の選択肢*y*よりも選好するのは、*x*が*y*よりも自分の利になると信じているからである場合が多い。そのため、人々の選好をその人の利益を知る手がかりにするのが賢明といえる場合は——少なくとも当人が属性や帰結をよく承知している選択肢については——多い。しかし少数ながら、「自分は何を選好すべきだろうか——つまり、総括的［おおまか］にみてベストなものは何だろう？」という問題と、「自分にとっては何がベストだろうか？」という問題を区別し

ていない人もいる。そして、自分が評価しようとしている選択肢の特色と帰結
について、なんらかの誤った信念をもっていない人はさらに少ない。また、選
好は文脈に左右されやすく、即興で構築されることも多く、発見法や熟慮の
不備によって歪曲される。経済学者たちは、人々の行なった選択をもとにして、
本人にとって何がよいのかを読みとることはできない。

　規範経済学がかかえるこれらの問題の解決法は、選択の標準モデルでは予測
が行なえないという問題への解決法と同様のものである。それはすなわち、選
好とはなにかをより明確に理解し、選好に影響を及ぼす諸要因に対して、もっ
とていねいに注意を払うことである。選好に影響する要因はたくさんある。

　　・各選択肢の特色や帰結についての信念。これは情報処理能力と推論する
　　　能力に依る。
　　・嗜好、憧れ、情動、好ききらい、歓楽の経験とその予期
　　・理想、目的、個人的コミットメント、帰属意識、自己認識
　　・文脈によって決定された参照点やアンカーなど意思決定の発見法
　　・生理的要求、想像する力、認知の弱点になる心理的メカニズム（自信過
　　　剰、極端な楽天性、現状維持バイアス、惰性、不注意、近視眼、追従、意志
　　　薄弱、嗜癖など）
　　・規範や規則などの社会的要因、他者の願いやお手本や主張

　選好に影響を与えるこれらの要因は多彩なうえ、相互にも影響を及ぼしあう
ため、選好形成の統一理論の見通しは厳しい。有用な理論はいずれも、適用範
囲の狭いものになるかもしれない。選好の形成や修正のモデルは、狭い範囲に
的を絞ったものであればすでに使われている。

　選好にまつわる誤解のかずかずは、選好形成のモデル化の障壁になってきた
し、実証経済学や規範経済学の進歩を妨げてもいる。第1章では五つの誤解を
列挙した。

1. **恣意性**：第2章、第6章、第8章、第10章で論じたように、経済学者たちは選好を合理的な批判が不可能な嗜好や、あるいは歓楽の比較と同一視すべきではない。諸公理と食い違うのみならず、第10章でふれた健康状態に関する選好の調査や、仮想評価法を用いる調査の一部が陥っているような誤りにもつながる。また、選好をたんなる嗜好と考えると、選好のさまざまな源泉をさぐる問いに水をさすことになる。選好は総比較評価であり、感情^{フィーリング}よりは判断に近い。

2. **自己利益**：第2章と第8章で論じたように、選好は完全に自己利益のみに根ざしているわけではなく、自己利益によって確定することはできない。人は行動を決定するとき、つねに自分自身の利益を考えているとはかぎらないし、つねに自分の利益を最優先しているともかぎらない。こうした誤解には実害がある。経済学者たちが厚生と選好充足の結びつきを過大評価することにつながるのである。絶滅危惧種の保護や環境保全について、その価値を定量化するために仮想評価法を用いるのは、人々の選好がつねに、自分自身にとって何が益になるかについての信念に対応している、とみなす誤解の現れである。

3. **顕示選好**：第3章で論じたように、選好は実際の選択によっても仮想上の選択によっても確定できない。最終的な選好でさえも、信念の干渉を経ずして選択として結実することはない。とはいえ、顕示選好理論にどれほどの害があるかはよくわからない。「顕示選好理論」と称するものの多くは、選好についての誤った理解に肩入れしてはいないからである。

4. **理論研究の分業**：第4～6章、第10章で述べたように、経済学者たちは選好の形成や修正をモデル化しているし、すべきである。さまざまな経済学のモデルが選好の内容についてかなりの内容を主張しているし、期待効用理論、多属性効用理論、ゲーム理論などはいずれも、選好形成について、さまざまな帰結主義的モデルを提供している。経済学は以前から、何が選好に影響を与えるかを理論化することに深くか

かわってきたのに、選好形成について経済学者には何も言うことはな
いという考え方に目を曇らされて、その真価に気づけずにいる。この
ような考え方は、選好形成の研究を妨げてきた。

5. **選好の充足としての厚生**：第7章で論じたように、選好の充足は、厚
生を構成するのではない。選好は、総比較評価であって、期待便益に
ついての部分的［総括的］な評価ではない。たとえ自己利益を重視し
た選好であっても、選好が間違っていることはある。とはいえ厚生経
済学の多くの部分は、救済可能である。選好は、何が人々をより幸せ
にするのかを知るための、よい証拠になる場合が多いからである。し
かし、選好の充足が厚生を構成しないことを理解するなら、焦点は、
選好の充足それ自体から、何が人々のためになるのかを推論すること
へと移る。選好の充足が厚生に寄与しないのはどのような場合なのか
を理解していないと、費用便益分析をはじめとする厚生経済学の技法
の適用を誤ることになるかもしれない。

　これらの誤解を正したからといって、経済学者たちはこれまでの本を焼き捨
てて一から出直すべきだというわけではない。選好は、主流派経済学の中心に
位置するとはいえ、それを精密に解釈することがほとんど重要ではないときも
ある。さきに述べたとおり、選好についての誤解はこれまで、経済学のある重
要な部分をところどころ損なってきた。しかしその損害は局所的なものであり、
誤解はいずれも比較的訂正が容易である。費用便益分析を捨て去る必要はない
が、その適用範囲を狭めねばならない。場合によっては、人々の選好よりもむ
しろ便益に対する期待の方を気にかけた方がいい。また、選好の文脈依存性を
認識するといっても、それによって消費者選択理論が無用になるのではなく、
ただその適用にはこれまで以上に注意を払わなくてはならない。第5章と第6
章の議論では、ゲーム理論の内部になんらかの間違いがあると指摘したのでは
ない。戦略的相互作用を前にした行為者たちも、自分のプレイするゲームを構
成しているのであり、そのしくみを系統的に調べることでゲーム理論を補完す

る必要があると指摘したのであった。

　選好をめぐる誤解のかずかずを批判してはきたが、本書から建設的なメッセージが伝わってくれればと思っている。選好をはっきりと主観的な総比較評価だと理解してしまえば、社会科学者たちは、選択行動の一般モデル（「標準モデル」）は選択が制約と信念と最終的選好で決定されるということを確定できるだろう。経済学者たちは標準モデルを採用したからといって、必ずしも行為者を合理的な愚か者として描く必要はない。選択に影響を与える多種多様なものを否定する必要はない。経済学者たちが主張すべきは、情動や想像力や社会的規範といった、選択に影響を与えるそのほかの要因は、制約や信念や選好に影響を及ぼすことを介して影響を及ぼすということだけだ。このように主張しつつ、経済学者たちはこうしたそのほかの要因がいかに選好に影響するかを調べなければならない。多くの場合、経済学における行動論的な一般的定式化や解析手法は、選好形成の理解にはほとんど役に立たないだろう。だから、選好形成をめぐる疑問はほかの社会科学に任せるのがいちばんだという意見にも一理ある。しかし、自分たちの依拠している選好の理解は主観的な総比較評価であること、つまり熟慮のプロセス——どうみても冷徹とはいえず、理想的なまでに合理的とはいかないにせよ——の結果であることをひとたびはっきりと理解したなら、そのプロセスの様相をモデル化するのは難題ではあるが好機でもあることがみえてくるだろう。選好を総比較評価として理解するようになれば、厚生の計測や増進にたずさわる社会科学者たちも、選好が厚生の指針としては可謬性をもっていることに気づくだろう。

　3歳のときの息子はまだまだ職業を選択する段階ではなかったが、それでも「てちゅがくのしぇんしぇ」や砂利トラの運転手、馬に乗った猟師などの職業を選好していると知ることは、当時の息子の行動のいくらかを予測するのに役立っていた。これらの選好は参考になった。より一般的な息子の気質や好ききらいとつながっていたからである。お察しのとおり、彼は好んで難解な質問をした（「なんで鳥？」というのはいま思い出しても難問であった）。フィッシャープライス社の黄色い砂利トラックに興奮し、樹脂製の運転手を宝物にした。馬に

も乗れず銃もなかったが、開拓時代のガンマン、ワイルド・ビル・ヒコック並みに活発でじっとしていなかった。一方、厚生の指針としては、その年齢での選好にはさほどの価値はなかった。大人の生活についても、自分の能力や関心についても、まだまだ学ぶことが山ほどあったからである。妻も私も、本人が好む三つの職業のいずれかを実現することを養育方針の中心に据えようとは思わなかったし、またそうしなかったことによって、息子はより不幸せになったわけではないと信じている。

　人間を「合理的な愚か者」とみなす通俗的見解——センは言葉を尽くして批判するが——は、選択が制約と信念と選好によって決定されるとモデル化した場合の避けがたい帰結ではない。かりに選好を総比較評価と正しく解釈したなら、選択を選好と信念によって予測し、説明するモデルは、日常心理学を次のように整理したものであることがわかるだろう。すなわち、選択と選好のあいだの関係をいっそう明確化し、たくさんのやっかいな問題を、選好の形成や修正をめぐる説明のなかへ移すというやり方である。このような整理のしかたにも欠点はあるが、それでもなお——本書で論じてきたとおり——利点もたくさんあるのだ。

参考文献

Adler, Matthew and Eric Posner. 2006. *New Foundations of Cost-Benefit Analysis*. Cambridge, MA: Harvard University Press.

Alvard, Michael. 2004. "The Ultimatum Game, Fairness, and Cooperation among Big Game Hunters." *Foundations of Human Sociality* 39: 413–51.

Amir, On, Orly Lobel, and Dan Ariely. 2005. "Making Consumption Decisions by Following Personal Rules." In Ratneshwar and David Mick, eds., pp. 86–101.

Anderson, Elizabeth. 2001. "Unstrapping the Straitjacket of'Preference':A Comment on Amartya Sen's Contributions to Philosophy and Economics." *Economics and Philosophy* 17: 21–38.

Arneson, Richard. 1990. "Liberalism, Distributive Subjectivism, and Equal Opportunity for Welfare." *Philosophy & Public Affairs* 19: 158–94.

Arrow, Kenneth. 1951. *Social Choice and Individual Values*. New Haven, CT: Yale University Press. ［長名寛明訳『社会的選択と個人的評価』日本経済新聞社、1977年、新版2013年］

　　　1959. "Rational Choice Functions and Ordering." *Economica* 26: 121–27.

　　　1970. *Essays in the Theory of Risk Bearing*. Amsterdam: North Holland.

　　　1973. "Some Ordinalist-Utilitarian Notes on Rawls' Theory of Justice." *Journal of Philosophy* 70: 246–63.

Arrow, Kenneth, Robert Solow, Paul Portney, Edward Leamer, Roy Radner, and Howard Schuman. 1993. "Report of the NOAA Panel on Contingent Valuation." *Federal Register* 58(10), 4601–14.

Bagozzi, Richard, Hans Baumgartner, Rik Pieters, and Marcel Zeelenberg. 2000. "The Role of Emotions in Goal-Directed Behavior." In Ratneshwar, Mick, and Huffman, eds., pp. 36–58.

Belk, Russell. 1988. "Possessions and the Extended Self." *The Journal of Consumer Research* 15: 139–68.

Bell, David, Ralph Keeney, and Howard Raiffa, eds. 1977. *Conflicting Objectives in Decisions*. New York: John Wiley & Sons.

Bentham, Jeremy. 1789. *An Introduction to the Principles of Morals and Legislation*. ［山下重一訳「道徳および立法の諸原理序説」『世界の名著　ベンサム；J. S. ミル』関嘉彦責任編集、中央公論社、1967年（抄訳）］

BenZe'ev, Aaron. 2004. "Emotions Are Not Mere Judgments." *Philosophy and Phenomenological Research* 68: 450–57.

Bicchieri, Cristina. 2005. *The Grammar of Society: The Nature and Dynamics of Social Norms*. Cambridge, Cambridge University Press.

Binmore, Ken. 1994. *Playing Fair*. Cambridge, MA: MIT Press.

Blount, Sally. 1995. "When Social Outcomes Aren't Fair: The Effect of Causal Attributions on Preferences." *Organizational Behavior and Human Decision Processes* 63: 131-44.

Boardman, Anthony, David Greenberg, Aidan Vining, and David Weimer. 2010. *Cost-Benefit Analysis.* 4th ed. Englewood Cliffs, NJ: Prentice-Hall.

Border, Kim. 1992. "Revealed Preference, Stochastic Dominance, and the Expected Utility Hypothesis." *Journal of Economic Theory* 56: 20-42.

Brandt, Richard. 1979. *A Theory of the Right and the Good.* Oxford: Oxford University Press.

　　1998. "The Rational Criticism of Preferences." In Fehige and Wessels, eds., pp. 62-77.

Bratman, Michael. 1987. *Intention, Plans, and Practical Reason.* Cambridge, MA: Harvard University Press. [門脇俊介、高橋久一郎訳『意図と行為：合理性、計画、実践的推論』産業図書、1994年]

　　1999. *Faces of Intention: Selected Essays on Intention and Agency.* Cambridge: Cambridge University Press.

　　2007a. *Structures of Agency.* Oxford: Oxford University Press.

　　2007b. "Valuing and the Will." In Bratman 2007a, pp. 47-67.

Broadway, Robin and Neil Bruce. 1984. *Welfare Economics.* Oxford: Basil Blackwell.

Broome, John. 1991a. "Utility." *Economics and Philosophy* 7: 1-12.

　　1991b. *Weighing Goods.* Oxford: Basil Blackwell.

Bykvist, Krister. 2010. "Can Unstable Preferences Provide a Stable Standard of Well-Being?" *Economics and Philosophy* 26: 1-26.

Camerer, Colin, Samuel Issacharoff, George Loewenstein, Ted O'Donoghue, and Matthew Rabin. 2003. "Regulation for Conservatives: Behavioral Economics and the Case for Asymmetric Paternalism." *University of Pennsylvania Law Review* 151: 1211-54.

Caplin, Andrew and Andrew Schotter, eds. 2008. *Handbook of Economic Methodology.* Oxford: Oxford University Press.

Chapman, Bruce. 2003. "Rational Choice and Categorical Reason." *University of Pennsylvania Law Review* 151: 1169-210.

Chu, Y. and R. Chu. 1990. "The Subsidence of Preference Reversals in Simplified and Marketlike Experimental Settings: A Note." *American Economic Review* 80: 902-11.

Churchland, Paul. 1981. "Eliminative Materialism and the Propositional Attitudes." *Journal of Philosophy* 78: 67-90.

Crisp, R. 2006. *Reasons and the Good.* Oxford: Oxford University Press.

Damasio, A. R. 1994. *Descartes' Error: Emotion, Reason, and the Human Brain.* New York: Avon. [田中三彦訳『生存する脳：心と脳と身体の神秘』講談社、2000年]

Danto, Arthur. 1973. *Analytical Philosophy of Action.* Cambridge: Cambridge University Press.

Davidson, Donald. 1963. "Actions, Reasons, and Causes." *Journal of Philosophy* 60: 685-700. [河島一郎訳「行為・理由・原因」、門脇俊介、野矢茂樹編・監修『自由と行為の哲学』春秋社、2010年]

　　1980. *Essays on Actions and Events.* Oxford: Oxford University Press. [服部裕幸、柴田正良訳『行為と出来事』勁草書房、1990年（抄訳）]

　　2004. *Problems of Rationality.* Oxford: Oxford University Press. [金杉武司、塩野直之、鈴木貴之、信原幸弘訳『合理性の諸問題』春秋社、2007年]

Debreu, Gerard. 1959. *Theory of Value: An Axiomatic Analysis of Economic Equilibrium.* New York: John Wiley & Sons. [丸山徹訳『価値の理論：経済均衡の公理的分析』東洋経済新報社、1977

年]

Deck, Leland. 1997. "Visibility at the Grand canyon and the Navajo Generating Station." In Richard D. Morgenstern (ed.) *Economic Analyses at EPA: Assessing Regulatory Impact*, p.268, Washinton D.C.: Resources for the Future.

Department of Agriculture. 1991. "Nutrition Labeling of Meat and Poultry Products." 56 Federal Register, 60, 302 (November 27).

Diener, Ed and Robert Diener. 2008. *Happiness: Unlocking the Mysteries of Psychological Wealth.* New York: Wiley-Blackwell.

Dinan, Terry and David Austin. 2004. "Fuel Economy Standards versus a Gasoline Tax." *Congressional Budget* Office.

Dolan, Paul and Daniel Kahneman. 2008. "Interpretations of Utility and Their Implications for the Valuation of Health." *Economic Journal* 118: 215–34.

Dretske, Fred. 1991. *Explaining Behavior: Reasons in a World of Causes.* Cambridge, MA: MIT Press. [水本正晴訳『行動を説明する：因果の世界における理由』勁草書房、2005 年]

Dworkin, Gerald. 1971. "Paternalism." In Richard Wasserstrom (ed.), *Morality and the Law.* Belmont: Wadsworth, pp. 107–36.

Dworkin, Ronald. 1981. "What Is Equality? Part 2: Equality of Resources." *Philosophy & Public Affairs* 10: 283–385.

Eells, Ellery. 1982. *Rational Decision and Causality.* Cambridge: Cambridge University Press.

Egonsson, Dan. 2007. *Preference and Information.* Aldershot, Hampshire: Ashgate Publishing.

Elster, Jon. 1983. *Sour Grapes: Studies in the Subversion of Rationality.* Cambridge: Cambridge University Press. [玉手慎太郎 訳『酸っぱい葡萄：合理性の転覆について』勁草書房、2018年]

　1999a. *Alchemies of the Mind: Rationality and the Emotions.* Cambridge: Cambridge University Press.

　1999b. *Strong Feelings: Emotion, Addition, and Human Behavior.* Cambridge, MA: MIT Press. [染谷昌義訳『合理性を圧倒する感情』勁草書房、2008年]

Elster, Jon and Aanund Hylland, eds. 1986. *Foundations of Social Choice Theory.* Cambridge: Cambridge University Press.

Enç, Berent. 2006. *How We Act: Causes, Reasons and Intentions.* Oxford: Oxford University Press.

Fankhauser, Samuel, Richard Tol, and David Pearce. 1997. "The Aggregation of Climate Change Damages: A Welfare Theoretic Approach." *Environmental and Resource Economics* 10: 249–66.

Fehige, Christoph and Ulla Wessels, eds. 1998. *Preferences.* New York: Walter de Gruyter.

Fehr, Ernst and Klaus Schmidt. 1999. "A Theory of Fairness, Competition, and Cooperation." *Quarterly Journal of Economics* 114: 817–68.

Feldman, F. 2004. *Pleasure and the Good Life: Concerning the Nature, Varieties, and Plausibility of Hedonism.* Oxford: Oxford University Press.

Fishburn, Peter. 1977. "Multiattribute Utilities in Expected Utility Theory." In Bell, Keeney, and Raiffa, eds., pp. 172–96.

Fisher, R. A. 1959. *Smoking – The Cancer Controversy.* Edinburgh: Oliver and Boyd.

Fournier, Susan. 1998. "Consumers and Their Brands: Developing Relationship Theory in Consumer Research." *Journal of Consumer Research* 24: 343–73.

Frank, Robert. 1987. *Choosing the Right Pond: Human Behavior and the Quest for Status.* Oxford: Oxford University Press. [香西泰監訳『ウィナー・テイク・オール：「ひとり勝ち」社会の到

来』日本経済新聞社、1998年]

    2000. "Why Is Cost-Benefit Analysis So Controversial?" *Journal of Legal Studies* 29: 913–30.

Frank, Robert and Phillip Cook. 1996. *The Winner-Take-All Society: Why the Few at the Top Get So Much More Than the Rest of Us*. New York: Penguin Books.

Frankfurt, Harry. 1971. "Freedom of Will and the Concept of a Person." *Journal of Philosophy* 68: 5–20. [近藤智彦訳「意志の自由と人格という概念」門脇俊介・野矢茂樹編・監修『自由と行為の哲学』春秋社、2010年]

Frey, Bruno. 2010. *Happiness: A Revolution in Economics*. Cambridge, MA: MIT Press.

Frey, Bruno and Alois Stutzer. 2001. *Happiness and Economics: How the Economy and Institutions Affect Human Well-Being*. Princeton, NJ: Princeton University Press.

Gauthier, David. 1986. *Morals by Agreement*. Oxford: Oxford University Press. [小林公訳『合意による道徳』木鐸社、1999年]

Gibbard, Allan. 1986. "Interpersonal Comparisons: Preference, Good, and the Intrinsic Reward of a Life." In Elster and Hylland (1986), pp. 165–94.

    1998 "Preferences and Preferability." In Fehige and Wessels, eds., pp. 239–59.

Gibbard, Allan and William Harper. 1978. "Counterfactuals and Two Kinds of Expected Utility." In William Harper, Robert Stalnaker and Glen Pearce, eds., *Ifs*. Dordrecht: Reidel, pp. 153–90.

Gilbert, Daniel. 2006. *Stumbling on Happiness*. New York: Knopf. [熊谷淳子訳『明日の幸せを科学する』ハヤカワ文庫、2013年]

Glimcher, Paul, Colin Camerer, Russell Poldrack, and Ernst Fehr, eds. 2009. *Neuroeconomics: Decision Making and the Brain*. Amsterdam: Elsevier.

Goodin, Robert. 1986. "Laundering Preferences." In Elster and Hylland (1986), pp. 75–101.

Gravelle, Hugh and Ray Rees. 1981. *Microeconomics*. London: Longmans.

Green, Edward and Kent Osbard. 1991. "A Revealed Preference Theory for Expected Utility." *Review of Economic Studies* 58: 677–96.

Grether, David and Charles Plott. 1979. "Economic Theory of Choice and the Preference Reversal Phenomenon." *American Economic Review* 69: 623–38.

Griffin, James. 1986. *Well-Being: Its Meaning, Measurement and Moral Importance*. Oxford: Clarendon Press.

    1996. *Value Judgement: Improving our Ethical Beliefs*. Oxford: Oxford University Press.

Grüne-Yanoff, Till and Sven Hansson, eds. 2009. *Preference Change: Approaches from Philosophy, Economics and Psychology*. Dordrecht: Springer.

Gul, Faruk and Wolfgang Pesendorfer. 2008. "The Case for Mindless Economics." In Caplin and Schotter, eds., pp. 3–39.

Hammond, Peter. 1983. "Ex-Post Optimality as a Dynamically Consistent Objective for Collective Choice under Uncertainty." In P. Pattanaik and M. Salles, eds., *Social Choice and Welfare*. Amsterdam: North-Holland.

    1988a. "Consequentialism and the Independence Axiom." In B. Munier, ed., *Risk, Decision and Rationality*. Dordrecht: Reidel, pp. 503–16.

    1988b. "Consequentialist Foundations for Expected Utility." *Theory and Decision* 25: 25–78.

Hansson, Sven and Till Grüne-Yanoff. 2006. "Preferences." *Stanford Encyclopedia of Philosophy*. http://plato.stanford.edu/entries/preferences/

Harris, R. and N. Olewiler. 1979. "The Welfare Economics of ex post Optimality." *Economica* 46: 137–47.

Harsanyi, John. 1977. *Rational Behavior and Bargaining Equilibrium in Games and Social Situations*. Cambridge: Cambridge University Press.

Hastie, Reid and Robyn Dawes. 2001. *Rational Choice in an Uncertain World*. Thousand Oaks, CA: Sage Publications.

Hausman, Daniel. 1995. "The Impossibility of Interpersonal Utility Comparisons." *Mind* 104: 473–90.

　2000. "Revealed Preference, Belief, and Game Theory." *Economics and Philosophy* 16: 99–115.

　2005a. "Sympathy, Commitment, and Preference." *Economics and Philosophy* 21: 33–50; Rpt. in Fabienne Peter and Hans Bernhard Schmid, eds. *Rationality and Commitment*. Oxford: Oxford University Press, 2008, pp. 49–69.

　2005b. "Testing Game Theory." *Journal of Economic Methodology* 12: 211–23.

　2006a. "Valuing Health." *Philosophy and Public Affairs* 34: 246–74.

　2006b. "Consequentialism, and Preference Formation in Economics and Game Theory." *Philosophy* 59 (Supplement): 111–29.

　2007. "The Philosophical Foundations of Mainstream Normative Economics." *The Philosophy of Economics: An Anthology* (3rd edition) (co-authored with Michael McPherson). Cambridge: Cambridge University Press, pp. 226–50.

　2008a. "Fairness and Social Norms." *Philosophy of Science* 75(5): 850–60.

　2008b. "Mindless or Mindful Economics: A Methodological Evaluation." In Caplin and Schotter, eds., pp. 125–51.

　2009. "Rational Preference and Evaluation." *Occasion: Interdisciplinary Studies in the Humanities* 1(1), http://occasion.stanford.edu/node/21

　2010. "Valuing Health: A New Proposal." *Health Economics* 19: 280–96.

　2011. "Mistakes about Preferences in the Social Sciences." *Philosophy of the Social Sciences* 41: 3–25.

Hausman, Daniel and Michael McPherson. 1994. "Preference, Belief, and Welfare." *American Economic Review Papers and Proceedings* 84: 396–400.

　2006. *Economic Analysis, Moral Philosophy, and Public Policy*. Cambridge: Cambridge University Press.

　2009. "Preference Satisfaction and Welfare Economics," *Economics and Philosophy* 25: 1–25.

Hausman, Daniel and Brynn Welch. 2010. "To Nudge or Not to Nudge." *Journal of Political Philosophy* 18: 123–36.

Heathwood, C. 2005. "The Problem of Defective Desires." *Australasian Journal of Philosophy* 83: 487–504.

Henderson, James and Richard Quandt. 1980. *Microeconomic Theory: A Mathematical Approach*. 3rd ed. New York: McGraw-Hill. ［小宮隆太郎・兼光秀郎訳『現代経済学：価格分析の理論』創文社、1973年（ただし原著第2版の邦訳）］

Hicks, John. 1939. "The Foundations of Welfare Economics." *Economic Journal* 49: 696–712.

Hitchcock, Christopher. 1996. "Causal Decision Theory and Decision-Theoretic Causation." *NOUS* 30: 508–26.

Holt, Douglas. 2005. "How Societies Desire Brands: Using Cultural Theory to Explain Brand Symbolism." In Ratneshwar and David Mick, eds., pp. 273–91.

Houtthakker, H. 1950. "Revealed Preference and the Utility Function." *Economica* 17: 159–74.

Hume, David. 1738. *A Treatise of Human Nature*. Rpt. 2000. Oxford: Oxford University Press.

［『人間本性論』全3巻、法政大学出版局、1995年、2011年、2012年］

1741. "Of the Standard of Taste." In *Essays, Moral, Political and Literary*. Rpt. 1963. Oxford: Oxford University Press. ［田中敏弘訳『ヒューム 道徳・政治・文学論集 完訳版』名古屋大学出版会、2011年］

Hunt, Lester. 2006. "Martha Nussbaum on the Emotions." *Ethics* 116: 552-77.

Jeffrey, Richard. 1983. *The Logic of Decision*. 2nd ed. Chicago: University of Chicago Press.

Joyce, James. 1999. *The Foundations of Causal Decision Theory*. Cambridge: Cambridge University Press.

Kahneman, Daniel. 1999. "Objective Happiness." In D. Kahneman, E. Diener and N. Schwarz, eds., *Well-Being: Foundations of Hedonic Psychology*. New York: Russell Sage Foundation Press, pp. 3-27.

2000a. "Evaluation by Moments: Past and Future." In Kahneman and Tversky, eds., pp. 693-708.

2000b. "Experienced Utility and Objective Happiness: A Moment-based Approach." In Kahneman and Tversky, eds., pp. 673-92.

Kahneman, Daniel, Jack L. Knetsch, and Richard H. Thaler. 1991. "The Endowment Effect, Loss Aversion, and Status Quo Bias." *The Journal of Economic Perspectives*, 5: 193-206.

Kahneman, Daniel and Alan Krueger. 2006. "Developments in the Measurement of Subjective Well Being." *Journal of Economic Perspectives* 20: 3-24.

Kahneman, Daniel and Richard Thaler. 2006. "Utility Maximization and Experienced Utility." *Journal of Economic Perspectives* 20: 221-34.

Kahneman, Daniel and Amos Tversky. 1979. "Prospect Theory." *Econometrica* 47: 263-91.

Kahneman, Daniel and Amos Tversky, eds. 2000. *Choices, Values and Frames*. New York: Cambridge University Press and the Russell Sage Foundation.

Kaldor, Nicholas. 1939. "Welfare Propositions of Economics and Interpersonal Comparisons of Utility." *Economic Journal* 49: 549-52.

Keeney, Ralph. 1982. "Decision Analysis: An Overview." *Operations Research* 30: 803-38.

1992. *Value-Focused Thinking: A Path to Creative Decisionmaking*. Cambridge, MA: Harvard University Press.

Keeney, Ralph and Howard Raiffa. 1993. *Decisions with Multiple Objectives: Preferences and Value Tradeoffs*. 2nd ed. Cambridge: Cambridge University Press.

Kenney, Anthony. 1963. *Actions, Emotion and Will*. London: Routledge.

Kraut, Richard. 2007. *What Is Good and Why*. Cambridge, MA: Harvard University Press.

Kremer, Michael, Edward Miguel, Jessica Leino, and Alix Peterson Zwane. 2011. "Spring Cleaning: Rural Water Impacts, Valuation, and Property Rights Institutions." *Quarterly Journal of Economics* 126: 145-205.

Lancaster, Kelvin. 1966. "A New Approach to Consumer Theory." *Journal of Political Economy* 74: 132-57.

1979. *Variety, Equity, and Efficiency*. New York: Columbia University Press.

Layard, Richard. 2006. *Happiness: Lessons from a New Science*. New York: Penguin.

Layard, Richard and Stephen Glaister. 1994. "Introduction." In Richard Layard and Stephen Glaister, eds., *Cost-Benefit Analysis*. 2nd ed. Cambridge: Cambridge University Press, pp. 1-56.

Le Grand, Julian. 1991. *Equity and Choice: An Essay in Economics and Applied Philosophy*. London:

Harper-Collins.

Lehrer, Jonah. 2009. *How We Decide*. New York: Houghton Mifflin Harcourt. [門脇陽子訳『一流のプロは「感情脳」で決断する』アスペクト、2009年]

Lewis, David. 1981. "Causal Decision Theory." *Australasian Journal of Philosophy* 59: 5–30.

Lichtenstein, Sarah and Paul Slovic. 1971. "Reversals of Preferences between Bids and Choices in Gambling Decisions." *Journal of Experimental Psychology* 89: 46–55.

―――. 1973. "Response-Induced Reversals of Preference in Gambling: An Extended Replication in Las Vegas." *Journal of Experimental Psychology* 101: 16–20.

Lichtenstein, Sarah and Paul Slovic, eds. 2006a. *The Construction of Preference*. New York: Cambridge University Press.

―――. 2006b. "The Construction of Preference: An Overview." In Lichtenstein and Slovic, eds., pp. 1–49.

Litt, Ron, Chris Eliasmith, and Paul Thagard. 2009. "Neural Affective Decision Theory: Choices, Brains, and Emotions." *Cognitive Systems Research* 9: 252–73.

Little, I. M. D. 1949. "A Reformulation of the Theory of Consumers' Behaviour." *Oxford Economic Papers* 1: 90–99.

Loewenstein, George. 2007. *Exotic Preferences: Behavioral Economics and Human Motivation*. Oxford: Oxford University Press.

Loewenstein, George and E. Angner. 2003. "Predicting and Indulging Changing Preferences." In G. Loewenstein, D. Read, and R. Baumeister, eds., *Time and Decision: Economic and Psychological Perspectives on Intertemporal Choice*. New York: Russell Sage Foundation, pp. 351–91.

Malpezzi, Stephen. 2002. "Hedonic Pricing Models: A Selective and Applied Review." In Tony O'Sullivan and Kenneth Gibb, eds., *Housing Economics and Public Policy*. Oxford: Blackwell, pp. 67–89.

Mas-Colell, Andreu, Michael Whinston, and Jerry Green. 1995. *Microeconomic Theory*. New York: Oxford University Press.

McClennen, Edward. 1990. *Rationality and Dynamic Choice: Foundational Explorations*. Cambridge: Cambridge University Press.

McKerlie, Dennis. 2007. "Rational Choice, Changes in Values over Time and Well Being." *Utilitas* 19: 51–72.

Mele, Alfred R., ed. 1997. *Philosophy of Action*. Oxford: Oxford University Press.

Mill, J. S. 1861. *Utilitarianism*. [関口正司訳『功利主義』岩波文庫、2021年]

Mongin, Philippe. 2000. "Les Préférences Révélées et la Formation de la Théorie du Consommateur." *Revue Economique* 51: 1125–52.

Muniz, Albert, Jr. and Thomas O'Guinn. 2001. "Brand Community." *Journal of Consumer Research* 27: 412–31.

Nagel, Thomas. 1986. *The View from Nowhere*. New York: Oxford University Press. [中村昇・山田雅大・岡山敬二・齋藤宜之・新海太郎・鈴木保早訳『どこでもないところからの眺め』春秋社、2009年]

Nelson, Paul. 1999. "Multiattribute Utility Models." In Peter Earl and Simon Kemp, eds., *Elgar Companion to Consumer Research and Economic Psychology*. Cheltenham: Edward Elgar, pp. 392–400.

Newell, Benjamin, David Lagnado, and David Shanks. 2007. *Straight Choices: The Psychology of*

Decision Making. New York: Psychology Press.

Nozick, Robert. 1974. *Anarchy, State, and Utopia.* New York: Basic Books.［嶋津格訳『アナーキー・国家・ユートピア：国家の正当性とその限界』木鐸社、1985年］

Nussbaum, Martha. 2001. *Upheavals of Thought: The Intelligence of Emotions.* Cambridge: Cambridge University Press.

——— 2004. *Hiding from Humanity: Disgust, Shame, and the Law.* Princeton, NJ: Princeton University Press.［河野哲也訳『感情と法：現代アメリカ社会の政治的リベラリズム』慶應義塾大学出版会、2010年］

Overvold, Mark. 1984. "Morality, Self-Interest, and Reasons for Being Moral." *Philosophy and Phenomenological Research* 44: 493–507.

Parfit, Derek. 1984. *Reasons and Persons.* Oxford: Oxford University Press.［森村進訳『理由と人格』勁草書房、1998年］

——— 2011. *On What Matters.* Vol. 1. Oxford: Oxford University Press.［森村進訳『重要なことについて　第1巻』勁草書房、2022年］

Pearce, D. W. 1983. *Cost-Benefit Analysis.* 2nd. ed. London: Macmillan.［尾上久雄・阪本靖郎訳『コスト・ベネフィット分析：厚生経済学の理論と実践』中央経済社、1975年］

Peter, Fabienne and Hans Bernhard Schmid, eds. 2007. *Rationality and Commitment.* Oxford: Oxford University Press.

Peters, Ellen. 2006. "The Functions of Affect in the Construction of Preferences." In Slovic and Lichtenstein, eds., pp. 454–63.

Peters, Ellen, Daniel Västfjäll, Tommy Gärling, and Paul Slovic. 2006. "Affect and Decision Making: A 'Hot' Topic." *Journal of Behavioral Decision Making* 19: 79–85.

Pettit, Philip. 2002. "Decision Theory and Folk Psychology." In Philip Pettit, *Rules, Reasons and Norms.* Oxford: Oxford University Press, pp. 192–221.

Pietroski, Paul. 2000. *Causing Actions.* Oxford: Oxford University Press.

Quinn, Warren. 1995. "Putting Rationality in Its Place." In Rosalind Hursthouse, Gavin Lawrence, and Warren Quinn, eds., *Virtues and Reasons: Philippa Foot and Moral Theory.* Oxford: Clarendon Press, pp. 189–90.

Rabin, Matthew. 1993. "Incorporating Fairness into Game Theory and Economics." *American Economic Review* 83: 1281–302.

Radcliffe, David, ed., "John Ogilby." In *Lives of Scottish Poets* (1822), Part V. http:// scotspoets. cath.vt.edu/select.php?select=Ogilby._John

Railton, Peter. 1986. "Facts and Values." *Philosophical Topics* 24: 5–31.

Ratneshwar, S. and David Mick, eds. 2005. *Inside Consumption: Consumer Motives, Goals, and Desires.* New York: Routledge.

Ratneshwar, S., David Mick, and Cynthia Huffman, eds. 2000. *The Why of Consumption: Contemporary Perspectives on Consumer Motives, Goals, and Desires.* London and New York: Routledge.

Raz, Joseph. 1984. *The Morality of Freedom.* Oxford: Oxford University Press.

Reynolds, James and David Paris. 1979. "The Concept of 'Choice, and Arrow's Theorem." *Ethics* 89: 354–71.

Richter, Marcel. 1966. "Revealed Preference Theory." *Econometrica* 34: 635–45.

Robbins, Lionel. 1984. *An Essay on the Nature and Significance of Economic Science.* 3rd. ed. London: Macmillan.

Rosen, Sherwin. 1974. "Hedonic Prices and Implicit Markets: Product Differentiation in Pure Competition." *The Journal of Political Economy* 82: 34-55.

Rubinstein, Ariel and Yuval Salant. 2008. "Some Thoughts on the Principle of Revealed Preference." In Caplin and Schotter, eds., pp. 116-24.

Sagoff, Mark. 2004. *Price, Principle, and the Environment*. Cambridge: Cambridge University Press.

Samuelson, P. 1938. "A Note on the Pure Theory of Consumers' Behaviour." *Economica* 5: 61-71.

1947. *The Foundations of Economic Analysis*. Cambridge, MA: Harvard University Press. ［佐藤隆三訳『経済分析の基礎　増補版』勁草書房、2004年］

1950. "Evaluation of National Income." *Oxford Economic Papers* (N.S.) 2: 1-29.

Sartre, Jean-Paul. 1962. *Sketch for a Theory of the Emotions*. London: Methuen. ［竹内芳郎訳『自我の超越　情動論粗描』人文書院、2000年］

Savage, Leonard. 1972. *The Foundations of Statistics*. 2nd ed. New York: Dover.

Scanlon, T. M. 1998. *What We Owe to Each Other*. Cambridge, MA: Harvard University Press.

Scarantino, Andrea. 2010. "Insights and Blindspots of the Cognitive Theory of the Emotions." *British Journal for the Philosophy of Science* 61: 729-68.

Schapiro, Tamar. 2009. "The Nature of Inclination." *Ethics* 119: 229-56.

Schelling, Thomas. 2006. *Micromotives and Macrobehavior*. New York: W. W. Norton & Co. ［村井章子訳『ミクロ動機とマクロ行動』勁草書房、2016年］

Schneider, S. and J. Shanteau, eds. 2003. *Emerging Perspectives on Judgment and Decision Research*. Cambridge: Cambridge University Press.

Schroeder, Mark. 2007. *Slaves of the Passions*. Oxford: Oxford University Press

Scitovsky, Tibor. 1941. "A Note on Welfare Propositions in Economics." *Review of Economic Studies* 9: 77-88.

Sen, Amartya. 1970. *Collective Choice and Social Welfare*. San Francisco: Holden-Day.

1971. "Choice Functions and Revealed Preference." *Review of Economic Studies* 38: 307-17.

1973. "Behaviour and the Concept of Preference." *Economica* 40: 241-59; Rpt. and cited from Sen (1982), pp. 54-73.

1977. "Rational Fools: A Critique of the Behavioural Foundations of Economic Theory." *Philosophy & Public Affairs* 6: 317-44.

1980. "Description as Choice." *Oxford Economic Papers* 32: 353-69; Rpt. and cited from Sen (1982), pp. 432-49.

1982. *Choice, Welfare, and Measurement*. Oxford: Blackwell. ［大庭健・川本隆史訳『合理的な愚か者：経済学＝倫理学的探究』勁草書房、1989年］

1985a. "Goals, Commitment, and Identity." Rpt. and cited from Sen (2002), pp. 206-24.

1985b. "Rationality and Uncertainty." *Theory and Decision* 18: 109-27.

1987a. *On Ethics and Economics*. Oxford: Blackwell. ［徳永澄憲・松本保美・青山治城訳『アマルティア・セン講義　経済学と倫理学』ちくま学芸文庫、2016年］

1987b. *The Standard of Living*. Cambridge: Cambridge University Press.

1991a. "Opportunities and Freedoms" (from the Arrow Lectures). In Sen (2002), pp. 583-622.

1991b. "Utility: Ideas and Terminology." *Economics and Philosophy* 7: 277-84.

1993. "Internal Consistency of Choice." *Econometrica* 61: 495-521.

1997a. "Individual Preference as the Basis of Social Choice." Rpt. and cited from Sen (2002), pp. 300-24.

1997b. "Maximization and the Act of Choice." *Econometrica* 65: 745–79.

2002. *Rationality and Freedom*. Cambridge, MA: Harvard University Press. ［若松良樹・須賀晃一・後藤玲子訳『合理性と自由〈上・下〉』勁草書房、2014年］

2007. "Rational Choice: Discipline, Brand Name, and Substance." In Fabienne Peter and Hans Bernhard Schmid, eds., pp. 339–61.

Sidgwick, Henry. 1901. *Principles of Political Economy*, 3rd ed.

Simon, Dan, Daniel C. Krawczyk, Keith J. Holyoak. 2004. "Construction of Preferences by Constraint Satisfaction." *Psychological Science* 15: 331–36.

Simon, Herbert. 1982. *Models of Bounded Rationality*. Cambridge, MA: MIT Press.

Skyrms, Brian. 1982. "Causal Decision Theory." *The Journal of Philosophy* 79: 695–711.

Slovic, Paul. 1995. "The Construction of Preference." *American Psychologist* 50: 364–371.

Slovic, Paul and Sarah Lichtenstein. 1968. "Relative Importance of Probabilities and Payoffs in Risk Taking." *Journal of Experimental Psychology Monograph* 78 (part 2): 1–18.

Sobel, D. 1998. "Well-Being as the Object of Moral Consideration." *Economics and Philosophy* 14: 249–81.

Solomon, Michael. 2004. *Consumer Behavior: Buying, Having, and Being*. 6th ed. Upper Saddle River, NJ: Pearson Prentice Hall. ［松井剛監訳・大竹光寿・北村真琴・鈴木智子・西川英彦訳『ソロモン 消費者行動論』丸善出版、2015年］

Solomon, Robert. 2003. *Not Passion's Slave*. Oxford: Oxford University Press.

Stampe, Dennis. 1987. "The Authority of Desire." *Philosophical Review* 96: 335–81.

Stich, Stephen. 1983. *From Folk Psychology to Cognitive Science: The Case Against Belief*. Cambridge, MA: MIT Press.

Stigler, George and Gary Becker. 1977. "De Gustibus Non Est Disputandum." *American Economic Review* 67: 76–90.

Sugden, Robert and Alan Williams. 1978. *The Principles of Practical Cost-Benefit Analysis*. Oxford: Oxford University Press.

Sumner, L. W. 1996. *Welfare, Happiness, and Ethics*. Oxford: Clarendon Press.

Temkin, Larry. 1987. "Intransitivity and the Mere Addition Paradox." *Philosophy & Public Affairs* 16: 138–87.

Thagard, Paul. 2000. *Coherence in Thought and Action*. Cambridge, MA: MIT Press.

2006. *Hot Thought: Mechanisms and Applications of Emotional Cognition*. Cambridge, MA: MIT Press.

Thaler, Richard and Cass Sunstein. 2003a. "Libertarian Paternalism." *American Economic Review* 93:175–79.

2003b. "Libertarian Paternalism Is Not an Oxymoron." *University of Chicago Law Review* 70: 1159–202.

2008. *Nudge: Improving Decisions about Health, Wealth, and Happiness*. New Haven, CT: Yale University Press. ［遠藤真美訳『実践行動経済学：健康、富、幸福への聡明な選択』日経BP、2009年］

Tuomela, Raimo. 1977. *Human Action and Its Explanation: A Study on the Philosophical Foundations of Psychology*. Dordrecht: Reidel.

Tversky, Amos. 1969. "Intransitivity of Preferences." *Psychological Review* 84: 31–48.

Tversky, Amos and Kahneman, Daniel. 1981. "The Framing of Decisions and the Psychology of Choice." *Science* 211: 453–58.

1986. "Rational Choice and the Framing of Decisions." *Journal of Business* 59: 251–278.

Tversky, Amos and Richard Thaler. 1990. "Preference Reversals." *Journal of Economic Perspectives* 4: 201–11.

Varian, Hal. 1984. *Microeconomic Analysis.* New York: W. W. Norton. ［佐藤隆三・三野和雄訳『ミクロ経済分析』勁草書房、1986年］

　　2006a. *Intermediate Microeconomics: A Modern Approach.* 7th ed. New York: W.W. Norton & Company. ［佐藤隆三監訳『入門ミクロ経済学』勁草書房、新版2015年］

　　2006b. "Revealed Preference." In Michael Szenberg, Lall Ramrattan, and Aron Gottesman, eds., *Samuelsonian Economics and the Twenty-First Century.* Oxford: Oxford University Press, pp. 99–115.

Vining, Aidan and Weimer, David L. (2010) "An Assessment of Important Issues Concerning the Application of Benefit-Cost Analysis to Social Policy," *Journal of Benefit-Cost Analysis* 1(1): Article 6. Available at: http://www.bepress.com/jbca/vol1/iss1/6 DOI: 10.2202/2152-2812.1013.

Wakker, Peter. 2010. *Prospect Theory: For Risk and Ambiguity.* Cambridge: Cambridge University Press.

Weibull, Jörgen. 2004. "Testing Game Theory." In Steffen Huck, ed., *Advances in Understanding Strategic Behaviour, Game Theory, Experiments, and Bounded Rationality: Essays in Honor of Werner Güth.* London: Macmillan, pp. 85–104.

Wellman, Henry. 1990. *The Child's Theory of Mind.* Cambridge, MA: MIT Press.

Zerbe, Richard, Yoram Bauman, and Aaron Finkle. 2006. "An Aggregate Measure for Benefit-Cost Analysis." *Ecological Economics* 58: 449–61.

監訳者あとがき
経済を哲学するために

1　この本と著者について

　本書は Daniel Hausman, *Preference, Value, Choice, and Welfare*, New York: Cambridge University Press, 2021 の翻訳です。日本の読者に手に取りやすいように、邦題を新たに『経済学の哲学入門』とし、原題「選好、価値、選択および厚生」を副題としました。本書は、原題にある経済学の四つの基礎概念を哲学したコンパクトな本であり、経済思想や経済哲学の入門書と呼ぶにふさわしいでしょう。

　著者のダニエル・M・ハウスマン（1947–）は、シカゴ生まれのアメリカの哲学者で、ハーバード大学とケンブリッジ大学でそれぞれ教育を受け、1978年にコロンビア大学で博士号を取得しています。現在は、ウィスコンシン大学マディソン校のハーバート・A・サイモンの名を冠した講座の名誉教授です。

　ハウスマンはこれまで、経済学と哲学のあいだの諸問題、例えば経済学の認識論や形而上学、あるいは経済倫理の問題などを広範に研究してきました。経済思想および経済哲学研究の第一人者であり、とりわけマイケル・マクファーソンと共同で雑誌 *Economics and Philosophy*（ケンブリッジ大学出版局）を創刊し、1984年から1994年まで共同編集を担った功績は大きいでしょう。それ以前の経済思想・経済哲学の研究は、経済学史や経済社会学や哲学や倫理学などのさまざまな分野に散在していましたが、この雑誌の刊行によって経済思想・経済哲学は、一つの研究分野として発展することになりました。

　ハウスマンは本書のほかに、以下のような著作を著わしています。『資本、利潤、および価格（*Capital, Profits, and Prices*）』（1981年）、『不正確で分離された科学としての経済学（*The Inexact and Separate Science of Economics*）』（1992年）、『哲学と経済学方法論に関する試論（*Essays on Philosophy and Economic Methodology*）』（1992年）、『因果的非対称性（*Causal Asymmetries*）』（1998年）、

『経済分析、道徳哲学、および公共政策（*Economic Analysis, Moral Philosophy, and Public Policy*）』（2017年、マイケル・マクファーソンおよびデボラ・ザッツとの共著、第3版）などです。また、1984年に編纂した『経済の哲学：論文選（*The Philosophy of Economics: An Anthology*）』は、この分野の重要文献を集めた選集として長く読まれています。2007年には第3版が刊行されました。

　このほか、ハウスマンは2009年に米国芸術科学アカデミーに選出され、また2016年には、バイロイト大学で「賢者の石」という賞を授与されています。

　ハウスマンは、経済の基礎概念を検討するなかで、さまざまな含意を引き出しています。とくに本書は、ハウスマンが2000年から2011年にかけて発表した重要な論稿のエッセンスをまとめたものであり、それぞれの章は、深い思考に支えられた内容の濃いものです。読者はこの本を手がかりに、現代の経済思想・経済哲学の森のなかに入っていくことができるでしょう。例えば「選好とは何だろう」という根本的な疑問が浮かんだとして、この問題は経済学者だけでなく、哲学者や心理学者や倫理学者など、さまざまな分野の人たちによって探求されてきました。ハウスマンはそうした研究の成果を広く収集して検討し、綜合的な知見を導いています。

2　経済の哲学に入門する

　経済思想と経済哲学の土台（ベース）は、経済の基礎概念を吟味するという研究です。例えば、効用、価値、選択、選好、厚生、ウェルビーイング、貨幣、商品、交換、贈与、欲望、消費、生産、労働、といった基礎概念について、根本的に検討するというのがこの研究分野の土台であり、また中心的なテーマでもあります[*1]。

　ここで「経済思想（economics thought）」と「経済哲学（economic philosophy, philosophy of economics）」の違いについてごく簡単に触れると、実はこれら二つの言葉には明確な定義があるわけではありません。互換的に用いられることも多く、どちらを用いてもかまわないのですが、ただ「思想」という言葉には、どう生きるべきかとか、どんな社会が望ましいかとか、あるいは社会

＊1　こうしたさまざまなキーワードに注目してその本質を探究した成果に、橋本努編『現代の経済思想』（勁草書房、2015年）があります。

変革の理想はどんなものかといった、理想への関心が込められています。これに対して「哲学」という言葉には、ものごとの本質は何かとか、深く吟味するとどんな知見が得られるかといった、批判的吟味への関心が込められます。どちらもエッセンシャル（必須）な問題を立てて探究しますが、歴史的にみると、思想と哲学は手を携えて発展してきました。その意味で、経済思想と経済哲学は切っても切り離せない関係にあります。しかし以下では焦点を絞って、経済哲学に入門する方法について少しお話ししましょう。

　経済哲学、あるいは経済の哲学は、「経済とは何か」といった本質的な問題を探求します。この分野の研究には、入り口となるいくつかの良書があります*2。どの本から読み始めても面白い知見にたどりつくと思いますが、経済哲学を体系的に探究する場合、一つの方法は、経済現象を捉える経済学のものの見方について哲学することです。

　例えば経済学（ミクロ経済学）の教科書には、ごく最初の段階で、「無差別効用曲線」という用語が登場します。ある二つの財（例えばリンゴとみかん）の組み合わせから得られる効用の値が等しい点を結んでいくと、一つの曲線になる。これが無差別曲線と呼ばれるものです。では無差別曲線において想定される「効用」とは、いったい何でしょう。効用は、快楽と同じものでしょうか。あるいは効用は、幸福、厚生、ウェルビーイング、価値などと、どのように違うのでしょうか。

　効用という言葉の意味は、直観的にはわかる気がするのですが、これを言葉で表現しようとすると、いろいろな説明がでてきて困ります。効用は例えば、満足の度合い、喜びの度合い、価値をモデル化する際の尺度、選択によって明らかになる価値尺度、などと表現されます。いったいどの説明が正しいのでしょう。実は経済学者たちのあいだで、意見が一致しているわけではありません。経済学（ミクロ経済学）では、効用の定義は多義的でも、そうした細かい点にはこだわらずに、話を次に進めます。

---

*2　例えば、ハイルブローナー著『入門経済思想史　世俗の思想家たち』（ちくま学芸文庫、2001年）、猪木武徳『経済思想』（岩波書店、1987年）、松原隆一郎『経済思想入門』（ちくま学芸文庫、2016年）などを参照。

　次の話とは「予算制約線」です。どんな人でも、財を買うときに予算の制約に直面しますね。では、ある予算制約のもとで、消費者はどのように選択をするでしょうか。経済学においては、それは「無差別曲線と予算制約線の接点で選択する（例えばリンゴ5個とみかん3個の組み合わせを選択する）」という説明になります。選択されるリンゴとみかんの組み合わせは、ある予算制約のなかで、最も効用が高い無差別曲線上のものになる。そのような仕方で、消費者は選択をするというわけです。

　しかしどうでしょうか。直観的にはわかりますが、消費者は本当に、無差別曲線と予算制約線の接点で選択をするのでしょうか。哲学的に考えると、消費者は選択したというよりも、無差別曲線と予算制約線の情報が与えられた段階で、選ぶべきものを機械的に決められてしまったのではないでしょうか。選択という行為はむしろ、消費者がまだ明確になっていない自身の無差別曲線と予算制約線を明確にしていくという、検討のプロセスにあるのではないでしょうか。あるいは選択は、無差別曲線と予算制約線の明確化という面倒なプロセスを経なくても、実際になされているのではないでしょうか。私たちはリンゴとみかんの最適な組み合わせを選択するとして、自分の無差別曲線や予算制約線をどこまで明確にしているのでしょうか。日常生活においては、あまり明確に考えずに選択することもあるでしょう。

　いったい選択とは、どんな現象なのでしょう。それは経済学の説明において、本当にうまく説明されているのでしょうか。こうした根本的な次元で疑問がわいてくると、私たちは経済学の教科書をなかなか先に読み進められません。経済学は、いったいどうして無差別曲線とか予算制約線といった用語を使うのでしょう。これらの言葉は、どんな認識論に基礎づけられているのでしょう。経済哲学はこのように、経済学の最初の段階で、先に進むよりも後ろに遡行して、ものごとの本質を問います。経済の哲学は、いわば経済学の説明につまずくことから始まります。

3　経済哲学の三つのメッセージ

　では、こうした経済哲学の発想法（アプローチ）に従って考察を進めたとしましょう。私た

ちは最終的に、どのような成果を得られるでしょうか。およそ哲学の議論は、思索の沼地に入り込むようなものであり、「ああでもない、こうでもない」という迷路から抜け出せなくなってしまうこともしばしばです。ハウスマンはしかし、本書『経済学の哲学入門』で建設的な答えをいくつか導きだしています。

　第一に、経済学を哲学することの意義は、経済学の研究に新たな方向性を示すことにある、とハウスマンは考えます。ハウスマンによれば、経済学者たちは、自分たちがやっている研究を必ずしも十分に理解しているわけではありません。例えば、経済学は選好関数というものを想定しますが、その一方で、選好がどのように形成されるのかについては、これを心理学の課題であるとして踏み込まないといいます。ところが経済学の別の場面では、経済学者たちは、選好の形成過程を理論化しています。経済学者たちはどうも、自分たちのやっていることを十分に把握せずに、「これは経済学の課題ではない」と言ったりするのですが、ハウスマンによれば、そうした自己理解を改めれば、経済学の研究プログラムはもっと豊かな方向に展開しうるといいます。ハウスマンは、経済学が選好の形成過程をさらに理論化する方向に向かうべきだといいます。そのためには経済哲学が有効であると考えるのです。

　第二に、ハウスマンは、「選好」の概念を「総比較評価」として捉えるべきだ、と主張しています。経済学で扱う選好とは、さまざまな財の相対的な評価（どれがより望ましいかについての主観的な評価の序列づけ）にかかわるものです。その比較評価には、大きく分けて、部分的な比較評価、大まかな（総括的な）比較評価、および、関連する事柄をすべて考慮に入れた総比較評価の三つがあります。このほかにも選好という言葉の意味は、選択の序列づけ、期待された便益（advantage）の序列づけ、仮想的な選択の序列づけ、精神的な充足、価値、嗜好、原則以外で動機づけになるすべての検討事項、といった意味で用いられることがあります。選好という言葉はこのようにさまざまな意味をもつのですが、ハウスマンは選好の概念を、関連するすべての事柄を主観的に考慮に入れた比較評価、すなわち総主観的比較評価として、一義的に定義して用いるべきだといいます。

　ハウスマンの関心は、おそらく次のようなものでしょう。選好の意味はいろ

いろあるけれども、その多様性を放置していては、経済学は確固たる土台の上
に研究プログラムを発展させることができない。経済学が学問として発展する
ためには、選好の定義を一つに絞って、厳密で体系的な研究を展開すべきなの
だと。ハウスマンはこのような関心から、アマルティア・センの経済哲学を批
判します。センは効用の概念を吟味して、そこにさまざまな意味があると指摘
しますが、ハウスマンによれば、たんに指摘するだけではダメだというのです。

　このハウスマンの主張は、どこまで説得的でしょうか。その答えは読者の判
断に委ねたいと思いますが*3、いずれにせよ、ハウスマンのように選好を
「総主観的比較評価」として一義的に定義すると、私たちは関連する選択肢の
あいだの関係を十分に吟味しなければ、選好を形成したことになりませんね。
選択肢をあまり吟味せず、直感的にあれがいいとかこれがいいと言うだけでは、
それは「不明瞭な選好」と呼ばれてしまうでしょう。選好は、明確なものとし
て形成されなければならない。ここにはハウスマンの人間観や思想的な立場が
表れているように思います。

　ハウスマンによれば、私たちは関連する事柄をよく吟味して、選択肢のあい
だに、できるだけ矛盾のない主観的評価の序列を作らなければならない。その
ような総主観的比較評価を形成すれば、私たちはセンのいう「合理的な愚か
者」ではなく、合理的な賢者となりうるからです。私たちは、自分の感覚だけ
を頼りに選好を形成するのでなく、関連する事柄をよく検討して、判断力を用
いて選好を形成していくべきだというのがハウスマンのメッセージです。

　ハウスマンのこの考え方は、近代的な合理的個人主義の理想をあらためて擁
護するものだと思います。経済哲学の分野では少し前に、「限定合理性
(bounded rationality)」という言葉に関心が集まりました。私たちは完全情報
をもった合理的経済人のように振る舞うのではなく、不完全な情報と不完全な
理性しかない状況で限定合理的に振る舞う。そのようなリアルな人間像が理念

＊3　私はこのハウスマンの考え方に対して批判的です。ハウスマンは西洋近代的な合理的個人主
義の理念を擁護しますが、これに対して私は、「自生的な善き生」といういわば東洋的な個人主義
を想定したウェルビーイング論を展開しています。詳しくは拙著『自由原理　福祉国家の新たな理
念』岩波書店（2021年）をご参照ください。

化され、経済学の理論に持ち込まれました。しかしハウスマンによれば、私たちの合理性は限定的であるにせよ、できるだけ自律的に、自分の選好を体系的に明確にしなければならない。なぜなら、私たちの個々の選好が互いに矛盾していると、そこから導かれる政策もまた矛盾してしまうからです。すぐれた経済政策を導くためには、各人ができるだけ一貫した選好を形成して、その選好を基礎としなければならない。そのように想定しないと、人々の選好関数から有意な政策を導くことはできません。もし政策担当者たちが人々の選好を頼りにできなかったら、担当者たちは人々の選好に対する温情的な配慮でもって政策を実行するでしょう。それは必ずしも望ましいとはいえません。

　ハウスマンはこのような考え方を背景に、経済哲学の第三の含意を引き出します。それは選好と厚生（ウェルビーイング）の関係をめぐるものです。先のハウスマンの主張に従って、私たちが自分の選好を「総主観的比較評価」として形成したとしましょう。関連するすべてのことがらを考慮に入れて、できるだけ一貫した選好を形成したとしましょう。しかしその場合でも、選好の充足は、人々の厚生を最大化しないかもしれません。例えば、多くの人にとってアムールトラの絶滅は、総主観的比較評価としての選好の充足を低下させるものではありません。けれども厚生の観点からすれば、私たちはやはり、アムールトラを救済したほうがよいかもしれません。私たちは自分の主観的な評価とは別に、社会的な評価にも関心をもつからです。

　むろんアムールトラの救済に対する評価は、これをあらかじめ各人の「総主観的比較評価」の一つに含めることができるかもしれません。厚生を判断する際の価値評価を、すべて各人の総主観的比較評価に含めてしまえば、選好の充足と厚生の充足は、対立するものにはならないでしょう。このように、選好関数の意味を、総主観的比較評価をこえて、あらゆる社会的比較評価を含むものにすれば、選好と厚生はズレることがないでしょう。経済学はそのような方向に向かうこともできるはずです。

　しかしハウスマンによれば、このように厚生の価値を人々の選好関数に組み入れることは、具体的な事例に即して考えてみると難しいといいます。例えば地球の温暖化がすすみ、何も手を打たなければ20年後の世界の平均気温が2.0

度上がると仮定しましょう。そのような仮想状況を想定した場合に、私たちの厚生水準は、20年後にどれだけ下がるでしょうか。経済学では、「仮想評価法」などのアプローチによって、厚生水準の低下の度合いを計算します。その計算は、アンケート調査に基づくものです。しかし一般論として、こうした問題に対する私たちの答えはあいまいであり、質問の仕方によって答えが変化してしまうこともしばしばです。また私たちは、こうした問題に対して真剣に考えなければ適切な答えを出せないはずなのに、実際には真剣に考える余裕がなく、適当に答えを出してしまいます。厚生の問題を各人の総主観的比較評価に組み入れるといっても、実際には「答えのあいまいさ」や「真剣度のなさ」という問題に直面して、うまくいかないことが多いのです。

　ハウスマンはこうした問題を考慮に入れて、経済学が政策に及ぼす影響を倫理的に診断します。厚生を測ることの難しさにどう対応すべきか、というのが経済哲学の第三のメッセージであります。明快な答えはありませんが、問題を倫理的に考察し、既存の政策の正当性を批判することが、経済哲学の役割として重視されます。

　このほかにもハウスマンは、本書において経済哲学の重要問題を広範に検討しています。顕示選好理論、ゲーム理論、行動経済学、心理学の貢献などをテーマに、現代経済学の哲学的な意義と限界について考察しています。ここでは紹介を省きますが、これらの考察はいずれも、この分野の哲学的知見を一通り伝えるものになっています。

4　あやふやな選好はダメですか？

　最後に、本書で論じられる印象的な議論を取り上げましょう。それは選好のあいまいさをめぐる問題です。

　シドニー・モーゲンベッサーは、レストランで夕食を食べ、最後にデザートを注文することにしました。ウエイトレスによれば、選択肢はりんごパイとブルーベリーパイの二つです。そこでモーゲンベッサーはりんごパイを選びました。ところが数分後、ウエイトレスは「さくらんぼパイもありました」と言います。モーゲンベッサーは、「それならブルーベリーパイにします」といって

注文を変えました（本書20頁、参照）。

　モーゲンベッサーの選好は、最初は「りんごパイ＞ブルーベリーパイ」でしたが、さくらんぼパイが選択肢に加わると、「ブルーベリーパイ＞りんごパイ」となりました。これはいったい、どういうことでしょう。選好が矛盾しているのではないでしょうか。

　経済学では、選好の順序が一貫していないと、「推移性」という基本公理に反するとされます。とはいえ推移性は、一つの選択肢集合のなかで矛盾してはならないという公理であり、この例のように、二つの選択肢集合（｛ブルーベリーパイ，りんごパイ｝と｛ブルーベリーパイ，りんごパイ，さくらんぼパイ｝）のあいだに求められる公理ではありません。モーゲンベッサーは、推移性の矛盾を犯したわけではありません。その意味では矛盾のない選好を形成したのですが、それでもモーゲンベッサーの選好は、やはり矛盾しているのではないでしょうか。

　ハウスマンによれば、彼の選好が矛盾しているとみなすためには、経済学に新たな公理をつけ加えなければなりません。それは、選好が個々の文脈から独立して安定的に形成されなければならないという「文脈からの独立性」です。この公理を満たすことは、実際には難しいのですが、それでもできるだけ満たすことが望ましい。あるいはこの公理を満たせないときは、文脈に応じて選好を変える理由を合理的に説明しなければならない。ハウスマンはこのように、できるだけ「整合性」のある選好を形成することが望ましいと考えます。

　しかしこの整合性の要請は大変なものですね。私たちはまず、安定した選好を形成しなければならない。それができない場合は、変更する理由を逐一合理的に説明しなければならない、というわけですから。モーゲンベッサーの場合、選択を変更した理由について、もし理にかなった説明ができなければ、矛盾しているとみなされるでしょう。

　ハウスマンの本書を読んでわかることは、経済学の公理の拡張版は、決して非現実的な仮定ではなく、できるだけそのように振る舞うべきだという、倫理的な要請を含んでいることです。ハウスマンはそのような倫理的想定をした場合に、経済学が政策に対して有意義な貢献をなしうると考えます。

　しかし近年の心理学は、選択に伴うさまざまな矛盾を指摘しています。本書

でもいくつか論じられていますが、別の事例として例えば、コーヒーショップでブレンドコーヒーを注文するときに、サイズが「ミディアムとスモール」の二つのときはスモールを選ぶ人でも、「ラージとミディアムとスモール」の三つのときはミディアムを選ぶことがあります。選択肢の設定の仕方（フレーミング）に影響されて、選択が変化してしまうためです。私たち消費者は、こうした選択肢のフレーミング効果について、必ずしも自覚的ではありません。売る側のマーケティング戦略に誘導されることもしばしばです。

　では私たち消費者は、選択のフレーミング効果に、どのように対処すべきでしょうか。先のコーヒーの例の場合、一貫してスモールを選ぶべきでしょうか。あるいは選択を変える際に、その理由を合理的に説明できるように選好を形成すべきでしょうか。いやそうではなく、マーケティングの戦略に誘導されても問題はないでしょうか。議論はさまざまに紛糾するかもしれませんが、これは経済哲学として検討に値するテーマです。背後に横たわっているのは「おのれの欲求を知る」という問題であり、これは人生をいかに生きるべきかとか、あるいは社会はどうあるべきかという、思想的な問いへと広がっていくでしょう。

　本書の翻訳は、2020年の秋からニキリンコさんの協力を得て始めました。ハウスマンのアカデミックな文章を読みやすい日本語に訳していくというニキリンコさんの技量に、私は多くを学びました。ですが最終的なありうる誤りの責任は、すべて私にあります。読者諸氏の批判を乞う次第です。編集者の鈴木クニエさんには、那須耕介／橋本努編『ナッジ!?』（勁草書房、2020年）、および、那須耕介／橋本努／吉良貴之／瑞慶山広大著『ナッジ！したいですか？されたいですか？』（勁草書房、電子版、2020年）に引き続き、お世話になりました。ニキリンコさんと私のやりとりを細やかにつないでいただいただけでなく、本書の意義を理解して編集と出版の作業にご尽力いただきました。心よりお礼申し上げます。

2022年3月　ロシアのウクライナ侵略に心を痛めつつ

橋本　努

索　引

著者

ダニエル・ハウスマン（Daniel M. Hausman）
1947年生まれ。米国の哲学者。主に経済学と哲学の境界領域を研究。
ウィスコンシン大学マディソン校ハーバートA.サイモン名誉教授。

監訳者

橋本努（はしもと・つとむ）
北海道大学大学院経済学研究科教授。専門は、経済社会学、社会哲
学。著書に『消費ミニマリズムの倫理と脱資本主義の精神』（筑摩
選書、2021年）、『自由原理：来るべき福祉国家の理念』（岩波書店、
2021年）、『解読 ウェーバー『プロテスタンティズムの倫理と資本
主義の精神』』（講談社選書メチエ、2019年）など、編著書に『ロス
ト欲望社会』（勁草書房、2021年）、『ナッジ!?』（共編、勁草書房、
2020年）など、共訳書にR・メイソン『顕示的消費の経済学』（名
古屋大学出版会、2000年）など。

訳者

ニキ リンコ
翻訳者。訳書にR・デサール、I・タッターソル『ビールの自然
誌』（勁草書房、2020年）、I・K・ゾラ『ミッシング・ピーシズ』
（生活書院、2020年）、M・バーンバウム『アノスミア　わたしが嗅
覚を失ってからとり戻すまでの物語』（勁草書房、2013年）、T・キ
ーダ『ヒトは賢いからこそだまされる』（生活書院、2011年）、S・
ソルデン『片づけられない女たち』（WAVE出版、2000年）、C・
アースキン『モッキンバード』（明石書店、2013年）など。

経済学の哲学入門
選好、価値、選択、および厚生

2022年5月20日　第1版第1刷発行

著　者　ダニエル・ハウスマン

監訳者　橋本　努

訳　者　ニキ リンコ

発行者　井 村 寿 人

発行所　株式会社　勁 草 書 房
112-0005 東京都文京区水道 2-1-1　振替 00150-2-175253
（編集）電話 03-3815-5277／FAX 03-3814-6968
（営業）電話 03-3814-6861／FAX 03-3814-6854
堀内印刷所・中永製本

https://www.keisoshobo.co.jp

吉田　敬

社 会 科 学 の 哲 学 入 門

A5判　2,420円

キャス・サンスティーン／吉良貴之 訳

入 門・行 動 科 学 と 公 共 政 策

ナッジからはじまる自由論と幸福論

四六判　1,980円

トーマス・シェリング／村井章子 訳

ミ ク ロ 動 機 と マ ク ロ 行 動

四六判　2,970円

ハル・ヴァリアン／佐藤隆三 監訳

入 門 ミ ク ロ 経 済 学［原著第9版］

A5判　4,400円

ヤン・エルスター／玉手慎太郎 訳

酸 っ ぱ い 葡 萄

合理性の転覆について

四六判　4,400円

アマルティア・セン／若松良樹・須賀晃一・後藤玲子 監訳

合 理 性 と 自 由（上・下）

A5判　各5,060円

アマルティア・セン／大庭健・川本隆史 訳

合 理 的 な 愚 か 者

経済学＝倫理学的探究

四六判　3,300円

勁草書房刊

＊表示価格は2022年5月現在．消費税10％が含まれています．